教育部人文社会科学研究青年基金项目"指导性案例创制相关问题研究"（项目编号：21YJC820004）研究成果

中央高校基本科研业务费资助项目（项目编号：CCNU25ZZ015）

案例指导的现实问题及优化路径

曹奕阳◎著

中国社会科学出版社

图书在版编目（CIP）数据

案例指导的现实问题及优化路径 / 曹奕阳著.

北京：中国社会科学出版社，2025.6. -- ISBN 978-7
-5227-5192-4

Ⅰ.D926

中国国家版本馆 CIP 数据核字第 2025VL9160 号

出 版 人	赵剑英	
责任编辑	马婷婷	
责任校对	杨　林	
责任印制	张雪娇	

出　　　版	中国社会科学出版社	
社　　　址	北京鼓楼西大街甲 158 号	
邮　　　编	100720	
网　　　址	http://www.csspw.cn	
发 行 部	010 - 84083685	
门 市 部	010 - 84029450	
经　　　销	新华书店及其他书店	

印　　　刷	北京明恒达印务有限公司
装　　　订	廊坊市广阳区广增装订厂
版　　　次	2025 年 6 月第 1 版
印　　　次	2025 年 6 月第 1 次印刷

开　　　本	710 × 1000　1/16
印　　　张	17.75
插　　　页	2
字　　　数	229 千字
定　　　价	98.00 元

目　　录

绪　　论

　　案例指导制度是我国司法改革、法制创新的产物。目前，我国案例指导制度主要包括人民法院、人民检察院的案例指导制度。这两种案例指导制度虽然具有一定的共同性（均是通过发布具有普遍指导性意义的案例，为司法实践提供参照和指引，以统一法律适用标准，促进司法公平正义），但二者作用于不同的司法领域，也存在着一些差异，如二者对指导性案例的功能定位、遴选标准、体例格式等就有不同的规定。① 本书难以在有限的篇幅内对这两种不同的案例指导制度同时展开研究，故只选择人民法院案例指导制度作为讨论对象。人民法院案例指导制度主要是以最高人民法院发布的指导性案例为依

---

　　① 据最高人民法院、最高人民检察院分别印发的相关文件的规定，最高人民法院发布的指导性案例"对全国法院审判、执行工作具有指导作用"，主要用于统一裁判尺度、促进类案类判、规范自由裁量权、减少办案人员的主观随意性等；选作人民法院指导性案例的案件，应是裁判已经发生法律效力，且"社会广泛关注""法律规定比较原则""具有典型性""疑难复杂或者新类型""其他具有指导作用"的案件；其体例包括标题、关键词、裁判要点、相关法条、基本案情、裁判结果、裁判理由七个部分。最高人民检察院发布的指导性案例，对检察办案工作起示范引领作用，促进检察机关严格公正司法，保障法律统一正确实施；选作检察指导性案例的案件，应当符合"案件处理结果已经发生法律效力""案件办理具有良好法律效果与社会效果""在事实认定、证据采信、法律适用、政策掌握等方面对办理类似案件具有指导意义"等条件；其体例包括标题、关键词、要旨、基本案情、检察机关履职过程、指导意义、相关规定等部分。

托，故本书所讨论的案例以指导性案例为主，有时兼及其他类型的案例。

人民法院案例指导制度的建立，旨在发挥指导性案例的指导功能，以统一裁判尺度，破解"同案不同判"的难题，提升审判质量与效率，回应社会对司法公正的需求。该制度的实施，对推动公正、高效、权威的社会主义司法制度的建设，推进国家治理体系和治理能力的现代化，具有重要的意义。但是，如何促进该制度不断完善，持续地健康发展；如何在司法审判实践中更好地发挥该制度的作用，以确保同案同判、司法公正，不断满足人民群众对司法工作的新期待，仍需要做进一步的探索和思考。

一 研究背景

20 世纪 80 年代，我国开始了案例指导制度的探索，最高人民法院及地方法院已尝试利用一些具有典型意义的案例来指导下级法院的审判工作。1999 年 10 月，最高人民法院印发《人民法院五年改革纲要》，要求从"2000 年起，经最高人民法院审判委员会讨论、决定的适用法律问题的典型案例予以公布，供下级法院审判类似案件时参考"；2005 年 10 月，《人民法院第二个五年改革纲要（2004—2008）》明确提出"建立和完善案例指导制度"；2010 年上半年，中央政法委员会出台《关于探索建立案例指导制度工作方案》，对推进案例指导工作作出具体部署；2010 年 11 月，最高人民法院发布了《关于案例指导工作的规定》，标志着我国的人民法院案例指导制度初步建立。2011 年 12 月，最高人民法院发布了第一批指导性案例，表征着案例指导制度作为一项常规化制度已被确立下来，并实际开始运行；2015 年，最高人民法院出台了《〈关于案例指导工作的规定〉实施细则》，进一步细化了案例指导制度的相关内容及实施方式，

"标志着案例指导制度在我国已真正的由理论走向了实践"①。2020年7月，最高人民法院印发《关于统一法律适用加强类案检索的指导意见（试行）》，规定了类案检索的基本运行方式，其中第9条要求"检索到的类案为指导性案例的，人民法院应当参照作出裁判"。2021年9月6日，由最高人民法院审判委员会第1845次会议通过《最高人民法院统一法律适用工作实施办法》，全面归纳了人民法院实现法律适用标准统一的路径与方法，其中第9条规定"待决案件在基本案情和法律适用方面与检索到的指导性案例相类似的，合议庭应当参照指导性案例的裁判要点作出裁判"，也就是要求法官办案时必须检索类案，若检索到类似的指导性案例就应当参照。2021年12月，最高人民法院出台了《关于推进案例指导工作高质量发展的若干意见》，要求加强对案例指导工作的统筹管理，不断拓宽案例发现培育范围和来源，加强对指导性案例的应用，加强对指导性案例的评估、清理、编纂工作，加强指导性案例的学习和教育培训工作，建立完善案例指导工作激励机制，等等。

从实践层面来看，最高人民法院自2011年12月至2023年1月共发布了211个指导性案例，出台了一系列相关司法指导文件，而各地各级人民法院积极推进指导性案例在司法实践中的参照适用，充分发挥其对类案裁判的引领示范作用，并不断探索创新，推动案例指导工作向前发展。案例指导制度的实施，有利于深入地总结审判经验，切实地指导审判工作，对促进同案同判，统一司法尺度，提升司法裁判的确定性与可预测性，维护司法公平公正，起到了重要作用。

我国的案例指导制度目前还处在起步发展阶段，受历史、观念、体制等方面因素的影响，该制度的设计与安排还存在着某些局限和不

---

① 北京大学法制信息中心北大法律信息网指导性案例研究组：《最高法指导性案例司法应用年度报告》，北大法宝，2015年。

足，在运行过程中也面临着一些困境。如案例供给不足、案例效力定位不明、案例的冲突解决机制和退出机制尚不完善、案例适用效果欠佳，等等，都显现出目前的案例指导制度存在着不尽科学、完备之处，有碍于案例在司法实践中充分发挥其作用。

鉴于以上所述，现行的案例指导制度还有待从理论和实务的层面上进行深入的研讨，对其作进一步的建设和完善，以确保司法公信力，增强司法的权威性。如何进一步构建、完善案例指导制度呢？首先应当立足现实，从我国现有的国情出发，进行制度的创新和优化；除此之外，还有必要从我国及域外过去已有的相关理论研究、司法实践中汲取有益的成分，以服务当下案例指导制度的建设，即所谓"原始以要终，援古以鉴今"，又所谓"他山之石，可以攻玉"。

自古以来，我国虽然以成文法为法源主体，但也比较重视判例的作用。"判例法作为一种重要的法律形式，一直对成文法起着补充、延续、变通和完善的作用"①。从商代的"有咎比于罚"、西周时的"议事以制"，到北洋政府的判例解释例，都昭示着比附成例裁判案件的制度源远流长，并积累了较丰富的相关实践经验。这种本土的法律文化资源，无疑应为当下案例指导制度建设所利用，从中发掘出可资参考或引为鉴戒的成分。

此外，域外英美法系的一些代表性国家如英国、美国等，在法律形式上，判例占有重要地位，一直被视为重要的法律渊源，对在后案件的审理具有法律拘束力。其所建立起的判例制度，在司法实践中显示了可预知性、平等性、能动性等特点。此外，域外的一些大陆法系国家也逐渐重视判例的作用。比如，德国虽然没有严格意义上的判例制度，但其判例却具有一定的拘束力，其联邦宪法法院的判例就是如

---

① 陈兴良主编：《中国案例指导制度研究》，北京大学出版社 2014 年版，第 40 页。

此；德国除有官方的法律汇编之外，还出现了民间的判例集，比如《新法学周刊》《德国法周刊》等，注重从先例中抽象出裁判要旨。域外两大法系在多年的司法探索与实践中所积累的一些经验，以及从司法判例中总结出的一些具体原则，可以为构建和完善具有鲜明中国特色的案例指导制度提供一些有益的借鉴。

总而言之，我国案例指导制度的建立和运行，对确保司法制度统一，回应社会对司法公正的迫切需求，具有重要的积极意义。但该制度的发展与完善，还须经历一个较长的过程，它不仅应是司法机关持续关注、努力推进的一项工作，而且也是需要学人们立足现实、胸怀古今、放眼中外而不断探索、认真研究的重要课题。

二　研究意义

如前所述，我国近十年来逐渐重视案例的指引作用，并且不断出台相关规定以及发布具有典型性、示范性的指导性案例，用以规范和指导审判实践，案例指导制度处在不断探索、发展和完善之中。案例虽然不是我国正式的法律渊源，但在推进我国司法公正化进程中发挥着重要的作用。它可以弥补法律的漏洞和空白，在一定程度上克服成文法的局限性，以一种灵活性的方式促进制定法的适用；它可以帮助法官触类旁通地审理各种待决案件，使相类的案件获得相同或类似的裁判结果，从而维护司法的统一性、稳定性和权威性。因此，选择案例指导实践中的相关问题展开深入的专题研究，以助提升案例创制和应用的水平，促进案例指导制度的发展和完善，无疑具有一定的价值和意义。总体而言，其价值和意义主要体现在如下几个方面。

1. 为案例指导制度建设提供相关理论支持

中国特色案例指导制度的构建、完善乃至实施，首先有必要厘清和解决一些基本理论问题。这样，有了明确而正确的思想认识，案例指导制度的建设和实施才会有正确的方向与路径。否则，理论认识模糊不清，甚或出现偏差错误，必然会导致制度设计定位不准，出现错位或缺位，也会导致制度运行的低效或混乱。就目前学界的相关研究来看，对有些理论问题还没有形成清晰的认识，甚至聚讼纷纭，无法达成共识，直接影响了案例指导制度的建设和实践。举例来说，关于指导性案例的法律地位和效力问题，目前的理论研究仍是见仁见智，存在着较大的分歧：有人认为，指导性案例是基于附属的制度性权威并对法官具有弱规范拘束力的裁判依据，因而具备"准法源"的地位；有人认为，其效力位阶虽然处于制定法和司法解释之下，但对法官的审判活动具有事实上的拘束力；有人认为，其拘束力既不同于英美法系的法源性定位，也不同于大陆法系判例的事实拘束力，而是介于二者之间的由最高人民法院基于一种行政化的司法权力所赋予的拘束力；有人认为，最高人民法院经过法定程序所确认的指导性案例对下级法院具有拘束力，法律效力与成文法相等。如此歧见纷纭，反映出人们对其效力问题的理论认识还存在着不足，尚不清晰、成熟。这种局面的存在，显然难以使案例指导制度的建设和实行获得学理上的支撑和思想上的指引，不利于该制度的健康发展。在此情势下，本书致力于案例指导制度相关问题（如指导性案例的效力定位、适用机制等）的理论研究，为这一制度的理论建设"添砖加瓦"，并尽力助推相关理论问题的破解、廓清和厘定，相信这能对该制度的进一步构建、完善以及实际运行等起到积极的促进作用。

2. 为优化案例指导实践工作提供对策性参考

我国的案例指导制度处于起步阶段，尚不成熟，在实施与运行的过程中难免会遭遇一些困境，出现各种各样的难题和问题。比如，指导性案例的遴选程序不够合理，案例供给的总量偏少，案例文本的编辑加工存在一定的缺陷，案例的援引适用率偏低，案例的援引不规范，等等。这些问题，都需在立足于案例指导实践进行反思分析、评估研讨的基础上，加以梳理总结，并探本究源，找出问题的症结所在，进而"对症下药"，寻求应对之策。本书的研究，将对案例指导制度在司法实践中显露出的一些问题进行梳理、审视，探究问题背后潜藏的根源所在，并提出应对之策、改进之方，这对案例指导实践工作的进一步改革和优化，能够提供一些对策性参考。因此，本书的研究从选题上讲，具有一定的应用价值和实践意义。

3. 为探寻案例指导的创新之道提供一定启示

案例指导制度的运行，要想达到"总结审判经验，统一法律适用，提高审判质量，维护司法公正"① 的目标，实现同案同判的形式正义，保障司法的确定性，则有必要顺应社会的发展变化，不断引入先进的法治理念，充分利用先进的科学技术，在制度运行的模式、手段上进行开拓创新，做到与时俱进。比方说，随着当下大数据、人工智能时代的到来，可以将案例指导与人工智能结合起来，实现案例指导制度运行模式和手段的创新。譬如，可以将经过筛选的高质量的指导性案例植入人工智能的数据和算法之中，利用人工智能系统提供案例推送、案件对比等智能化服务，从而快速高效地检查到与待决案件相类的案例，以助援引参照，实现类案类判。令人欣喜的是，目前已有不少地方或单位在进行这方面的尝试，致力于智慧法院的建设，并初见成效。当然，此类创新之举在司法实践中也遇到了一些困惑和难题，亟待理论界和实务界进行探索、研讨而予以解决。本书的研究，将对此类涉及制度运行的创新问题进行专门研究，探究问题的破解之策，寻求创新的成功之道，能为案例指导工作的创新与改革提供一些启发或启示，

---

① 最高人民法院：《关于案例指导工作的规定》，载罗殿龙主编《民事执行法律法规汇编及办案规程》，广西人民出版社2014年版，第831页。

有助于拓展案例指导创新发展的思路。从这一点来讲，本书的研究具有一定的学术价值和现实意义。

三　研究现状

自20世纪80年代以来，我国法学界、司法实务界以及社会各界对案例指导制度有着持续的关注和研讨；特别是进入21世纪以后，随着我国法治建设的逐渐深入，以及案例指导制度的逐步确立和运行，理论界和实务界对案例指导制度研究的热度在不断提升，研究的广度、深度也在不断地拓展，出现了一些高水平的研究成果。其中既有专著①，也有单篇论文；既有宏观、系统的阐论，亦有微观、具体的研讨。就已有的研究成果来看，涉及面是相当广泛的。举其要者，有如下两大方面。

1. 案例指导制度构建的若干基本问题探讨

（1）我国构建案例指导制度的必要性和可行性

对此问题，不少学者进行了探讨，且主要是从法治建设的现实需要、域外国家判例制度的借鉴、我国法制传统的承续三个方面予以观照和论证。例如，刘作翔指出："我国之所以实行案例指导制度，最深层次的原因是中国社会的发展对法治提出的迫切需求……新的社会关系不断产生，新的案件不断出现，而我们如果按照原有的审判模式、思维模式来处理新问题是会遇到很大的障碍的。"② 陈大刚、魏群认为，对于西方的判例法，"全套照搬并不适合中国国情。但适当借鉴其能与

---

① 江勇等：《案例指导制度的理论与实践探索》，中国法制出版社2013年版；陈兴良主编：《中国案例指导制度研究》，北京大学出版社2014年版；左卫民、陈明国主编：《中国特色案例指导制度研究》，北京大学出版社2014年版；张骐等：《中国司法先例与案例指导制度研究》，北京大学出版社2016年版；陈树森：《我国案例指导制度研究》，上海人民出版社2017年版；孙光宁：《案例指导制度的实践经验与发展完善》，法律出版社2023年版；等等。

② 刘作翔：《我国为什么要实行案例指导制度》，《法律适用》2006年第8期。

中国实践相通的地方是应当的，也是现实可行的。"① 张骖、陈飞霞指出，将西方判例制度引入我国，以助构建案例指导制度，具有必要性（如弥补我国制定法的不足）和可行性（如具备指导性案例效力确定的基础）。② 陈兴良论述了建立案例指导制度的必要性，如统一法律适用标准、提高司法质量和效率等，还指出，建立案例指导制度符合中国国情，是对中华法系判例制度和传统的继承与发扬，且可以借鉴域外国家判例法制度的经验。③

（2）对指导性案例、案例指导制度的界说

什么是指导性案例、案例指导制度？其应如何定性定位？对此，学者们基于特定的学术立场、研究视角，作出了自己的判断和界定。

陈灿平指出："'指导性案例'是指：由最高人民法院依审判管理职能确立的、经适当程序确立并经适当形式公开发布的、具有典型监督和指导意义的、已经发生法律效力的裁判案例。"④ 郜永昌、刘克毅认为："指导性案例，就是指法官在成文的制定法缺失的情况下……运用法律解释技术，依据并通过法律原则、一般条款引入道德、交易惯例、社会习俗等社会规范解决纠纷所形成的案件。"⑤ 程延军、王嘉怡说："指导性案例是由最高人民法院经过法定的审核程序后确定对全国司法工作具有指导性的案件。"⑥

关于指导性案例的性质，因无明确规定，学者们常有不尽一致的

---

① 陈大刚、魏群：《论判例法方法在我国法制建设中的借鉴作用》，《比较法研究》1988 年第 1 期。

② 张骖、陈飞霞：《西方判例制度东移的必要性和可行性评析——案例指导制度构建的框架和对司法实践指导的方法》，《西南政法大学学报》2007 年第 4 期。

③ 陈兴良主编：《中国案例指导制度研究》，北京大学出版社 2014 年版，第 326、327 页。

④ 陈灿平：《案例指导制度中操作性难点问题探讨》，《法学杂志》2006 年第 3 期。

⑤ 郜永昌、刘克毅：《论案例指导制度的法律定位》，《法律科学》（西北政法大学学报）2008 年第 4 期。

⑥ 程延军、王嘉怡：《同案同判：价值理念、实现困境及解决对策》，《内蒙古大学学报》（哲学社会科学版）2023 年第 3 期。

理解和阐说。有人认为，指导性案例具有判例的属性，如陈兴良说："所谓的指导性案例，就是一种具有判例性质的案例……因此，案例指导制度就是我国的判例制度，只不过具有中国的独特性而已。"① 徐凤认为："指导性案例在定位上就是附加了制度权威的中国特色的判例制度。"② 李佳欣指出："指导性案例兼具判例属性与解释属性。"③ 有人认为是解释法律的一种形式，如郎贵梅说："指导性案例应由最高人民法院统一发布，属于司法解释的一种新形式。"④ 王利明说："从性质上看，人民法院的指导性案例与西方国家的判例制度完全不同，其是司法机关解释宪法性法律以外的国家法律的一种形式。"⑤ 孙海龙、吴雨亭指出："指导性案例的性质：准司法解释。"⑥ 有人认为是一种法律适用方式，如张骐说："指导性案例原本是中国法律人推进法治的一种法律适用方法。"⑦ 向前、沈振甫说："指导性案例虽然不能归入司法解释，但作为一种法律适用方式，指导性案例主要是司法性解释。"⑧

对案例指导制度，学者们也从不同维度进行了界说。譬如，胡云腾、于同志指出："建立案例指导制度，既非建立中国特有的一种司法制度，更非照搬西方国家的判例制度，它是我国司法机关……在不影响制定法作为我国主要法律渊源的前提下，继承中国传统法律文化中

---

① 陈兴良主编：《中国案例指导制度研究·代序》，北京大学出版社 2014 年版，第 1 页。

② 徐凤：《论扩大指导性案例产生主体的路径及理论支撑》，《法学》2019 年第 4 期。

③ 李佳欣：《论刑事指导性案例对刑法解释功能的补足》，《当代法学》2020 年第 5 期。

④ 郎贵梅：《中国案例指导制度的若干基本理论问题研究》，《上海交通大学学报》（哲学社会科学版）2009 年第 2 期。

⑤ 参见林卫星《明确定位 完善机制——中国特色案例指导制度研讨会综述》，《人民法院报》2011 年 7 月 13 日第 8 版。

⑥ 孙海龙、吴雨亭：《指导案例的功能、效力及其制度实现》，《人民司法》2012 年第 13 期。

⑦ 张骐：《再论指导性案例效力的性质与保证》，《法制与社会发展》2013 年第 1 期。

⑧ 向前、沈振甫：《论刑事指导性案例的法律监督》，《犯罪研究》2022 年第 3 期。

的某些判例法因素，同时吸收和借鉴西方国家特别是大陆法系国家判例制度的一些具体做法。"① 这种观点具有一定的代表性，不少学者持相同或相近的看法。譬如，刘作翔说："在中国实行的案例指导制度，是指以制定法为主，以案例指导为辅，在不影响制定法作为主要法律渊源的前提下，借鉴判例法的一些具体做法。"② 蒋悟真说："案例指导制度是指在遵循我国现有法律体制的前提下，借鉴判例法的经验，以特定的指导性案例为承载的指导具体法律适用行为的举措。"③ 此外，还有其他一些不尽相同的看法。比如，夏锦文、莫良元认为，案例指导制度是指上级人民法院以规范法律适用为目的，基于审级监督权，依据指导性案例对下级人民法院审理相关案件进行审级监督。④ 史一舒说："我国特色案例指导制度是'统一法律适用尺度、填补法律漏洞'的重要方式。"⑤ 周溯说："我国的案例指导制度在定位上属于一种法律适用机制。"⑥ 刘克毅认为，"案例指导制度作为规范司法权行使的制度，既是法律解释机制，也是司法造法机制"⑦。

（3）对案例指导制度构建的具体论析

这方面的研究，主要涉及指导性案例的效力定位、生成机制、司法适用等问题，这对案例指导制度建设具有不同程度的参考价值。

---

① 胡云腾、于同志：《案例指导制度若干重大疑难争议问题研究》，《法学研究》2008年第6期。

② 刘作翔：《案例指导制度的定位及相关问题》，《苏州大学学报》（哲学社会科学版）2011年第4期。

③ 蒋悟真：《精神赡养权法治保障的困境及其出路》，《现代法学》2014年第4期。

④ 夏锦文、莫良元：《社会转型中案例指导制度的性质定位与价值维度》，《法学》2009年第11期。

⑤ 史一舒：《论环境司法能动性与谦抑性之协调——兼论生态环境损害赔偿之司法走向》，《湖湘法学评论》2023年第2期。

⑥ 周溯：《对构建我国案例指导制度的多维思考》，《法制日报》2011年6月15日第12版。

⑦ 刘克毅：《法律解释抑或司法造法？——论案例指导制度的法律定位》，《法律科学》（西北政法大学学报）2016年第5期。

关于指导性案例的效力，学界分歧较大。有人认为，"案例既不是正式法律渊源，也不具有普遍的、强制的约束力"①；有人认为，指导性案例不具有正式的法律效力，但对于法官处理同类案件来说，具有事实上的约束力②；有人认为，指导性案例是"下级法院必须遵循最高人民法院的判例。判例一经确立，它就取得与成文法同等的法律效力"③；"指导性案例应当为当代我国的正式法律渊源"④。有学者强调："最高院能够发布指导性案例说明指导性案例已经获得了相应的法律地位，其法律效力相当于司法解释。"⑤ 有学者说："因最高法院拥有法律解释的制度性功能、法律规范的复合型确证授权以及试行立法的制度性实践，指导性案例已成为司法裁判中基于附属的制度性权威并具有弱规范拘束力的裁判依据，具备'准法源'的地位。"⑥ 还有学者指出，指导性案例的效力既有说服力，又具有一定的制度支撑，可称之为具有一定制度支撑的说服力；应通过实现社会沟通与共识来保证指导性案例的效力。⑦

关于指导性案例的创制、发布等问题，学者们有一些论述。江勇、黄金富认为，高级人民法院应成为创制发布指导性案例的主体，因为它"'先天'地拥有着众多成为指导性案例发布主体的优势，而且，对

---

① 房文翠：《接近正义寻求和谐：案例指导制度的法哲学之维》，《法制与社会发展》2007 年第 3 期。

② 秦旺：《论我国案例指导制度的构建和适用方法——以〈最高人民法院公报〉为分析样本》，载葛洪义主编《法律方法与法律思维》第 4 辑，法律出版社 2007 年版，第 207 页。

③ 董皞、贺晓翊：《指导性案例在统一法律适用中的技术探讨》，《法学》2008 年第 11 期。

④ 匡爱民、严杨：《增列"以案例为指导"司法审判原则的思考》，《江西社会科学》2018 年第 6 期。

⑤ 胡云腾：《案例指导制度》，载周振杰主编《案例法学研究》第 1 辑，安徽师范大学出版社 2022 年版，第 13 页。

⑥ 雷磊：《指导性案例法源地位再反思》，《中国法学》2015 年第 1 期。

⑦ 张骐等：《中国司法先例与案例指导制度研究》，北京大学出版社 2016 年版，第 172、183 页。

高级法院的这一定位并不影响法治统一"①。宋晓指出，我国指导性案例的生成，主要依赖最高人民法院的司法外权力，没有遵循普遍的形式主义进路；其实"最高人民法院和高级人民法院都应成为判例法院，并可遴选自己法院的案例为指导性案例"。②张建指出，我国幅员辽阔，地区之间的差异性较大，因而在必要时"地区高级人民法院在最高权力机关的授权下，也可拥有对该地区有效的创例权"③。郑智航认为，最高人民法院指导性案例生成的行政化逻辑，影响了案例的质量，需要实现从行政化逻辑到司法逻辑的转换。④学界对案例文本编纂加工问题也有一些研究，且多集中于讨论裁判要旨的编写，如宋晓⑤、孙光宁⑥、于霄⑦等从法律性质、概括方式、法理解析、编写方法、表述技术等方面论析了裁判要旨的撰写问题。此外，林楠指出，案例编写应提高关键词的准确性，以便精准检索；⑧杨知文认为，案例文本对案件事实的编撰，应以回归司法裁判的过程和场景为取向；⑨孙光宁指出，将热点案件遴选为指导性案例，其案例文本的裁判要点应注意将道德评价转化为法律评价，裁判理由部分应当全面分析社会舆论的影响。⑩

---

① 江勇、黄金富：《高级人民法院应当成为发布指导性案例的重要主体》，《法治研究》2009 年第 9 期。

② 宋晓：《判例生成与中国案例指导制度》，《法学研究》2011 年第 4 期。

③ 张建：《开创判例法法典化、成文法判例化的双轨制法律体系》，《中国律师》2001 年第 10 期。

④ 郑智航：《中国指导性案例生成的行政化逻辑——以最高人民法院发布的指导性案例为分析对象》，《当代法学》2015 年第 4 期。

⑤ 宋晓：《裁判摘要的性质追问》，《法学》2010 年第 2 期。

⑥ 孙光宁：《指导性案例裁判要旨概括方式之反思》，《法商研究》2016 年第 4 期。

⑦ 于霄：《指导性案例裁判要点的表述技术研究》，《烟台大学学报》（哲学社会科学版）2020 年第 4 期。

⑧ 林楠：《困境与突破：知识产权审判先例制度效力的发挥》，《电子知识产权》2018 年第 12 期。

⑨ 杨知文：《指导性案例中的案件事实陈述及其编撰》，《环球法律评论》2020 年第 5 期。

⑩ 孙光宁：《热点案件遴选为指导性案例的意义及其运作》，《湖北社会科学》2020 年第 4 期。

关于指导性案例的适用问题，具体涉及适用范围、适用条件、适用技术等方面。如袁琴武指出，"指导性案例只能对相同类型的案件具有指导和参照作用……即所谓的'同类相引'"①。刘作翔等人指出，指导性案例的适用条件有三：缺乏具体的制定法规范；存在具体的指导性案例规则；具有相似的案件事实②。黄泽敏、张继成讨论了案例指导制度下法律推理的要素构成及主要规则，并认为，"对待决案件与指导性案例作出是否同案的判断以及如何形成同判是整个法律推理的论证重点"，其相关判断方法以及作出同判的方法是此法律推理的核心方法。③ 王彬在《案例指导与法律方法》一书中设置专门章节论述指导性案例的适用技术，具体讨论了"同案判断的内部证成：相关相似性的逻辑判断""同案判断的外部证成：决定相似性的实质论证"等问题④。孙海波指出，援用包括指导性案例在内的先决类案，其类案判断整体上应是二阶构造的程式，一阶聚焦于案件事实的论证，可以展开为三个层次，基于层层梳理事实将案件之间的相关相同点和相关不同点呈现出来；二阶着眼于实质性的价值权衡，通过诉诸规范目的、法律原则等实质性理由来综合判断相关相同点是否比不同点更具压倒性优势，从而证成或否证同案⑤。

2. 案例指导制度的现状及完善研究

此类研究成果，多是基于实证研究，对案例指导制度的实际运行状况进行考察分析，指陈其利弊得失，并就该制度的改革与完善提出

---

① 袁琴武：《我国案例指导制度适用的若干问题研究》，《法制与社会》2017 年第 6 期。

② 刘作翔等：《法治的路径——项目研究报告（2001—2006）》，山东人民出版社 2008 年版，第 107、108 页。

③ 黄泽敏、张继成：《案例指导制度下的法律推理及其规则》，《法学研究》2013 年第 2 期。

④ 王彬：《案例指导与法律方法》，人民出版社 2018 年版，第 195—221 页。

⑤ 孙海波：《重新发现"同案"：构建案件相似性的判断标准》，《中国法学》2020 年第 6 期。

一些建议。

　　自从案例指导制度在我国初步建立并付诸实施以后，司法理论界和司法实务界对案例指导制度进行了多维度的实证性考察研究，其研究内容涉及指导性案例的功能定位、遴选编制、适用条件、效力机制、援用技术等方面。比如，四川省高级人民法院、四川大学联合课题组据问卷调查、走访座谈等方式取得的第一手资料，对案例指导制度进行了全面系统的反思与检讨，认为"案例应用……对法官的思想认识、司法技能、裁判质量等产生了积极影响"，但指导性案例的生成机制、案例"指导"机制、案例指导制度的社会认同等方面也存在一些不尽如人意的地方；其未来的发展与完善还应在"选""编""用"三个层面上用力，以"用"为依归，回应"选"与"编"。① 刘树德提出了进一步健全和完善中国特色案例指导制度的方案：从加强裁判文书说理等入手，最大限度"激活"和"用足"现有案例指导制度；最高人民法院充分利用现有案件管辖权，终审具有指导意义的案件，并使其转化为指导性案例；重构现有法解释体制，使案例指导制度由"权力输出型"回归到"权威生成型"。② 杨治通过实证分析，认为当前刑事指导性案例存在数量偏少、案例功能定位不准、案例功能应用效果不佳等问题；有鉴于此，在选编上要"合理运用目的解释、扩大解释等方法，注重新类型、明确语义型、确定情节型、列举未完成型案例的选编；加强刑事判决书的说理水平，推动指导案例的积极运用"。③ 林维指出，目前刑事案例指导制度的困境源自案例数量、裁判要旨、指导

---

① 四川省高级人民法院、四川大学联合课题组：《中国特色案例指导制度的发展与完善》，《中国法学》2013 年第 3 期。

② 刘树德：《最高人民法院司法规则的供给模式——兼论案例指导制度的完善》，《清华法学》2015 年第 4 期。

③ 杨治：《困境与突破：刑事案例指导制度的实践运行样态及功能实现》，《法律适用》（司法案例）2017 年第 6 期。

效力机制、案例生成程序等方面存在的问题，所以，要"逐步建立两级指导案例生成机制，通过选择性提审、强化裁判援引效果、加强配套司法技术的训练等措施予以完善"。① 陈福才、何建指出，案例指导制度运行过程中出现了一些亟须解决的问题，如案例层报过程中行政化因素干扰、案例法源性与拘束力受质疑、裁判要点提取不当、案例缺乏退出机制等，"应当采取必要的改革措施，从指导性案例的生成与编排、法源性与拘束力、裁判要点提取与参照以及退出机制等方面予以完善"。② 练彬彬基于98件有效应用案例的实证分析，梳理了目前金融案例指导制度运行存在的主要问题（案例数量及质量供给不足等），建议从案例生成、运用、配套保障等方面健全机制。③ 罗丽、张莹通过案例样本分析、问卷调查等实证研究，认为环境公益诉讼案例指导制度在适用中存在着案例援引数量少、法院隐性适用多且对当事人的回应不足、适用方法不统一等问题，应当构建三层遴选标准来优化指导性案例遴选机制，确立背离论证责任制度来完善责任保障机制，并完善锁定法律关系与关键性事实细化类案判断标准。④ 又如，资琳指出，指导性案例同质化处理，在实践中导致了指导性案例适用的混乱；要突破这种困境，可将案例分为造法型、释法型、宣法型三类，不同类型的案例在效力、类似案件的判断、援引方式上都应有所区别。⑤ 孙光宁论述了裁判文书援引指导性案例的效果及其完善问题，指出：裁判文书援引指导性案例，以弘扬社会主义核心价值观，其实际效果的提升需要从案件类型、援引对象、具体方法（如将文义解释与论理解释

---

① 林维：《刑事案例指导制度：价值、困境与完善》，《中外法学》2013 年第 3 期。
② 陈福才、何建：《我国案例指导制度的检视与完善》，《中国应用法学》2019 年第 5 期。
③ 练彬彬：《金融案例指导制度的运行现状及完善——基于 98 件有效应用案例的实证分析》，《人民司法》2021 年第 19 期。
④ 罗丽、张莹：《环境公益诉讼案例指导制度的司法适用困境与完善》，《法律适用》2022 年第 12 期。
⑤ 资琳：《指导性案例同质化处理的困境及突破》，《法学》2017 年第 1 期。

充分融合）等方面入手。① 孙海波认为，案例应用过程中暴露出"参照难"的问题，应从明确判断案件相似性的方法、落实明示参照的要求等方面予以破解。②

就已有的研究成果来看，理论界和实务界对案例指导制度较为关注，对相关问题进行了较为充分的讨论和研究，呈现出多层次、多向度、多视角的立体化研究格局。通过不同思想、不同观点的交流讨论，乃至相互碰撞和交锋，学界对有些问题的认识和看法渐渐趋于基本一致。比如，对案例指导制度的价值，或曰案例指导制度实施的必要性，学者们大多是持肯定的态度和观点，认为推行案例指导制度，可以弥补成文法制度的不足，有助于解决法律滞后于社会发展的问题；可以促进司法裁判的统一，实现类案类判。但也要看到，对案例指导制度的有些问题，学者们尽管有所关注、有所研讨，但迄今仍未取得共识，还是处在"公说公有理，婆说婆有理"的纷争状态，让人莫衷一是。比如，对指导性案例的性质认定、效力定位等问题的研究与探讨，目前仍在继续，论者们唇枪舌剑，各持已见，不同的见解、说法此起彼落，难以形成理论共识。

纵观目前已取得的研究成果，可以看出，有关案例指导制度的研究在全面性、综合性、深刻性上尚有一些欠缺之处，有些问题还较少涉及或未曾涉及，有些问题还没有置于宏阔的学术视野和社会背景之下进行审视和研讨，有些问题还缺乏深层次的理论性开掘，有些问题的实践性、可操作性研究还无法得到有效应用，如此等等，不一而足。譬如，"近年来，我国学界有关案例指导制度的探索与争论主要集中在案例指导制度存在的合理性以及指导性案例的效力载体、遴选机制、

---

① 孙光宁：《裁判文书援引指导性案例的效果及其完善——以弘扬社会主义核心价值观为目标》，《苏州大学学报》（法学版）2022 年第 1 期。

② 孙海波：《指导性案例的参照难点及克服》，《国家检察官学院学报》2022 年第 3 期。

发布机关等方面。这些研究仍局限在案例指导制度自身的制度设计上，并未延伸到该制度与其他制度的协调配合，更为重要的是，尚未触及案例指导制度运行的深层次问题，如审级制度的改革、最高人民法院在案例指导制度中的功能定位等问题"①。又譬如，关于指导性案例的供给量问题，目前已有不少研究者意识到最高人民法院发布的指导性案例数量太少，缺乏规模效应，难以满足司法实践对案例示范的需求，而且也有一些研究者就此"瓶颈"问题提出了各种各样的破解之策和思路，但从总体上看，这些对策和思路在可行性与有效性上还有所不足，如果将其付诸实践，尚不足以突破上述"瓶颈"，从而根本性地解决案例供给与案例需求之间存在的矛盾。

总而言之，学界对案例指导制度的研究在不断深入，目前已取得一些具有理论意义和实践价值的研究成果，为后续的相关研究奠定了坚实的基础。但有些问题的研究仍较薄弱，还需要在广度与深度上作进一步的推进。所以，在现阶段，为了保障案例指导制度顺利运行，并取得预期的成效，仍有必要加强对案例指导制度相关问题的研究。

四 研究方法

本书在研究过程中采用以下几种研究方法。

1. 比较分析法

此处所谓比较分析法，是指对不同法系、不同国家（或地区）以及相同国家不同法域的法律制度、法学理论进行对比考察，分析并阐明其异同之处、优劣之点的一种方法。探讨我国案例指导工作的相关问题，应当进入宽广深远的学术视域，张开兼收并蓄的学术襟怀，在

---

① 陈树森：《我国案例指导制度研究》，上海人民出版社 2017 年版，第 4 页。

对不同法律制度、法学理论的比较研究中求同存异、取长补短，从域外制度资源、学术资源之中寻求有益的启迪，以助探寻我国案例指导制度的完善之道。为此，本书将采用比较分析的研究方法，考察英美法系国家（如英国、美国等）、大陆法系国家（如德国）的判例制度（包括事实上的判例制度）及其相关理论，对其判例法的运作机制、司法技术等进行分析，反思与把握其判例制度中所蕴含的本质规律、法律智慧等，及其制度运行的利弊得失，进而探讨域外国家判例法的经验教训对我国案例指导制度建设的借鉴和警示意义，以助解决我国案例指导制度在理论与实践层面上存在的问题。

2. 实证研究方法

案例指导制度不只是一个理论问题，也是一个实践问题，它直接关联并影响着司法实践活动。所以，研究案例指导制度，有必要对相关司法实践活动进行实证性的观察、描述和分析。本书的研究，将运用实证研究的方法，调研案例指导制度在我国的运行情况，或者对有关案例进行多维度的观察和透析，或者基于调研所得的相关数据进行定量分析和定性分析，等等，以阐述案例指导实践的实际效果、存在的问题等，为探究案例指导工作的完善和优化之路提供实证依据。比如，本书将选取最高人民法院发布的指导性案例以及高级人民法院发布的参考性案例等作为研讨对象，进行实证性的论证分析，由此探究案例的创制特点及其应用于司法实践所产生的效果、存在的问题等。

3. 历史分析方法

历史分析法注重历时地描述研究对象在不同时期的表现形态，从而认识其发展变化过程，并揭示其发展规律。此法既可用于描述、分析和解释过去的历程，也可揭示当前值得关注的问题，还能对研究对象的未来进行合理性预测。其旨在从传统经验中"取其精华，去其糟粕"，服务于当下的研究与实践。本书的研究，将采用历史分析方法，纵向考察我国不同历史时期法律制度、司法实践的有关情况（如引律比附、依例断案等），总结历史经验教训，以为当下案例指导制度的建设和完善提供参考借鉴，从而使法律文化遗产、传统法律资源服务于现实问题的探索和解决。

4. 规范分析方法

规范分析法是法学研究常用的一种基本方法，主要用于研究制度运行"应该是什么"的问题。其依据一定的价值判断和社会目标，来探讨实现这种价值判断和社会目标的路径、步骤等。运用规范分析方法，有利于直观地呈现某项制度在特定国家或地区的设计情况，进而助力研究者快速、清晰地察见其潜在的缺陷。本书的研究，将通过广泛收集、整理有关指导案例创制、应用的情况资料以及案例指导运作方面的资料，运用上述方法来分析案例指导制度构建上的现实背景、价值取向、设计缺陷等，分析当前国内学人在案例指导制度认识上的局限和不足，探究案例指导实践中存在的问题或偏差，从而探寻案例指导优化的路径，提出解决问题的对策，以助案例指导制度在司法实践中更好地实现其价值和目的。

第一章　指导性案例与其他案例概述

案例指导制度是一项重要的司法制度创新，其发展经历了一个由理论争鸣到实践探索、正式实施的过程。从 2011 年最高人民法院公布第一批指导性案例至今，案例指导制度的实际运行已历十余载，在我国司法实践中产生了较为广泛的影响，对推进我国法治建设具有重要的作用和意义。

案例指导制度，从根本上讲，就是选择已经发生法律效力、具有典型性、指导性或复杂性的案件作为案例，为法官审理类似案件提供事实认定、法律适用、裁判方法等方面的参照和指引，帮助法官把握统一的裁判标准，实现类案类判，从而避免司法不公现象。因此，在案例指导制度的实施过程中，案例扮演着十分重要的角色，发挥着根本性的作用，关系到案例指导工作的质量和成效。本章拟对目前案例指导制度运行中所涉及的案例作一些简述和讨论。

第一节　最高人民法院指导性案例

指导性案例的创制权、发布权在最高人民法院。2010 年 11 月，最高人民法院《关于案例指导工作的规定》指出："对全国法院审判、执行工作具有指导作用的指导性案例，由最高人民法院确定并统一发布。"

一　指导性案例创制简况

最高人民法院高度重视案例指导工作，积极创制和发布指导性案例，以期为人民法院处理同类案件提供参考与指导，从而维护司法公正，保障法律统一正确实施。最高人民法院设立了案例指导工作办公室，具体负责指导性案例的征集、遴选、审查、编纂等工作。指导性案例在全国各级人民法院和社会各界所推荐的裁判生效案件中产生。最高人民法院各审判业务单位向上述案例指导工作办公室推荐本院和地方各级人民法院符合条件的裁判生效案件；基层人民法院与中级人民法院向高级人民法院推荐符合条件的裁判生效案件，经高级人民法院审判委员会讨论通过，再报送至最高人民法院；社会各界人士可向作出生效裁判的原审人民法院推荐案件。各方推荐的备选案件，经最高人民法院审判委员会审核通过，方能转化为指导性案例，并由最高人民法院统一发布。

最高人民法院自2011年12月至2023年1月，共创制发布了37批211个指导性案例，其中，行政类指导性案例30个，占14.21%；国家赔偿类指导性案例5个，占2.36%；刑事类指导性案例36个，占17.06%；民事类指导性案例125个（含知识产权类案例27个），占59.24%；执行类指导性案例15个，占7.11%。由此可见，各类指导性案例所占比例有所不同，民事类指导性案例的占比最大，国家赔偿类指导性案例占比最小。

我国成文法存在着抽象性、笼统性、断裂性、滞后性等缺陷和不足，在适用时需要解释或补充。实施案例指导制度，可以通过"以案释法"的指导方式，将经过筛选的案例用来解释成文法规定中模糊、抽象的条款，或者用来弥补相关成文法的漏洞和空白。以行政实体法律规范为例，存在着法律规定模糊与过时、法律概念不确定、相关规定欠缺等问题，利用行政指导性案例予以解释和补充，不失为一条可行的路径。现将截至2023年1月的30个行政指导性案例对行政实体法律的解释内容及其所明确的问题进行分析和归纳，详情如表1-1所示。

表1-1　　行政指导性案例及对行政法律规范的解释和补充

	案例编号	所解释的法律规范	明确的问题	行政争议类型	作出裁判的法院
对模糊不清或存在漏洞的法律规范的解释和弥补	211号	《森林法》(2019年修订)第74条、第81条(本案适用的是2009年修正的《中华人民共和国森林法》第10条、第44条)	违法行为人的同一行为既违反行政法应受行政处罚，又触犯刑法应受刑罚处罚的，对刑事判决未涉及的行政处罚事项，行政机关应在刑事判决生效后，作出行政处罚决定	环境行政公益诉讼	贵州省遵义市播州区人民法院
	177号	《水生野生动物保护实施条例》(2013年12月7日修订)第2条、第20条、第28条、第48条	对珊瑚、砗磲的所有物种，无论活体、死体，还是相关制品，均应依法给予保护，对非法运输者作出行政处罚，人民法院应予支持	行政处罚	海口海事法院一审；海南省高级人民法院驳回上诉，维持原判
	162号	《商标法》第15条	在被代理人没有在先使用行为的情况下，不能认定诉争商标为商标法第十五条所指的"被代理人的商标"	商标权无效宣告行政纠纷	北京知识产权法院一审；北京市高级人民法院二审撤销一审判决；最高人民法院再审作出撤销二审维持一审的判决
	139号	《环境保护法》第10条，《大气污染防治法》第18条、第99条，《固体废物污染环境防治法》第68条	经营者堆放、处理固体废物产生的臭气浓度超过大气污染物排放标准，环境保护主管部门可适用《大气污染防治法》对其进行行政处罚	环境行政处罚	上海市金山区人民法院

续表

案例编号	所解释的法律规范	明确的问题	行政争议类型	作出裁判的法院
138 号	《水污染防治法》(2017 年修正)第 39 条、第 83 条(本案适用的是 2008 年修正的《水污染防治法》第 22 条第 2 款、第 75 条第 2 款)	经营者通过私设暗管排放水污染物的,依法应当给予行政处罚	环境行政处罚	成都市成华区人民法院一审;成都市中级人民法院二审,驳回原告诉讼请求;成都市中级人民法院再审,裁定不予受理
137 号	《森林法》第 13 条、20 条,《森林法实施条例》第 43 条,《行政诉讼法》第 70 条、第 74 条	审查行政机关是否履行法定职责的标准是,行政机关是否采取了法定监管措施,以及是否有效保护国家利益,或者社会公共利益	环境行政公益诉讼	云南省剑川县人民法院
136 号	《行政诉讼法》第 61 条	人民检察院提起环境行政附带民事公益诉讼时,可采取分别立案、一并审理、分别判决的方式	环境公益诉讼	吉林省白山市中级人民法院
114 号	《商标法实施条例》第 13 条、第 52 条	接受商标注册的行政机关,在履行法定职责的过程中,应当给予申请人合理的补正机会	商标申请驳回复审行政纠纷	北京知识产权法院驳回原告诉讼请求;北京市高级人民法院驳回上诉,维持原判;最高人民法院再审,撤销一审、二审判决
113 号	《商标法》(2013 年修正)第 32 条,《民法通则》第 4 条、第 99 条第 1 款、《民法总则》第 7 条、第 110 条	违反诚实信用原则,恶意申请注册商标,该注册商标不具有合法性	商标争议行政纠纷	北京市第一中级人民法院驳回原告诉讼请求;北京市高级人民法院驳回上诉,维持原判;最高人民法院再审,撤销一审、二审判决
101 号	《中华人民共和国政府信息公开条例》第 2 条、第 13 条	行政机关以政府信息不存在为由的,法院应当审查被告是否有过充分合理的查找、检索经过	政府信息公开	重庆市彭水苗族土家族自治县人民法院一审;重庆市第四中级人民法院二审

对模糊不清或存在漏洞的法律规范的解释和弥补

续表

案例编号	所解释的法律规范	明确的问题	行政争议类型	作出裁判的法院
90号	《道路交通安全法》第47条第1款	支持公安机关交通管理部门对不"礼让行人"的机动车驾驶人依法作出行政处罚	行政处罚	海宁市人民法院驳回原告诉讼请求；浙江省嘉兴市中级人民法院驳回上诉，维持原判
89号	《民法通则》第99条第1款，《婚姻法》第22条	公民选取或创设姓氏，需要有不违反公序良俗的其他正当理由	行政登记	济南市历下区人民法院驳回原告诉讼请求
88号	《行政诉讼法》第89条第1款第2项	行政机关在作出行政许可时，应当明确告知行政许可的期限	行政许可	简阳市人民法院一审；四川省资阳地区中级人民法院二审、再审；最高人民法院提审、再审
77号	《行政诉讼法》第12条、第25条	举报人向行政机关举报的事宜，必须与本人具有法律上的利害关系，方可具备原告主体资格	受案范围	江西省吉安市吉州区人民法院
76号	《行政诉讼法》第12条	行政机关在职权范围内对行政协议约定的条款进行的解释，对协议双方具有法律约束力	不履行行政协议	江西省萍乡市安源区人民法院一审；萍乡市中级人民法院驳回上诉，维持原判
69号	《行政诉讼法》第12条、第13条	行政相对人对程序性行政行为提起行政诉讼的，人民法院应当依法受理	行政工伤认定	四川省乐山市市中区人民法院
59号	《消防法》第4条、第13条	建设工程消防验收备案结果通知，是行政确认行为，可诉	行政确认	济南高新技术产业开发区人民法院一审；济南市中级人民法院发回重审

左侧纵向标题：对模糊不清或存在漏洞的法律规范的解释和弥补

续表

案例编号	所解释的法律规范	明确的问题	行政争议类型	作出裁判的法院
41号	《行政诉讼法》第32条	行政机关作出具体行政行为时未引用具体法律条款,且在诉讼中不能证明该具体行政行为符合法律的具体规定,应视为该具体行政行为没有法律依据	行政征收	浙江省衢州市柯城区人民法院
39号	《学位条例》第4条、第8条第1款,《学位条例暂行实施办法》第25条	人民法院应当支持高等院校在学术自治范围内制定的授予学位的学术水平标准	受案范围与主体确认	武汉市洪山区人民法院驳回原告诉讼请求;武汉市中级人民法院驳回上诉,维持原判
38号	《行政诉讼法》第25条,《教育法》第21条、第22条,《学位条例》第8条	不服高等学校对受教育者因违反校规、校纪而拒绝颁发学历证书的,可诉	受案范围与主体确认	北京市海淀区人民法院
26号	《政府信息公开条例》第24条	行政机关以内部处理流程为由而逾期作出答复的,应当确认为违法	政府信息公开	广州市越秀区人民法院
22号	《行政诉讼法》第11条	内部行政行为对行政相对人的权利义务产生了实际影响的,可诉	受案范围	安徽省滁州市中级人民法院
21号	《人民防空法》第22条、第48条	建设单位违反人民防空法及有关规定,属于不履行法定义务的违法行为	行政征收	呼和浩特市新城区人民法院一审;呼和浩特市中级人民法院驳回上诉,维持原判
6号	《行政处罚法》第42条	行政机关作出没收较大数额涉案财产的行政处罚决定时,未依法举行听证的,法院应依法认定该行政处罚违反法定程序	行政处罚	金堂县人民法院一审;成都市中级人民法院撤销一审判决第三项,对其他判项予以维持

左侧纵向标题： 对模糊不清或存在漏洞的法律规范的解释和弥补

续表

案例编号	所解释的法律规范	明确的问题	行政争议类型	作出裁判的法院
5 号	《行政许可法》第 16 条第 3 款,《行政处罚法》第 13 条	地方政府规章违反法律规定设定许可、处罚的,人民法院在行政审判中不予适用	行政处罚	江苏省苏州市金阊区人民法院

对不确定的法律概念的解释

案例编号	所解释的法律规范	明确的问题	行政争议类型	作出裁判的法院
191 号	《工伤保险条例》第 15 条	因工伤亡的"包工头"应纳入工伤保险范围,赋予其享受工伤保险待遇的权利	行政工伤认定	清远市中级人民法院一审;广东省高级人民法院驳回上诉,维持原判;最高人民法院再审,撤销一审、二审判决
178 号	《行政处罚法》第 32 条,《海域使用管理法》第 42 条	相关法律法规中所谓"非法围海、填海"的含义	行政处罚	北海海事法院一审;广西壮族自治区高级人民法院驳回上诉,维持原判
94 号	《工伤保险条例》第 15 条第 1 款第 2 项	职工见义勇为,为制止违法犯罪行为而受到伤害的,属于为维护公共利益受到伤害的情形,应视同工伤	行政确认	重庆市涪陵区人民法院
60 号	《食品安全法》第 20 条、第 42 条第 1 款	相关法律法规中有关食品标签的所谓"强调"和"有价值、有特性的配料"的含义	行政处罚	江苏省东台市人民法院一审;盐城市中级人民法院维持一审判决
40 号	《工伤保险条例》第 14 条第 1 项、第 16 条	《工伤保险条例》中所谓"因工作原因""工作场所"的含义	行政工伤认定	天津市第一中级人民法院一审;天津市高级人民法院驳回上诉,维持原判

在上述最高人民法院发布的 30 个行政类指导性案例中,涉及行政处罚的案例 8 个,受案范围与主体确认的案例 4 个,行政工伤确定的案例 3 个,行政公益诉讼的案例 3 个,商标争议行政纠纷的案例 3 个,

行政征收的案例 2 个，政府信息公开的案例 2 个，行政确认的案例 2 个，行政许可的案例 1 个，行政协议的案例 1 个，行政登记的案例 1 个。

如前文所述，涉及行政处罚的案例有 8 个，在行政类案例中数量最多，这是因为，政府行政部门在履行行政职能时适用行政处罚的范围较为广泛，相关问题亦多。此外，与受案范围和行政诉讼主体确认有关的案例有 4 个，数量相对较多，是因为受案范围、诉讼主体在行政诉讼中难以明确、多存争议造成的。

2010 年，最高人民法院发布的《关于案例指导工作的规定》第 2 条明确指出："本规定所称指导性案例，是指裁判已经发生法律效力，并符合以下条件的案例：（一）社会广泛关注的；（二）法律规定比较原则的；（三）具有典型性的；（四）疑难复杂或者新类型的；（五）其他具有指导作用的案例。"这其实规定了已发生法律效力的裁判案件被遴选为指导性案例所应具备的基本条件。综观最高人民法院已发布的指导性案例，一般符合上述规定的条件，较为关注社会生活诸多方面（如教育、市场经济、生态环境、食品安全等领域）的现实问题，注重回应专业性强、类型新颖、疑难复杂的法律问题以及备受广大民众关注的社会热点问题。如表 1－1 中所列第 136 号和第 137 号环境公益诉讼案例，即是其例。2017 年修订的《行政诉讼法》和《民事诉讼法》虽然明确了公益诉讼的法律地位以及检察机关提起公益诉讼的主体资格，但其相关规定有的仍显得较为抽象、笼统，不便于实践操作。上述两个指导性案例的发布，进一步明确了检察机关在环境行政公益诉讼中的相关权利与义务，即：检察机关发出《检察建议书》后，行政机关如果仍不采取充分、及时、有效的法定监管措施（即怠于履行法定职责），检察机关可以公益诉讼人的身份提起行政公益诉讼，责令行政机关履行法定职责。另外，上述两个案例又各有侧重：第 136 号案例是我国首个行政附带民事公益诉讼案例，明确了人民检察院就同一污染环境行为同时提起环境民事公益诉讼和行政公益诉讼的，采取分别立案、一并审理、分别判决的审判方式；第 137 号案例确定了判别审查行政机关是否履行法定职责的两个标准。再看如下几个案例。

指导性案例第 40 号和第 94 号，涉及行政工伤认定。在现实生活中，由于工伤认定的法律规定较为抽象，以致各方对工伤标准理解出现偏差，对工伤结论认定争论不休，而劳动者的合法权益常常得不到及时保障。此类现象长期困扰着用人单位及受伤人员。指导性案例对上述问题进行了及时回应，明确了含糊不清的概念，细化了操作流程，有益于司法实践。

指导性案例第 113 号和第 114 号，均涉及商标争议行政纠纷。前者为"乔丹"商标争议案，是最高人民法院首个以"全媒体"现场直播庭审形式审理的案件，其裁判要点有"违反诚实信用原则，恶意申请注册商标，侵犯他人现有在先权利的'商标权人'，主张该注册商标合法有效的，人民法院不予支持"等，后者的裁判要点主要为"商标行政机关应当给予申请人合理的补正机会"。

总之，为推进案例指导工作高质量发展，最高人民法院十分重视指导性案例的创制与发布，以期为司法裁判提供具体的参考和指引，实现类案类判、裁判尺度统一。其所创制发布的案例数量尽管不多，但一般具有典型性、示范性，能在司法实践中发挥重要的指导作用。

二　指导性案例的类型

在指导性案例创制上，最高人民法院十分注重案例功能的多元性和丰富性，力求以多种多样的案例回应司法裁判实践中的不同需求，尽可能实现案例指导工作预设的多元化目的。从已发布的 37 批指导性案例来看，其功能的确呈现出多元性和丰富性的特点。以案例的功能及作用为视点进行考察和分析，可以把 37 批指导性案例的类型归纳为如下 7 种。

1. 事实认定型

此类案例重在依据法律法规、司法解释等相关规定的精神，对案件的事实和行为进行定性评判，以便为司法工作者审理类似基本事实、行为情节的案件在定性处理上提供参照和指引。具体言之，其又可分为事实归类定性型与事实性质界定型两种。

事实归类定性型案例，往往是将案件的事实或行为归入现行法律规范所规制的范围之中，确认其性质；亦即依据法律规范所规定的要件事实，对待决案件的事实构成进行审查，作出法律性质上的归类和认定。其案例文本的要旨部分，多采用"……属于……""……可以（应）认定为……"等语言形式予以表达。例如，第 192 号指导性案例"李某祥侵犯公民个人信息刑事附带民事公益诉讼案"的裁判要点："使用人脸识别技术处理的人脸信息以及基于人脸识别技术生成的人脸信息均具有高度的可识别性，能够单独或者与其他信息结合识别特定自然人身份或者反映特定自然人活动情况，属于刑法规定的公民个人信息。"第 178 号指导性案例"北海市某海洋科技有限公司诉北海市海洋与渔业局行政处罚案"的裁判要点："行为人未依法取得海域使用权，在海岸线向海一侧以平整场地及围堰护岸等方式，实施筑堤围割海域，将海域填成土地并形成有效岸线，改变海域自然属性的用海活动可以认定为构成非法围海、填海。"此类案例有时也使用"……是……的行为"之类的表述方式对案件的事实或行为作出定性评判，指出其法律性质的类属。例如，第 146 号指导性案例"陈某豪、陈某娟、赵某海开设赌场案"的裁判要点指出："以'二元期权'交易的名义，在法定期货交易场所之外利用互联网招揽'投资者'，以未来某段时间外汇品种的价格走势为交易对象，按照'买涨''买跌'

确定盈亏，买对涨跌方向的'投资者'得利，买错的本金归网站（庄家）所有，盈亏结果不与价格实际涨跌幅度挂钩的，本质是'押大小、赌输赢'，是披着期权交易外衣的赌博行为。对相关网站应当认定为赌博网站。"事实归类定性型案例有助于司法工作者审查判断一些案件（特别是疑难案件）的事实或行为是否属于特定法律规范所规定的情形，从而准确地认定其性质。类似的案例还有第 193 号指导性案例"闻某等侵犯公民个人信息案"，第 142 号指导性案例"刘某莲、郭某丽、郭某双诉孙某、河南兰庭物业管理有限公司信阳分公司生命权纠纷案"等。

事实性质界定型案例，主要是对涉及案件法律事实性质判断的特定法律概念进行界定，即对特定法律概念的内涵、外延作出确切的解释和说明，使其边界具体而清晰。它可助司法工作者审理类似案件、认定法律事实时准确地把握判断标准，对案件事实的性质作出正确的认定。例如，第 13 号指导性案例"王某成等非法买卖、储存危险物质案"的裁判要点："国家严格监督管理的氰化钠等剧毒化学品，易致人中毒或者死亡，对人体、环境具有极大的毒害性和危险性，属于《刑法》第 125 条第 2 款规定的'毒害性'物质。'非法买卖'毒害性物质，是指违反法律和国家主管部门规定，未经有关主管部门批准许可，擅自购买或者出售毒害性物质的行为，并不需要兼有买进和卖出的行为。"这实际上对关涉案件事实定性的法律概念"毒害性"和"非法买卖"作了科学明确的界定，能为审判实践中进行案件事实的定性评判和处理提供具有可操作性的参照标准。

2. 适用选择型

此类案例，在法律适用、具体条文选择等方面存有异议或分歧时，特别是在法条竞合、法律适用范围重叠的情况下，对相关法律规范划定具体的适用空间，以便司法工作者准确择用。此类案例往往能依据法治精神，并结合案情与事实证据来明确适用法律的选择问题，所运用的法律方法是"按照法律规则之间的空间位阶（上位法与下位法）、时间位阶（新法与旧法）、逻辑位阶（一般法与特别法）选择有效的法律规则"，或者进行"个案情节的考量"。① "个案情节的考量"主要适用于位阶相同的法律规范，由法官在裁判中对利益进行综合比较并衡量，② 从适用范围重叠的规范中选择一个法律规范，以符合利益衡量的结果。比如，第 145 号指导性案例"张某杰等非法控制计算机信息系统案"的裁判要点："通过修改、增加计算机信息系统数据，对该计算机信息系统实施非法控制，但未造成系统功能实质性破坏或者不能正常运行的，不应当认定为破坏计算机信息系统罪，符合《刑法》第 285 条第 2 款规定的，应当认定为非法控制计算机信息系统罪。"本案被告通过植入木马程序的方式，非法获取网站服务器的控制权限，进而通过修改、增加计算机信息系统数据，其中部分网站服务器还被植入了含有赌博关键词的广告网页，公诉机关以破坏计算机信息系统罪对 4 名嫌疑人提起公诉，人民法院认为被告的行为未造成该信息系统功能实质性的破坏，以及不能正常运行，也未对该信息系统内有价值的数据进行增加、删改，其行为不属于破坏计算机信息系统犯罪，而仅仅是通过控制对应的计算机信息系统来进行谋利，应定性为非法控制计算机信息系统罪。又如，第 107 号指导性案例"中化国际（新加坡）有限公司诉蒂森克虏伯冶金产品有限责任公司国际货物买卖合同纠纷案"的裁判要点指出：国际货物买卖合同的当事各方所在国为《联合国国际货物销售合同公约》的缔约国，在法律适用（即适用公约的规定还是适用合同中约定适用的法律）上，"应优先适用公约的规

---

① 王彬：《指导性案例遴选标准的完善》，载陈金钊、谢晖主编《法律方法》第 22 卷，中国法制出版社 2017 年版。

② 陈金钊主编：《法律方法论》，北京大学出版社 2013 年版，第 98 页。

定，公约没有规定的内容，适用合同中约定适用的法律。国际货物买卖合同中当事人明确排除适用《联合国国际货物销售合同公约》的，则不应适用该公约"。再如，第139号指导性案例"上海鑫晶山建材开发有限公司诉上海市金山区环境保护局环境行政处罚案"，其原告上海鑫晶山建材开发有限公司因环境污染问题被群众举报，金山环境监测站工作人员对该公司厂界臭气和废气排放口进行气体采样，检测发现臭气浓度超过大气污染物排放标准，该公司既违反了《固体废物污染环境防治法》，也违反了《大气污染防治法》，其行为如果依照《固体废物污染环境防治法》第68条第7项"未采取相应防范措施，造成工业固体废物扬散、流失、渗漏或者造成其他环境污染"来认定，则应责令停止违法行为，限期改正，处一万元以上十万元以下的罚款；如果依照《大气污染防治法》第99条第2项"超过大气污染物排放标准或者超过重点大气污染物排放总量控制指标排放大气污染物"来认定，则应责令改正或者限制生产、停产整治，并处十万元以上一百万元以下的罚款。由此可见，适用两个不同的条款所需要承担的责任不同，特别是罚款数额差距较大。《大气污染防治法》和《固体废物污染环境防治法》都是由全国人民代表大会常务委员会通过的法律，位阶相同，法官在审理类似案件的时候可以行使自由裁量权适用其中一个法律；法官选择的法律不同，相应的处罚也不同。因此，该案的焦点问题是，案件的审理裁决究竟是适用《固体废物污染环境防治法》还是适用《大气污染防治法》。第139号指导性案例的裁判要点明确了此类案件审理裁判所应选择适用的法律：对"堆放、处理固体废物产生的臭气浓度超过大气污染物排放标准……企业事业单位和其他生产经营者主张应当适用《中华人民共和国固体废物污染环境防治法》对其进行处罚的，人民法院不予支持。"总之，适用选择型的指导性案例，能提供符合制定法基本精神及立法目的法律适用标准，使法官在遇到法律适用、具体条文选择等方面存有异议或分歧而需要选择适用法律时有所参照，知所适从，从而减少法官裁判过程中的"随心所欲"，[①] 统一法律适用，避免产生同案不同判的现象。

3. 释明法条型

成文法的规定具有抽象性、概括性的特点，在司法适用中容易出现不同的理解和把握，因而需要作具体的解释和规定。释明法条型的案例正是适应此类需求而产生，注重对原本抽象、模糊的法律条文作进一步的解释，使其含义明晰，具有"以案释法"的特点。较为典型的案例是第 61 号指导性案例"马某利用未公开信息交易案"，其对现行《刑法》第 180 条的规定作了进一步的细化和释明。此条第 1 款规定了"情节严重"与"情节特别严重"两种情形，但其第 4 款有关"利用未公开信息交易罪"的规定是"情节严重的，依照第 1 款的规定处罚"，没有涉及"情节特别严重"之情形，因而导致司法实践中出现了不同的解读：或认为第 4 款中只规定了"情节严重"的情形，而未规定"情节特别严重"的情形，故条款中所谓"情节严重的，依照第 1 款的规定处罚"只能是依照第 1 款中"情节严重"的量刑档次予以处罚；或认为第 4 款中的"情节严重"只是入罪条款，即达到了情节严重以上的情形，依据第 1 款的规定处罚，至于具体处罚应看符合第 1 款中的"情节严重"还是"情节特别严重"的情形，分别情况依法判处。而第 61 号指导性案例针对上述的《刑法》规定，综合运用文义解释、体系解释、目的解释等多种方法来进行补充和释明，并在裁判要点、裁判理由中明确了如何正确理解《刑法》第 180 条第 4 款对第 1 款的援引，以及如何把握利用未公开信息交易罪"情节特别严重"的认定标准："《中华人民共和国刑法》第 180 条第 4 款规定的利用未公

---

① 杨知文：《指导性案例编撰的法理与方法研究》，商务印书馆 2022 年版，第 88 页。

开信息交易罪援引法定刑的情形，应当是对第 1 款内幕交易、泄露内幕信息罪全部法定刑的引用，即利用未公开信息交易罪应有‘情节严重’‘情节特别严重’两种情形和两个量刑档次”；“《刑法》第180 条第 4 款中‘情节严重’之后，并未列明具体的法定刑，而是参照内幕交易、泄露内幕信息罪的法定刑。因此，本款中的‘情节严重’仅具有定罪条款的性质，而不具有量刑条款的性质……《刑法》第180 条第 4 款援引法定刑的目的是避免法条文字表述重复，并不属于法律规定不明确的情形。”第 61 号指导性案例是在《刑法》第 180 条第 4 款没有明确表述“情节特别严重”的情况下，通过“以案释法”的方式对其作了进一步的解释，从本条款设立的立法目的、法条文意及立法技术等角度释明利用未公开信息交易罪应有“情节严重”“情节特别严重”两种情形和两个量刑档次；也就是说，《刑法》第 180 条第 4 款利用未公开信息交易罪为援引法定刑的情形，是对第 1 款法定刑的全部援引，其中“情节严重”是入罪标准，在处罚上应当依照本条第 1 款内幕交易、泄露内幕信息罪的全部法定刑处罚，即区分不同情形分别依照第 1 款规定的“情节严重”和“情节特别严重”两个量刑档次处罚。又如，第 144 号指导性案例“张某拉正当防卫案”，结合案件中侵害方人数（4 人）、所持凶器（两人分别手持长约 50 厘米的砍刀，一人持铁锹，一人持铁锤）、打击部位（砸砍张某拉后脑部）等情节，对《刑法》第 20 条第 3 款“对正在进行行凶、杀人、抢劫、强奸、绑架以及其他严重危及人身安全的暴力犯罪，采取防卫行为，造成不法侵害人伤亡的，不属于防卫过当，不负刑事责任”之规定进行了具体诠释，即“对于使用致命性凶器攻击他人要害部位，严重危及他人人身安全的行为，应当认定为《刑法》第 20 条第 3 款规定的‘行凶’，可以适用特殊防卫的有关规定”，进而认为本案中张某拉虽然造成了一死一伤的后果，但属于制止不法侵害的正当防卫行为，依法不负刑事责任。

释明法条型指导性案例是司法实践中应用的重点案例，经常被法官、律师及当事人援引，发挥了案例对法律条文的释明补充作用。

4. 指导工作型

最高人民法院《关于推进案例指导工作高质量发展的若干意见》指出："案例指导工作……要坚持问题导向，注重解决审判执行工作中的突出问题。"目前审判工作中还存在着具体操作的流程、规则、技术路径等不规范、不合理的问题，亟待解决。指导工作型的案例正可满足此类现实需求，为有关审判工作的具体操作树立一种规范性模板。它是指导性案例中应用性较强的一类，侧重于将地方司法实践中相对较成熟的审判工作经验提炼成具有普遍意义的指导性原则，以引领和指导全国各地的人民法院工作，比较集中地体现了新时代人民法院工作的理念和要求。例如，第 190 号指导性案例"王某诉万得信息技术股份有限公司竞业限制纠纷案"，涉及如何判定原用人单位与新用人单位在经营范围上是否存在业务竞争关系的问题，而目前相关法律法规对此问题的规定较为模糊，如《劳动合同法》第 24 条指出："竞业限制的范围、地域、期限由用人单位与劳动者约定，竞业限制的约定不得违反法律、法规的规定。在解除或者终止劳动合同后，前款规定的人员到与本单位生产或者经营同类产品、从事同类业务的有竞争关系的其他用人单位，或者自己开业生产或者经营同类产品、从事同类业务的竞业限制期限，不得超过二年。"依此规定，处理竞业限制纠纷时如何认定业务经营范围是否存在竞争关系，便成为难题；认定不当，则容易使劳动者的择业自由权受到不合理限制。第 190 号指导性案例就此认定问题提出了指导性意见，认为审理竞业限制纠纷案有必要考察用人单位的实际经营范围，不能仅以工商登记资料上记载的业务经营范围为认定依据。其裁判要点指出："人民法院在审理竞业限制纠纷案件时，审查劳动者自营或者新入职单位与原用人单位是否形成竞争关系，不应仅从依法登记的经营范围是否重合进行认定，还应当结合实际经营内容、服务对象或者产品受众、对应市场等方面是否重合进行综合判断。"这意味着以登记经营范围为核心进行形式审查应当转变为对实际经营范围进行实质审查，由此认定竞争关系（特别是在登记经营范围无法反映相关单位实际经营情况的情形下）。该案例为竞业限制纠纷案的审理工作指明了操作上的基本规程和技术路径，能为类案审判提供参照和指引，属于典型的指导工作型案例。又如，第 202 号指导性案例"武汉卓航江海贸易有限公司、向某等 12 人污染环境刑事附带民事公益诉讼案"，涉及船舶偷排的含油污水是否有毒、造成的损害有多大等问题，但因案涉船舶排入外界的含油污水已无法取样，给鉴定和认定工作造成很大的困难。第 202 号指导性案例认为，案涉船舶常年定线运输、偷排频次稳定，设备及操作规程没有变化，舱底残留含油污水与排入外界的含油污水，来源相同且性质稳定，不存在本质变化，故应就舱底残留含油污水取样送检，并结合偷排频次等方面评估其造成的生态环境损害。该案例裁判要点指出："认定船舶偷排的含油污水是否属于有毒物质时，由于客观原因无法取样的，可以依据来源相同、性质稳定的舱底残留污水进行污染物性质鉴定"；"船舶偷排含油污水案件中，人民法院可以根据船舶航行轨迹、污染防治设施运行状况、污染物处置去向，结合被告人供述、证人证言、专家意见等证据对违法排放污染物的行为及其造成的损害作出认定。"该案例能为人民法院审理类似案件提供鉴定操作、认定操作上的具体指导，有利于促进审判工作规范化、科学化和统一化。

5. 宣传教育型

此类指导性案例的功能作用主要体现在法治宣传教育上，即借助鲜活的案例传达司法的价值导向，让广大社会公众感受到法律的公平正义，明白法律允许什么、禁止什么，从而实现对社会行为的正确引导以及对违法犯罪的有效预防。此类案例通常发布于某个（或某些）热点法律事件出现之时或某个法律规范出台之后，比较注重回应社会关切的法律问题。比如，2018年前后，一系列见义勇为、正当防卫的热点案件相继出现，其中2018年"8·27昆山持刀砍人案"影响最大。此类案件中当事人的防卫行为被认定为正当防卫，不负刑事责任，引发了大众对正当防卫与防卫过当问题的热议。公众不仅关注这些案件的事实问题，而且关注这些案件背后的法律问题，对此类广受公众关注的热点问题如果以指导性案例予以回应，可以树立司法的公信力，起到普法宣传教育的作用。最高人民法院于2018年6月发布了第93号指导性案例"于某故意伤害案"，对案件的法律适用进行了解释，其裁判要点强调："对正在进行的非法限制他人人身自由的行为，应当认定为《刑法》第20条第1款规定的'不法侵害'，可以进行正当防卫。判断防卫是否过当，应当综合考虑不法侵害的性质、手段、强度、危害程度，以及防卫行为的性质、时机、手段、强度、所处环境和损害后果等情节……防卫过当案件，如系因被害人实施严重贬损他人人格尊严或者亵渎人伦的不法侵害引发的，量刑时对此应予充分考虑，以确保司法裁判既经得起法律检验，也符合社会公平正义观念。"该案例回应了社会热点问题，传递出"法不能向不法让步"的强烈信号，明显具有法治宣传教育作用。又如，第140号指导性案例为李某月等诉广州市花都区梯面镇红山村村民委员会违反安全保障义务责任纠纷案，曾一度成为社会关注的热点。该案当事人吴某私自上树采摘杨梅不慎从树上跌落受伤，后因抢救无效于当天死亡。法院生效裁判认为，红山村村民委员会没有违反安全保障义务，吴某的坠亡系其私自爬树采摘杨梅所致，与红山村村民委员会不具有法律上的因果关系。第140号指导性案例裁判要点也指出："公共场所经营管理者的安全保障义务，应限于合理限度范围内，与其管理和控制能力相适应。完全民事行为能力人因私自攀爬景区内果树采摘果实而不慎跌落致其自身损害，主张经营管理者承担赔偿责任的，人民法院不予支持。"该案例主要起宣传教育作用，旨在引导公众遵守法律法规、公序良俗和文明行为规范。又如，第 94 号指导性案例"重庆市涪陵志大物业管理有限公司诉重庆市涪陵区人力资源和社会保障局劳动和社会保障行政确认案"，其当事人罗某均系重庆市涪陵志大物业管理有限公司保安，其在与抢劫者搏斗的过程中受伤，向重庆市涪陵区人力资源和社会保障局提出工伤认定申请，该局认定罗某均属于因工受伤，涪陵志大物业管理有限公司不服，认为不应认定为工伤，遂向法院提起行政诉讼，法院驳回了该公司的诉讼请求。第 94 号指导性案例裁判要点指出："职工见义勇为，为制止违法犯罪行为而受到伤害的，属于《工伤保险条例》第 15 条第 1 款第 2 项规定的为维护公共利益受到伤害的情形，应当视同工伤。"显然，该案例的功能主要在于宣传教育，鼓励社会公众见义勇为、制止犯罪活动，以维护社会公共利益。正如参与该案例创制工作的人员所说："本案例明确职工见义勇为制止违法犯罪行为而受到伤害的应视同工伤，在保护见义勇为职工合法权益的同时，有利于提倡和鼓励公民见义勇为行为，弘扬中华民族的传统美德。"① 又如，2018 年 4 月出台了《英雄烈士保护法》，最高人民法院遂于 2018 年 12 月发布了第 99 号指导性案例"葛某生诉洪某快名誉权、荣誉权纠纷案"，旨在助推该法律的实施，促进社会公众树立保护英雄烈士名誉和尊严的法律意识。

---

① 游中川、石磊：《〈重庆市涪陵志大物业管理有限公司诉重庆市涪陵区人力资源和社会保障局劳动和社会保障行政确认案〉的理解与参照——职工见义勇为制止违法犯罪而受伤的应视同工伤》，《人民司法》2021 年第 17 期。

6. 新型案件型

随着经济社会的发展，信息科技、生物医药等领域出现了一些新情况、新问题，产生了一些新型案件，现行法律对此往往难以规范，而指导性案例可及时予以回应，弥补现有成文法的不周延性。已发布的指导性案例中有的即是致力于解决新型案件的法律适用问题，具有关切现实问题、完善法律规定的特点。例如，第103号指导性案例"徐某破坏计算机信息系统案"，被告人徐某利用"GPS干扰器"对中联重科物联网GPS信息服务系统进行修改和干扰，造成该系统无法对案涉泵车进行实时监控和远程锁车，这实际上破坏了计算机信息系统功能，以致系统不能正常运行。对此新型案件的定性，第103号指导性案例裁判要点指出："违反国家规定，对企业的机械远程监控系统功能进行破坏，造成计算机信息系统不能正常运行，后果严重的，构成破坏计算机信息系统罪。"又如，第70号指导性案例"北京某生物技术开发有限公司、习某有等生产、销售有毒、有害食品案"，被告习某有作为北京某生物技术开发有限公司生产、销售山芪参胶囊的直接责任人员，明知该公司生产、销售的保健食品山芪参胶囊中含有国家禁止添加的盐酸丁二胍成分，仍然进行生产、销售。关于该胶囊的添加成分是否属于《刑法》规定的"有毒、有害的非食品原料"，第70号指导性案例裁判要点指出："行为人在食品生产经营中添加的虽然不是国务院有关部门公布的《食品中可能违法添加的非食用物质名单》和《保健食品中可能非法添加的物质名单》中的物质，但如果该物质与上述名单中所列物质具有同等属性，并且根据检验报告和专家意见等相关材料能够确定该物质对人体具有同等危害的，应当认定为《中华人民共和国刑法》第144条规定的'有毒、有害的非食品原料'。"再如，随着信息传播技术的发展，各种类型的网络直播迅速流行起来，成为媒介融合时代的"新宠"，但相关的法律规范尚不完善，难以进行有效的规制，而指导性案例可以弥补其法律规制的不足。例如，第 189 号指导性案例"上海某互娱文化有限公司诉李某、昆山某信息技术有限公司合同纠纷案"，就涉及直播平台主播的法律责任问题，其裁判要点指出："网络主播违反约定的排他性合作条款，未经直播平台同意在其他平台从事类似业务的，应当依法承担违约责任。"

7. 新法适用型

此类案例一般发布于新的法律法规或司法解释出台之后，用以引导人们正确认识和理解新的法律规定，指导法官在司法实践中准确适用新的法律规定。例如，2020 年 5 月 28 日出台的《民法典》第 111 条规定："自然人的个人信息受法律保护。任何组织或者个人需要获取他人个人信息的，应当依法取得并确保信息安全，不得非法收集、使用、加工、传输他人个人信息，不得非法买卖、提供或者公开他人个人信息。"2021 年 8 月 20 日，全国人民代表大会常务委员会审议通过了《个人信息保护法》，并于 2021 年 11 月 1 日起施行。在此背景下，最高人民法院于 2022 年 12 月发布了第 35 批共 4 个指导性案例，均为公民个人信息保护刑事案例，分别涉及人脸识别信息、居民身份证信息、微信等社交媒体账号、手机验证码等刑法保护的公民个人信息范围，对于明确类案裁判规则，依法保护公民个人信息具有重要的指导意义。又如，2014 年 10 月召开的中国共产党十八届四中全会通过的《中共中央关于全面推进依法治国若干重大问题的决定》正式提出"探索建立检察机关提起公益诉讼制度"。全国人民代表大会常务委员会随后作出了《关于授权最高人民检察院在部分地区开展公益诉讼试点工作的决定》，授权最高人民检察院在生态环境和资源保护等领域开展公益诉讼试点。2015 年 7 月 2 日，最高人民检察院发布《检察机关提起公益诉讼改革试点方案》，明确了检察机关提起民事公益诉讼和行政公益诉讼的案件范围，检察机关的诉讼地位等。① 2017 年修改后的《民事诉讼法》第 55 条、《行政诉讼法》第 25 条，均明确规定：人民检察院在履行职责中发现破坏生态环境和资源保护等损害社会公共利益的行为，或是负有环境监督管理职责的行政机关违法行使职权、不作为，致使国家利益或者社会公共利益受到侵害的，可以"公益诉讼人"的身份提起公益诉讼、参加相关诉讼活动，履行法律监督职责。这标志着检察机关提起行政公益诉讼的制度正式入法。检察机关兼具法律监督者与公益代表人双重身份，② 且公益诉讼与传统的诉讼存在较大的差别，在公益诉讼案件特有的裁判规则还没有完全确立的情况下，为保证公益诉讼案件的正确审理，最高人民法院曾发布指导性案例，引导审判机关适用新的法律规范。比如，最高人民法院于 2019 年 12 月发布的第 137 号指导性案例"云南省剑川县人民检察院诉剑川县森林公安局怠于履行法定职责的环境行政公益诉讼案"，就涉及检察机关提起的行政公益诉讼，其裁判理由指出，人民检察院作为公益诉讼人提起本案诉讼，符合行政公益诉讼受案范围，符合起诉条件。

从案例功能、作用的视角进行考察分析，最高人民法院已发布的指导性案例大致有上述 7 种类型。当然，各种类型之间有时也会存在着相互交叉、彼此重叠的情形，未可截然划界。例如，上文将第 145 号指导性案例"张某杰等非法控制计算机信息系统案"归为适用选择型案例，但该案的案情涉及当事人通过控制对应的计算机信息系统来实现谋利，是近些年来新出现的违法犯罪行为，故该案例其实也可归为新型案件型，而上文将其归属于适用选择型，只是就其突出的功能

---

① 曹奕阳：《检察机关提起环境行政公益诉讼的实践反思与制度优化》，《江汉论坛》2018 年第 10 期。

② 黄忠顺：《检察民事公益诉讼的基本界定》，《国家检察官学院学报》2023 年第 3 期。

作用来归类。对指导性案例进行分类研究，有助于探究某类案例为何能脱颖而出，何种类型的案例更容易被援引，等等，可为进一步优化指导性案例的创制工作提供参考。

第二节　参考性案例等其他案例

2011 年 12 月，最高人民法院发布《关于发布第一批指导性案例的通知》指出："今后，各高级人民法院可以通过发布参考性案例等形式，对辖区内各级人民法院和专门法院的审判业务工作进行指导。"2021 年 12 月，最高人民法院印发《关于推进案例指导工作高质量发展的若干意见》指出："高级人民法院应当依据有关规定编发参考性案例，对辖区内各级人民法院和专门人民法院的审判执行工作进行指导。高级人民法院可以参照本意见的有关规定，建立和完善参考性案例统筹管理工作机制……对于已入选的《最高人民法院公报》案例、《人民法院案例选》案例、全国法院优秀案例分析、中国司法案例网推选案例等，可以作为备选指导性案例予以推荐。"由此可知，在案例指导制度背景下，各高级人民法院创制发布的参考性案例，以及其他机关或机构创制发布的《公报》案例、推选案例等，与案例指导工作有着直接或间接的关系。

一　高级人民法院参考性案例

自最高人民法院《关于发布第一批指导性案例的通知》发布后，不少地区的高级人民法院积极响应，结合本地的司法实践现状，出台了加强参考性案例工作的意见，并纷纷发布参考性案例。具体情况如表 1 - 2 所示。

表 1-2　　　　　　部分高级人民法院发布参考性案例情况

发布法院	出台的相关文件	案例数量(个)	截止时间	备注
上海市高级人民法院	《关于进一步加强上海法院案例工作的实施意见》	162	2023.6	
安徽省高级人民法院	《安徽省高级人民法院关于加强参考性案例工作的意见》	72	2023.5	参见《人民法院报》2023年5月23日第3版所载孙航文章
辽宁省高级人民法院	《辽宁省高级人民法院关于加强参考性案例工作的意见(试行)》	44	2021.12	
河南省高级人民法院	《河南省高级人民法院关于加强案例指导工作的规定》	47	2022.8	
陕西省高级人民法院	《陕西省高级人民法院参阅案例发布制度》	168	2022.5	
江苏省高级人民法院	《江苏省高级人民法院关于加强案例指导工作的实施意见》	约800	2017.12	参见《法律适用》2018年第12期所载李玉生等人文章
重庆市高级人民法院	《重庆市高级人民法院关于加强参考性案例工作的意见》	39	2020.9	
天津市高级人民法院	《天津市高级人民法院进一步加强案例指导工作的实施意见(试行)》	30	2020.8	
四川省高级人民法院	《四川省高级人民法院关于加强参考性案例工作的意见》	41	2018.1	
福建省高级人民法院	(未查询到)	20	2022.11	

注：表中数据主要来自《北大法宝》"参阅案例"栏目。

1. 参考性案例的编选与清理

（1）案例选择较严格

案例选取的一般程序是，基层人民法院、中级人民法院的案件由承办法官提出申报，所在业务庭认可并推荐，再由法院负责参考性案例评审的部门组织筛选并报院审判委员会讨论决定；基层人民法院的案件还要报送中级人民法院审查，通过后，中级人民法院将其与自报的案件一同报送至高级人民法院；高级人民法院再综合本院审判的案件，经过参考性案例指导工作办公室初审，征求相关业务庭的意见，报本院审判委员会讨论，最后将通过的案件确定为参考性案例。以辽宁省高级人民法院发布的第 4 批参考性案例的甄选为例，该院从各级人民法院报送的 300 余例案件中，依照《关于加强参考性案例工作的意见（试行)》的标准进行筛选，挑选出两个具有示范代表意义的案件作为参考性案例，① 可见其选择的严格。

（2）专人专班负责案例工作

四川省高级人民法院《关于加强参考性案例工作的意见》规定："省法院各审判业务部门应确定专人担任案例通讯编辑，各中、基层法院应当在案例工作归口管理部门确定专人担任案件通讯编辑。"② 河南省高级人民法院文件称："全省法院及本院各审判业务部门根据最高人民法院《关于案例指导工作的规定》要求，积极向省法院推荐报送参考性案例。省法院专门设立案例评审委员会，加强对参考性案例的研究。"③

（3）设立奖励与考核机制

有的地区制定了相关的奖励制度。例如，辽宁省高级人民法院规定，将参考性案例编报任务的完成情况作为年度工作绩效考评奖励的重要参考："省法院每年年底对案例工作情况进行总结通报，对全年案例工作先进单位和个人进行表彰，对入选为指导性案例和参考性案例

---

① 张之库等：《辽宁高院发布第四批参考性案例》，《人民法院报》2016 年 8 月 15 日第 1 版。

② 四川省高级人民法院：《关于加强参考性案例工作的意见》第 7 条。

③ 河南省高级人民法院：《关于发布第一批参考性案例的通知》（豫高法〔2012〕265 号）。

的作者予以奖励。"① 四川省高级人民法院将案例工作纳入全省各级人民法院的年度绩效考核目标，对于入选参考性案例的，给予相关个人稿酬与奖励。

（4）及时清理不合时宜的案例

对参考性案例进行及时集中清理，有利于保证案例适应现实需求，真正发挥其功能效用。辽宁省高级人民法院《关于加强参考性案例工作的意见（试行）》规定："加强对参考性案例失效退出的管理工作，对与新法冲突的原有参考性案例，和已失去参考价值的参考性案例及时清理。"② 重庆市高级人民法院要求每年对已发布的参考性案例进行集中清理，及时废止与新颁布的法律法规、司法解释等相抵触的参考性案例。

2. 参考性案例的功能与特色

（1）弥补相关法律规定、指导性案例的不足

由于法律规定比较原则、抽象甚至滞后，往往难以适应新类型案件的审判需要，而最高人民法院发布的指导性案例目前数量甚少，难以覆盖所有的新类型案件；参考性案例往往能够灵活地适应新形势和新政策的要求，运用新的司法方法作出公正裁判，解决司法实践中新出现的疑难法律问题，因而能成为法律规定和指导性案例的必要补充。例如，朱某喜诉上海市浦东新区教育局要求履行法定职责案，上海市浦东新区人民法院经审理认为，教育行政主管部门履行"就近入学"安排的法定职责并非安排其"最近入学"，而是从整体上把握就近入学原则，充分考虑街区分布、社区规模等情况，使适龄儿童、少年就读于相对就近所属地段的学校，保障受教育者接受教育的权利。③ 原告不

---

① 辽宁省高级人民法院：《关于加强参考性案例工作的意见（试行）》第17条。
② 辽宁省高级人民法院：《关于加强参考性案例工作的意见（试行）》第15条。
③ 上海市高级人民法院第56号参考性案例"朱某喜诉上海市浦东新区教育局要求履行法定职责案"。

服，提起上诉，上海市第一中级人民法院作出（2014）沪一中行终字第 216 号行政判决，驳回上诉，维持原判。上海市高级人民法院将此案列为参考性案例，确定了义务教育中"就近入学"的原则，有助于正确审理类似新型案件。

（2）为审判工作提供参考与指引

参考性案例在案件事实认定、证据采信、法律适用、诉讼程序等方面，可以为辖区内下级人民法院审判工作提供参考与指引，有益于统一裁判的尺度，规范法官的自由裁量权，避免司法裁判的偏差和不公。例如，安徽省高级人民法院发布第 5 批参考性案例中的"马某民故意伤害案"，旨在明确刑事诉讼中如何认定前后不一的证人证言等言词性证据，其对法官进行"证据采信和事实认定方面有参考价值"①。

（3）司法监督指导与社会价值引领相结合

高级人民法院发布的参考性案例，注重结合辖区经济与社会发展现状，以正确的价值导向为抓手，弘扬社会主义法治精神，精准解读和正确适用法律条文，指导与监督下级法院的审判工作。例如，河南省高级人民法院第 29 号参考性案例，系李某花诉济源市人力资源和社会保障局工伤认定案，裁判认为，虽然法律没有明确规定工伤认定机关应通知利害关系人参加行政确认程序，"但基于正当程序的要求，行政机关在行政程序中应当听取行政管理相对人、利害关系人的意见，保障他们的知情权、参与权和救济权，特别是在作出不利的行政决定前应当告知并给予他们陈述和申辩的机会"②。如此裁判，有利于督促行政机关完善工伤认定案件的行政程序，保障利害关系人的合法权益，且彰显了行使自由裁量权应符合公平正义的社会价值取向。

---

① 武新邦等：《安徽发布第五批参考性案例》，《人民法院报》2017 年 11 月 22 日第 1 版。
② 河南省高级人民法院第 29 号参考性案例"李某花诉济源市人力资源和社会保障局工伤认定案"。

（4）具有地域性和针对性

最高人民法院发布的指导性案例是面向全国 34 个省级行政区域，具有普适性，而各地高级人民法院发布的参考性案例具有地域性特色，能为辖区的下级人民法院提供有针对性的参考指导。例如，天津市以非物质文化遗产闻名于世，为了保护民间艺人，不断传承与弘扬非物质文化遗产，天津市高级人民法院专门出台了相关参考性案例。例如，2015 年 12 月 31 日发布的首批 4 个参考性案例中，第 3 号案例即为非物质文化遗产知识产权保护案——天津市泥人张世家绘塑老作坊、张某诉陈某谦、雅观研究所、天盈九州公司虚假宣传纠纷案。对于陈某谦等使用"泥人张第六代传人"称谓是否构成虚假宣传的问题，人民法院经审理后认为，介绍陈某谦身份时使用"泥人张第六代传人"这一称谓，是对陈某谦所从事彩塑艺术的流派、传承及其在相关领域所获认可的一种描述，而且为了介绍陈某谦的身份，是与其个人姓名同时使用，不会导致相关公众对商品的来源产生与泥人张世家、张某有关联的误解，也不足以导致市场混淆，故不构成虚假宣传的不正当竞争行为。天津市高级人民法院的这一参考性案例为同类案件的裁判提供了蓝本，为准确判断是否属于不正当竞争行为提供了标准。

二　其他类型案例

此处所谓"其他类型案例"，主要指《最高人民法院公报》案例，以及最高人民法院和地方人民法院发布的其他各种典型案例。

1.《最高人民法院公报》案例

《最高人民法院公报》设有"案例"栏目，刊登各地方人民法院推荐的案例。1985 年最高人民法院开始在《公报》上定期公开发布案例，一直持续到现在。其案例经严格的标准和程序筛选出来，既不同于用作法制宣传的一般案例，也不同于学者们为说明某种观点而编纂出来的教学案例，它具有典型性、真实性、公正性和权威性的特点，是最高人民法院指导地方各级人民法院审判工作的重要工具①。其案例选择的程序是，各级法院经过筛选，将符合条件的裁判生效案件推荐报送至最高人民法院，由《公报》编辑部提出初步意见，然后送法院有关审判庭征求意见，如果审判庭同意，再报送法院的主管院长审查，经院长同意后才能发布在《公报》上。②

查检《公报》可知，1985—2023 年 1 月刊登案例近 900 个（仅其"案例"栏目所刊），主要来源于各级地方法院以及最高人民法院各审判庭推荐的已经发生法律效力的裁判案件。《公报》案例主要有如下几类。

（1）解释法律规定不明之处

如 2017 年第 4 期"上海温和足部保健服务部诉上海市普陀区人力资源和社会保障局工伤认定案"，其裁判摘要指出："职工在工作时间和工作岗位上突发疾病，经抢救后医生虽然明确告知家属无法挽救生命，在救护车运送回家途中职工死亡的，仍应认定其未脱离治疗抢救状态。若职工自发病至死亡期间未超过 48 小时，应视为'48 小时之内经抢救无效死亡'，视同工伤。"此对相关法律规范模糊不明之处进行了具体解释。

（2）阐明相关法律原则

如 2004 年第 3 期"勋怡公司诉瑞申公司财产权属纠纷案"的裁判摘要："双方当事人恶意串通、隐瞒事实、编织理由进行诉讼，违反了《中华人民共和国民法通则》第 4 条规定的诚实信用原则，应承担相应的法律责任。"此对诚实信用原则的内涵其实也起到了释明作用。

---

① 最高人民法院公报编辑部编：《中华人民共和国最高人民法院公报全集·出版说明》，人民法院出版社 1995 年版，第 1 页。
② 周道鸾：《中国案例制度的历史发展》，《法律适用》2004 年第 5 期。

（3）明确法律适用选择问题

主要针对案件的法律适用存在疑难或分歧者进行解释和确认。如2006年第6期"博坦公司诉厦门海关行政处罚决定纠纷案"，明确了如下规则：行政机关依据修改前法律而制定的行政法规，在相关法律修改后，只要没有被明令废止且不与修改后的法律相抵触，就仍然有效，可以适用。又如2017年第2期"江苏省扬州市广陵区人民检察院诉北京某开发有限公司、习某有等生产、销售有毒、有害食品案"，被告习某有生产、销售含有国家禁止添加的盐酸丁二胍的山芪参胶囊的行为，存在生产、销售有毒、有害食品罪与生产、销售假药罪的竞合适用问题；法院判决认为，山芪参胶囊的主要成分为药食同源的食品原料和可用于保健食品的中药原料，故应认定为保健食品，并依照生产、销售有毒、有害食品罪定罪处罚，而排除生产、销售假药罪。

（4）弥补法律漏洞和空白

对法律规范没有规定的问题或规定不完善的方面进行解释和补充，有助于法律法规的健全完善。如2008年第1期"杨某峰诉无锡市劳动和社会保障局工伤认定行政纠纷案"，其原告杨某峰在2004年6月拆卸汽车拉杆球头时左眼溅入铁屑，当时只是感到左眼疼痛，未就医诊治。2006年10月3日，原告左眼突然失明，医院确诊为陈旧性铁锈症所致左眼永久性失明。该案例裁判摘要指出："根据《工伤保险条例》第17条第2款的规定，工伤认定申请时效应当从事故伤害发生之日起算。这里的'事故伤害发生之日'应当包括工伤事故导致的伤害结果实际发生之日。"上述案件的事故伤害发生之日则包括伤害结果实际发生之日，即2006年10月3日。该案裁判对《工伤保险条例》中"事故伤害发生之日"的认定问题作了扩张性解释，弥补了现有法律规范的不足。

2. 其他典型案例

此处所谓"其他典型案例",是指《公报》案例之外的其他各种具有典型意义的案例。其大致有如下两类。

一类是最高人民法院下属单位及各业务庭编纂出版的典型案例,以及最高人民法院主办的《人民司法》《人民法院报》《法律适用》等报刊上登载的典型案例。此类案例旨在总结审判实践经验,为相关案件的审理提供参考。

最高人民法院的下属单位及业务部门以图书出版物的形式发表了一些案例。如最高人民法院中国应用法学研究所主编的《人民法院案例选》,是案例研究的连续出版物(1992 年创办),坚持"反映审判面貌,总结审判经验,研究审判理论,服务审判工作"的编选方针,突出"真实、全面、及时、说理"的编辑特色,开辟"专题策划""案例精析"等栏目,展现各地法院的优秀案例和司法智慧。① 其案例的编写体例是:标题、裁判要旨、相关法条、案件索引、基本案情、裁判结果、裁判理由、案例注解。又如,从 1992 年起,国家法官学院和中国人民大学法学院联合编纂的《中国审判案例要览》,逐年选编一部审判案例综合本,包含商事、行政、刑事、民事四个部分,将具有代表性的案例分门别类地收入其中。此外,最高人民法院各审判业务庭分别编著并定期出版《刑事审判参考》《行政执法与行政审判》《民事审判参考与指导》和《民商事审判指导》等丛书,刊登具有指导意义的审判案例及分析。

最高人民法院主办的报刊也刊载案例。如《人民司法·案例》从 2009 年开始定期推出案例,包含行政审判、民事审判、刑事审判、知

---

① 最高人民法院中国应用法学研究所编:《人民法院案例选》2022 年第 8 辑(总第 174 辑)之"出版说明",人民法院出版社 2022 年版,第 1、2 页。

识产权审判等类型。其案例文本注重剖析原审案件的裁判理由和结果，明确案件争议的焦点，对案件的法律分析总体上较深入，能为司法工作者审理类似案件提供借鉴和指引。《人民法院报》于 2005 年开设有关案例的栏目，此后定期分专题选取和刊发一些典型案例，如 2023 年 1 月 19 日该报"案例精选"栏目刊登了"上海一中院判决朱某诉某公司网络服务合同纠纷案"等案例，以案情、裁判、评析、裁判要旨等板块简要介绍案例。《法律适用》从 2016 年 12 月开始，新增下半月刊《司法案例》，集中研究古今中外的典型司法案例及案例制度。其中所刊登的案例成果，能为审判实践、案例研究等提供有益的参考。

典型案例的另一类是"最高法院新闻局发布的典型案例、各高级法院审判业务部门公布的劳动争议、知识产权保护等典型案例以及各中级人民法院发布的参阅案例。这些案例主要是着眼于法治宣传、展示法院工作、普及法律教育"①。此类案例在司法实践中具有一定的参考借鉴价值，且其注重回应公众关心的法律热点问题，弘扬中国特色社会主义的法治精神。如最高人民法院于 2020 年 5 月 8 日召开新闻发布会，发布 2019 年度人民法院环境资源典型案例 40 个②，展示了人民法院环境资源审判工作情况，可为司法机关优质高效地审理环境资源案件提供经验借鉴，也有助于增强社会公众的生态环境保护责任意识。

第三节　指导性案例与其他案例创制比较

以上，对目前各种案例的情况作了简要的梳理和讨论。下面再就其中最高人民法院发布的指导性案例与其他机关或机构发布的参

---

① 马燕：《论我国一元多层级案例指导制度的构建——基于指导性案例司法应用困境的反思》，《法学》2019 年第 1 期。

② 孙航：《以最严格制度最严密法治保护生态环境》，《人民法院报》2020 年 5 月 9 日第 1 版、第 4 版。

考性案例、《公报》案例、典型案例在创制上的异同作一些探讨和阐述。

一　创制上的相同之处

指导性案例与其他类型案例在创制上具有一定的关联性、类同性。

1. 指导性案例与其他案例交叉重合

目前指导性案例与其他类型案例同时存在，尽管其发布主体、选择范围有所不同，遴选与审查程序也不尽相同，但均来源于各级人民法院的裁判生效案件，彼此之间存在着交叉重合的现象，即同一案件既是指导性案例，同时又是其他类型案例。《公报》案例等其他类型案例出现的时间有的较早，其中有些案例成为指导性案例创制的基础，即通过"优中选优"的方式，后来被遴选和转化成指导性案例。例如，《公报》2006 年第 5 期"孙某兴诉天津高新技术产业园区劳动人事局工伤认定案"、《公报》2015 年第 1 期"中国农业发展银行安徽省分行诉张某标、安徽长江融资担保集团有限公司执行异议之诉纠纷案"，后来又分别被遴选和转化为指导性案例第 40 号（2014 年 12 月发布）、第 54 号（2015 年 11 月发布）。又如，"盐城市奥康食品有限公司东台分公司诉盐城市东台工商行政管理局工商行政处罚案"，原是江苏省第 111 号参阅案例（2013 年发布）、最高人民法院《公报》案例（2014 年第 6 期）、《人民司法》案例（2014 年第 20 期），后被遴选和转化为指导性案例第 60 号（2016 年 5 月发布）。还有一种情况是，有的裁判生效案件被遴选转化为指导性案例后，又被其他类型案例选入。例如，指导性案例第 28 号"胡某金拒不支付劳动报酬案"（2014 年 6 月发布），后又被选为《公报》案例（2015 年第 6 期）。由上可见，不同案例之间存在相互重合的情形。各种案例同时并存，且时常交叉重叠，虽然有利于扩大案例的影响，但也易使案例的生成和应用陷入无序混杂的状态，且会挤占有限的案例发布渠道，致使很多有参考指导价值的案例难于发布。

2. 案例文本的编撰形式大致相同

指导性案例与其他类型案例的文本，都是以原裁判文书为基础进行编辑加工、重新整合而形成的，在编撰形式上多有相似之处。指导性案例的体例结构中有裁判要点、基本案情、裁判理由、裁判结果等重要组成部分，而其他类型的案例也大多如此。指导性案例和其他案例都很注重对案件裁判要点的提炼、概括和表达，将此要点作为案例的核心和精华所在，并设置专门的板块予以呈现，只是称谓不太一致，如指导性案例叫"裁判要点"，《最高人民法院公报》案例叫"裁判要旨"，北京市的参阅案例叫"参阅要点"，上海市的参考性案例叫"裁判要点"，《人民法院案例选》案例叫"裁判要旨"，《中国刑事审判指导案例》第 5 册称"法律适用要点"，《民事审判指导与参考》案例称"最高人民法院民一庭意见"，《人民法院报》案例称"裁判要旨"。这些板块的名目有的虽然彼此歧异，但实际上都属于案例裁判要点的范畴，其板块内容都是提炼和归纳具有指导意义的重要裁判规则、理念、方法。就文字表达而言，指导性案例与其他案例都重视对原裁判文书的原文进行剪裁、调整和修改，讲求表述的精练、准确和规范，一般篇幅不长（除少数类型的案例外），便于阅读理解。

3. 在案例类型上多有类似者

指导性案例与其他案例在类型选择上多有相似性。比如，都注重选取以下一些主要类型。

第一，宣传教育型。此类案例主要是通过"以案说法"的形式，普及法律知识，宣传司法政策，弘扬社会主义法治理念，解答社会关注的法律问题，回应人民群众的现实期待。比如，因环境污染而提起环境公益诉讼，是社会公众普遍关注的问题，指导性案例、《公报》案例、典型案例等曾先后以公益诉讼为主题推出了相关案例。此类案例一方面展现了人民法院在公益诉讼中的工作流程与工作效果，另一方面较好地向社会公众宣传了我国环境保护方面的法律知识。又如，指导性案例第 90 号是道路交通管理行政处罚案例，其旨在宣传机动车在路过没有设置信号灯的人行横道时，应当且必须"礼让行人"，而其他类型的案例也有不少是关涉道路交通管理的，如上海市高级人民法院第 21 号参考性案例"张某诉上海市公安局松江分局交通警察支队要求撤销行政处罚决定案"。

第二，细化释明型。此类案例注重对较为模糊的法律规定或法律概念进行解释，使其含义具体化、明确化。例如，第 13 号指导性案例释明了《刑法》第 125 条第 2 款所指的"毒害性物质""非法买卖毒害性物质"；上海市高级人民法院第 42 号参考性案例明确了《合同法》第 409 条所谓"共同处理委托事务"，指出委托合同对各受托人的委托事务范围和处理权限作出明确划分的不属于此类情形；《最高人民法院公报》2020 年第 5 期"广东省深圳市南山区人民检察院诉王某浩挪用资金案"对《刑法》第 272 条第 1 款中"挪用本单位资金归个人使用"作出详明的解说，指出业主委员会具有属于自己的财产，其名下的银行账户内资金也应视为"本单位资金"。

第三，补充完善型。此类案例注重对因法律规定不完善而难以解决的新问题或者疑难复杂的问题进行探析，给出具有参考性的解决方案，能填补法律规范的漏洞和空白。例如，前文所举的第 189 号指导性案例"上海某互娱文化有限公司诉李某、昆山某信息技术有限公司合同纠纷案"、《最高人民法院公报》2008 年第 1 期"杨某峰诉无锡市劳动和社会保障局工伤认定行政纠纷案"，就是如此，均有补充和完善相关法律规范的作用。此类案例对法官办理类似案件能起到良好的示范引导作用，有助于统一司法尺度与裁判标准。

4. 有较为严格的筛选程序

指导性案例与其他类型案例在创制时都注重选择案件，设置了一定的较为严格的筛选程序；通过筛选和鉴别，挑选出那些审判程序合法、适用法律正确、裁判结果经得起司法实践检验、具有典型性和指导性的生效案件作为案例，以保障案例的示范意义和参考价值。

二 创制上的不同之处

指导性案例与其他类型案例在创制上的不同之处主要体现在如下方面。

1. 创制发布的主体不同

指导性案例由最高人民法院审核确定并统一发布，参考性案例由高级人民法院创制发布，《公报》案例由最高人民法院办公厅创制发布，典型案例由最高人民法院新闻局、最高人民法院下属单位、各业务庭以及地方人民法院等创制发布。

2. 名称使用的不同

依照最高人民法院《关于发布第一批指导性案例的通知》的规定，"指导性案例"或"指导案例"的名称是专指经过特定的遴选程序选出、由最高人民法院确定并统一发布，对全国法院审判、执行工作具有指导作用的案例；各高级人民法院创制发布的用于指导辖区内审判业务工作的案例称作"参考性案例"。至于其他类型的案例则各随其宜而称，如《最高人民法院公报》发布的案例称作"《公报》案例"。按照最高人民法院的要求，各级人民法院不得违规地将"指导性案例"或"指导案例"的名称用于指称其他类型的案例，以避免与最高人民法院创制的指导性案例相混淆。最高人民法院审判委员会专职委员胡云腾强调："最高人民法院关于指导性案例的司法解释公布以后，有两个术语从此只能专门用于指导性案例……一是'指导性案例'这个术语，专指经最高人民法院审判委员会讨论通过，并以最高人民法院'公告'的形式发布的案例，其他案例一概不得称之为指导性案例或指导案例。二是'参照'这个术语……即参照指导性案例的裁判要点裁判案件……之所以要做如此区分，就是为了保证案例指导制度的规范化和权威性，防止实践中司法人员及诉讼参与人把非指导性案例当作指导性案例来参照。"①

3. 效力强弱的不同

目前不同主体创制的案例，如从效力的角度考察，有强弱的不同。最高人民法院创制发布的指导性案例的效力较强，高级人民法院的参考性案例次之，其他案例的效力最弱。最高人民法院创制发布的指导性案例，是目前案例指导制度的核心内容和直接载体，是案例指导制度得以良性运行的重要基础和保障，各级人民法院在审理类似案件时应当予以参照适用。也就是说，各级人民法院在审判类似的案件时，除了需要依据相关的法律、司法解释等之外，还应当参照指导性案例，并援引其裁判理由中的说理部分。高级人民法院创制发布的参考性案例，目前也被纳入案例指导制度的框架体系。在案例指导工作中，参考性案例效力层次虽然低于指导性案例，"不得与司法解释、指导性案例相冲突"②，但也能发挥一定的功效，对所在省市辖区内各级人民法院和专门人民法院的审判业务具有指导作用，所辖范围内的人民法院在审理类似案件时可以用作参考。而《公报》案

---

① 胡云腾：《关于参照指导性案例的几个问题》，《人民法院报》2018年8月1日第5版。
② 最高人民法院：《关于完善统一法律适用标准工作机制的意见》（法发〔2020〕35号）。

例、典型案例等案例的效力或约束力，依据制度规定尚不明晰确定，但从司法实践来看，效力甚弱，如《公报》案例"既不具备先例约束力，也不具备事实上的约束力"，只是具备说服力。[①] 尽管如此，此类案例仍有一定的参考借鉴价值，且是指导性案例产生的重要来源和基础。

---

① 赵元松：《〈最高人民法院公报〉案例的效力分析》，《法制与经济》2018 年第 8 期。

第二章　案例指导的主要问题梳理

我国的案例指导制度起步较晚，尚不成熟，在运行过程中不可避免地出现一些问题，遭遇一些困境，影响、制约着案例指导制度发挥应有的实际作用。下文主要以行政案例为例，阐述案例指导制度在司法实践中存在的一些突出问题。

第一节　案例供给上的不足

案例指导制度在司法实践中所面临的一个较大困难是，案例供给上存在一些缺陷和不足，具体表现为数量偏少、结构不完善、质量参差不齐等。案例指导制度虽然已经运行多年，但此类问题迄今尚未得到很好的解决。对此，考察分析以行政案例为主的案例供给情况便可窥见一斑。

一　案例的总数偏少

案例指导制度实施十余年来，法院系统积极推动指导性案例在发布数量、发布周期等方面的发展，但案例供给的数量仍然有限，没有形成规模化。截至2023年1月，最高人民法院发布的37批指导性案例总数只有 211 例，其中行政案例仅有 30 例，难以应对和指导各级法院审理的数量庞大的案件。全国法院每年审理的案件都是以千万件计算，以 2021 年为例，据最高人民法院工作报告的统计，该年度最高人民法院受理案件 33602 件，审结 28720 件；地方各级人民法院和专门人民法院受理案件 3351.6 万件，审结、执结 3010.4 万件。以其中的行政案件来看，数量也相当大。在中国裁判文书网上选择"行政案件"作为关键词进行检索，可以查检到行政类裁判文书共 3031171 件（截至 2023 年 1 月），其中仅 2021 年的行政类裁判文书就有 105704 件，在上述 2021 年全国各级法院审理的案件总数中占有一定的比例。各级各类法院审理的行政案件数量不仅庞大，而且呈现出逐年上升的趋势（见表 2-1，此表中 2022 年的数据不全，有待于裁判文书后续上网公布）。面对如此数量之巨的案件，最高人民法院目前已发布的指导性案例明显存在供给不足的问题，难以满足司法裁判的现实需求。

表 2-1　　　　　　　行政裁判文书及案例的历年数量

年份 \\ 类型	行政案件的裁判文书量(份)	当年发布行政指导性案例数量(个)
2022	1399	2
2021	105704	3
2020	508718	0
2019	570062	6
2018	541749	2
2017	495495	3
2016	401225	5
2015	223887	0

由表 2-1 中所列数据可见，各级法院审理的案件数量大，且处于持续增长之中，而相关案例的总量却很少，推出的速度也较慢，难以跟上行政案件增长的节奏，因而自然是无法有效地满足司法实践的需求。对于指导性案例总量偏少而无法适应司法实践需要，法学理论界、实务界时常有人论及。例如，有学者说："最高人民法院发布的指导性案例数量有限，增速尚不尽如人意，相对于司法实践对裁判规则的需求而言，难以充分发挥其实质性作用。"① 又有学者说："从'量'上来看，目前指导性案例存在明显的'供给不足'现象，'基层法官对指导性案例的需求量大，但对基层法官供给方供给不足，尤其是有权威的案例供给更加不足，案例供需不一致'，使得日常审判中遇到很多疑难问题缺乏指导性案例的指导。另外，数量上的严重不足导致难以形成案例群和发挥案例群的聚合作用。"②

不仅最高人民法院发布的指导性案例的数量少，其他类型的案例供给总量也不是很充足。就与案例指导工作关系较为直接的高级人民法院参考性案例来看，数量较为有限。例如，上海市高级人民法院多年来坚持参考性案例的创制和发布工作，成绩突出，但其截至 2023 年上半年发布的参考性案例总数也只有 162 个。又如，福建省高级人民法院截至 2022 年年底发布的参考性案例总数只有 20 个，河北省高级人民法院截至 2023 年 1 月只先后发布 4 批参考性案例。③ 此外，与案例指导工作具有间接关系的其他类型案例，在总量上也不具有基数优势，如截至 2023 年上半年，最高人民法院《公报》案例为 900 余个，《人民法院报》案例约 1600 个。此类参考层级较低、法律效力不强的案例，总数虽然高于最高人民法院的指导性案例，但相较于类型多样、数量

---

① 顾培东：《效力抑或效用：我国判例运用的功利取向》，《法商研究》2022 年第 5 期。
② 孙海波：《指导性案例的参照难点及克服》，《国家检察官学院学报》2022 年第 3 期。
③ 黄明耀：《河北省高级人民法院工作报告》，《河北日报》2023 年 1 月 20 日第 7 版。

巨大的司法案件而言，仍然显得比例失调。

在司法实践中，司法工作者对案例的需求其实是很大的，特别是随着新的疑难法律问题出现，有的问题还没有法律规范的规制，更需要案例（特别是指导性案例）为其提供指引和参考。一项问卷调查结果显示，实践中"法官审理疑难复杂案件首选策略仍然是寻找和解释成文法，在200位受访法官中，选择继续寻求制定法依据的占67.5%；而寻求案例帮助的位居第二，占36.5%。结合58%的法官在'查阅案例的原因'中选择了'法律规定存在漏洞或规定不具体不明确，不知如何适用法律'的问卷结果，可以得出结论：在立法不能为基层法官提供解决案件的直接、明确依据时，基层法官迫切需要案例作为补充"[1]。笔者曾于2021年在湖北省武汉市某区级人民法院进行了一次走访调查，70%的受访法官认为案例指导制度的实施具有重要的意义，有利于统一法律适用标准，防止和减少"同案不同判"现象；60%左右的受访法官表示在遇有疑难复杂的案件时希望得到指导性案例的指引，但很多时候找不到可适用的案例。可见，司法工作者在实践中对司法案例的需求量很大，而案例的实际供给量却有限，供需之间的关系失衡便凸显出来。

二　案例体系结构不完善

目前的案例在体系建构上还存在着不尽如人意之处，其体系的结构有不够合理、健全的地方，主要体现在以下三个方面。

第一，因案例数量偏少而无法与制定法体系的结构相对应。从理论上讲，案例的一个重要作用是正确解释和适用法律，对制定法规范的内涵进行解释或扩展。所以，"随着各项法典及其关系法的制定、颁

---

[1]　杨会、何莉苹：《指导性案例供需关系的实证研究》，《法律适用》2014年第2期。

布与实施，分批发布的指导性案例应当按照法典的体系结构进行整理汇编，与制定法规范形成对应的解释关系"①。以行政类指导性案例来说，它应与行政法体系结构中行政诉讼法、行政处罚法、行政复议法等综合性及专门性的行政法律相对应，与其法律规范形成对应的解释关系，但由于目前的行政案例数量甚少（最高人民法院发布的指导性案例也只有30个），在体系结构上根本无法接近制定法，就遑论与行政制定法的规范形成较好的对应解释关系了。

第二，案例的内部系统结构不均衡。就目前有关机关或机构发布的案例来看，是以民事类为主，而其他类别的案例相对较少，甚至阙如。比如，截至2023年1月，最高人民法院发布的37批指导性案例，共有211个，其中民事类98个，刑事类36个，行政类30个，知识产权类27个，执行类15个，国家赔偿类5个，其中民事类指导性案例约占总数的46%，而行政类指导性案例只约占总数的14%。又如，上海市高级人民法院截至2023年上半年发布的23批162个参考性案例中，民事类95个（占58.6%），刑事类34个（占20.9%），而行政类案例仅有20个，占12.3%，至于执行类、知识产权类案例则更少，分别为5个、8个，国家赔偿类案例没有。司法实践中民事案件的审理数量相对来说较大，故相关的司法案例数量相对多一些，是合乎情理、可以理解的，但与行政等类别的案例相比，出现上述数量之间的较大差距，就不免有比例失调之嫌，反映出案例的内部系统结构不够均衡、不够合理。

第三，案例体系结构的构成成分不够明晰、确定。在案例指导制度背景下，应用于案例指导工作的案例究竟有哪些类型？从现有的制度规定来看，不是十分明确的，有时还相互冲突，以致令人难以适从。

---

① 张生：《民国时期的判例制度及其借鉴意义》，载王继军主编《三晋法学》，中国法制出版社2017年版，第69页。

2010 年 11 月，最高人民法院《关于案例指导工作的规定》称："最高人民法院发布的指导性案例，各级人民法院审判类似案例时应当参照。" 2011 年 12 月，最高人民法院发布《关于发布第一批指导性案例的通知》指出："今后，各高级人民法院可以通过发布参考性案例等形式，对辖区内各级人民法院和专门法院的审判业务工作进行指导。" 2015 年 6 月，最高人民法院《〈关于案例指导工作的规定〉实施细则》称："加强、规范和促进案例指导工作，充分发挥指导性案例对审判工作的指导作用。" 2021 年 12 月，最高人民法院印发《关于推进案例指导工作高质量发展的若干意见》指出："高级人民法院应当依据有关规定编发参考性案例，对辖区内各级人民法院和专门人民法院的审判执行工作进行指导……对于已入选的《最高人民法院公报》案例、《人民法院案例选》案例、全国法院优秀案例分析、中国司法案例网推选案例等，可以作为备选指导性案例予以推荐。"综观以上文件规定不难看出，可直接用于案例指导工作的案例只能是最高人民法院指导性案例和高级人民法院参考性案例两类，而包括《公报》案例在内的其他类型案例均不能在案例指导工作中直接发挥参照作用。最高人民法院法官在（2014）民申字第 441 号民事裁定书中也明确表示："关于黄木兴主张本案应参照本院公报案例处理的问题，经查，黄木兴援引的本院公报案例并非本院根据《关于案例指导工作的规定》发布的指导性案例，其主张本案应参照该案例处理没有依据。"有学者认为此举"也就是最高人民法院自己否定了公报案例指导的效力"①。但是，最高人民法院院长周强于 2021 年 10 月 21 日在第十三届全国人民代表大会常务委员会第三十一次会议上所作的《最高人民法院关于人民法院知识产权审判工作情况的报告》指出："加强知识产权案例指导，建立指导性

① 胡云腾、林峰、林维等：《纪念香港城市大学合作十周年研讨会发言节选》，《法律适用》2020 年第 4 期。

案例、公报案例、典型案例等组成的案例指导制度体系，建成知识产权案例库和裁判规则库，出台加强类案检索指导意见。"① 最高人民法院于 2021 年发布的《关于加强新时代知识产权审判工作为知识产权强国建设提供有力司法服务和保障的意见》（法发〔2021〕29 号）也指出："建立健全最高人民法院指导性案例、公报案例、典型案例等多位一体的知识产权案例指导体系，充分发挥司法裁判的指引示范作用。"观此，包括《公报》案例在内的部分其他案例又可以纳入案例指导制度的框架体系中。由上可见，依现有制度规定，案例指导制度运行所依托的案例体系在结构成分上是不够明晰确定的，忽左忽右，摇摆不定，如认定《公报》案例是否可进入案例指导体系，就是一个显证。这样，容易造成案例创制和应用的混乱，不利于案例指导制度健康有序地运行。

三　案例质量参差不齐

用于司法实践的指导性案例及其他案例，应当有高标准的质量要求，具备严谨的裁判规则、严正的裁判方法、严整的形式规范、严密的论证逻辑等，具有示范性和指导性，这样才有利于提升裁判质量，推进司法公正。就目前的情况看，各类案例虽然不乏质量上乘之作，具有很高的指导意义和参照价值，但也有一些案例还存在着一定的瑕疵和缺陷，在法律定性、法律适用、论证推理等方面有所不足。以最高人民法院的指导性案例来说，通过最高人民法院的积极探索和努力以及各地方人民法院的大力支持配合，案例的质量在不断提升，涌现出了一大批优秀的成功案例，在案例指导实践中很好地发挥了示范、指引作用。例如，第 24 号指导性案例"荣某英诉王某、永诚财产保险

---

① 周强：《最高人民法院关于人民法院知识产权审判工作情况的报告》，《人民法院报》2021 年 10 月 24 日第 4 版。

股份有限公司江阴支公司机动车交通事故责任纠纷案"，是目前被生效裁判文书明示援引次数最多的指导性案例，它确立了我国侵权法上的"蛋壳脑袋"规则，"在一定程度上统一了实践中审判法官的裁判尺度，为我国交通事故人身损害赔偿案件中关于损伤参与度的适用困境提供了指导参考"①。又如，第 72 号指导性案例"汤某、刘某龙、马某太、王某刚诉新疆鄂尔多斯彦海房地产开发有限公司商品房买卖合同纠纷案"，是一个受到法学理论界和实务界广泛关注的案例，拥有较高的引用率；"在买卖型担保中，由于主合同基本均为民间借贷合同，第 72 号指导案例的裁判思路无疑具有高度的指导价值"②。

但同时要看到的是，最高人民法院的指导性案例，受各种因素制约和影响，其中也有一些案例存在这样那样的瑕疵或不足，以致缺乏典型性、权威性和指导性，质量水平还不够理想，不仅未能在司法实践中得到广泛的认同和应用，反而引起了一些质疑和非议。例如，吴建斌评论说："在最高人民法院业已公布的 10 批 52 个指导性案例中，有 4 个公司纠纷案例，均存在不同程度的瑕疵。最高人民法院和最高人民检察院赋予指导性案例不同的效力，前者倾向于拘束力，后者局限于说服力，学界对之亦众说纷纭，莫衷一是。这种制度差异和理论分歧势必影响到公司纠纷的审判实践，恐难以实现统一司法之初衷。通过检讨最高人民法院公司纠纷指导性案例的内在缺陷，比较两大法系判例的不同地位和性质，以及判例法本身所具有的拘束力和说服力之属性，顺应公司法转向任意性立法的全球趋势，将公司纠纷指导性案例的效力定位于说服力而无拘束力，似乎更为妥当。"③ 又如，第 67

① 阳娇娆、彭天基：《交通事故案件中损伤参与度的适用问题探究》，《法制与经济》2022 年第 2 期。

② 张伟：《买卖型担保中流质条款效力的证成与强化》，《商业经济与管理》2020 年第 3 期。

③ 吴建斌：《公司纠纷指导性案例的效力定位》，《法学》2015 年第 6 期。

号指导性案例"汤某龙诉周某海股权转让纠纷案"存在的一些问题，曾引发了很大的争议和质疑。吴飞飞评论说："（指导案例67号）在理论界引起极大争议……批评态度几乎是压倒性的……从我国《合同法》第167条可否准用或参照适用于股权转让合同解除视角批驳者有之；从股权转让合同解除的司法立场选择层面批评者有之；从指导性案例裁判要点规范性维度批评的亦有之。笔者于本文中关注的重点则是：指导案例67号基于股权的特殊性、有限责任公司人合性、公司经营治理稳定性等因素，从组织法层面对股权转让合同解除条件作了限缩……将公司法层面的人合性、公司经营治理稳定性等组织法政策考量因素直接纳入股权转让合同解除条件，打破了公司法与合同法各管一端的平衡状态，造成了法律体系性紊乱。"① 邹海林批评说："指导性案例67号对于股权转让合同的解除不适用《合同法》第167条的规定，就裁判理由分别从《合同法》第167条之文义和立法目的进行说明，并结合案件具体事实（如有继续履行的愿望、行为、能够履行、当事人约定'永不反悔'等），借用诚实信用原则的落实和保障交易安全的理念，说明股权转让合同不应解除，从而排除了《合同法》第167条在本案中的适用。但该指导性案例的说理部分列举上述诸多理由来排除《合同法》第167条适用于股权转让合同的裁判要点，其说服力仍然十分勉强。再者，指导性案例67号的裁判要点主要是补充法律漏洞，但其裁判理由的表述却不足以支持其超出案件类型范围表达的裁判要点。以上事例表明我国指导性案例的示范性还有相当大的改进空间。"② 又如，第104号指导性案例"李某、何某民、张某勃等人破

---

① 吴飞飞：《论股权转让合同解除规则的体系不一致缺陷与治愈——指导案例67号组织法裁判规则反思》，《政治与法律》2021年第7期。
② 邹海林：《指导性案例的规范性研究——以涉商事指导性案例为例》，《清华法学》2017年第6期。

坏计算机信息系统案"，也因自身的一些问题而招致不少负面评价，如李佳欣评论说，该案例的裁判要点"只是总结了裁判结论，还未上升到司法规则。也即是说，该指导性案例满足了个案裁判的个案解释性功能，但未达到指导类似案件的司法规则要求；只做到了对刑法文本语义的内容扩张'填补法律空白'，还未做到'有引领性和创新性，体现法律适用的一般规律和新贡献'的更高层面的要求"①；陈兴良指出："本案被告人的行为其实就是一种单纯的数据造假行为，它与破坏计算机信息系统罪在性质上并不相同。两高司法解释将这种与破坏计算机信息系统无关的行为以破坏计算机信息系统罪论处，而最高人民法院将本案作为指导性案例公布，笔者认为有关解释对《刑法》第286条破坏计算机信息系统罪在理解上存在偏颇，这都是有待商榷的。"② 经过最高人民法院严格遴选和精心编制的指导性案例尚且或多或少地存在着一些缺陷和不足，那么由其他机关或机构创制的案例的质量问题也就不难揣知了。总而言之，案例质量参差不齐，制约着案例供给的整体水平，也影响着案例指导工作的整体成效。

四　部分案例未能充分发挥作用

司法实践是检验案例供给有效与否的一个重要途径和场域。就实践来看，有部分案例不被人关注，没有"用武之地"，或得到应用的机会甚少，不能充分发挥其应有的作用，显示出案例的供给效果不佳。即使是赋予了"应当参照"拘束力的最高人民法院指导性案例，也存在着这种情形。据统计，截至2023年1月，最高人民法院发布的211个指导性案例中，有149个已被应用，总占比约为71%；此211个案例中除了执行类案例全都得到应用以外，其他类别的案例均

---

① 李佳欣：《论刑事指导性案例对刑法解释功能的补足》，《当代法学》2020年第5期。
② 陈兴良：《网络犯罪的类型及其司法认定》，《法治研究》2021年第3期。

有未被应用者，共62个，具体包括民事类案例32个，刑事类案例15个，行政类案例9个，知识产权类案例4个，国家赔偿类案例2个。① 由此数据统计可知，在总量本来不多的指导性案例中，就有近三成的案例（62个）自发布之后完全没有得到应用，说明部分案例在司法实践中的适用性和实用性均不强，不能获得广大司法工作者的认同，在维护司法公正、解决社会纠纷、促进社会和谐稳定等方面难以产生实际的作用，同时也表明案例的供给还缺乏针对性、实效性。部分指导性案例在司法实践中"遇冷"，不能发挥其应有的作用，是多方面因素造成的，但根本原因大多是案例本身存在的一些问题，如案例选择的生效裁判缺乏典型性、权威性，案例文本编写缺乏说理性、规范性，等等。对此，本书将在以下有关章节中进行具体阐述，兹不详论。

在案例指导制度背景下，除了最高人民法院指导性案例有部分案例未被应用，没能很好地发挥指导作用之外，高级人民法院发布的参考性案例更是多有此类情形，此由下文第三节表2-3所列数据可见一斑，其中高级人民法院参考性案例的应用总数只有100多次，相对数以千计的参考性案例（参见本书第一章表1-2）而言，反差较大。参考性案例的应用情况之所以不理想，除了受案例法律地位、法律效力的限制之外，还与案例生成、发布过程中存在的如下一些问题有关。

其一，案例数量偏少，且种类不齐全、不均衡。除了上海、江苏、陕西等地发布的参考性案例稍多一些外，其他有些省份发布量较小，且通常为刑事、民事类案例，行政等其他类别的案例较少。比如，辽宁省高级人民法院第4批仅公布2个参考性案例，且均为刑事案件。

---

① 郭叶、孙妹：《最高人民法院指导性案例2022年度司法应用报告》，《中国应用法学》2023年第4期。

内蒙古自治区高级人民法院首批发布的3个参考性案例中，2个为刑事案件，1个为民事案件。上述因素的存在，制约着高级人民法院参考性案例作用的发挥。

其二，案例公开度不够，不易查检。目前，只有少数地区（如上海）的所有参考性案例在高级人民法院的官方网站上公告发布，大多数省高级人民法院的参考性案例没有在官网上全面公布；有些高级人民法院的官网上虽然有"案例"之类的栏目，但在上面往往难以查找到参考性案例。有的地区是以书刊的形式公布参考性案例，如重庆在《重庆审判》《重庆审判指导与参考》上刊载参考性案例，并按年度汇编《重庆法院参考案例》；① 又如安徽省高级人民法院的《安徽法院案例参考》、江苏省高级人民法院的《江苏省人民法院公报》，也是以纸质图书的形式汇编公布参考性案例。此类纸质出版物，一般人难以获得，在互联网上也难以寻检到，因而其参考性案例传播、影响的范围比较有限。

其三，案例发布不固定、不及时。关于参考性案例的发布时间，有些高级人民法院虽然出台文件作了规定，但在实际操作过程中没有严格执行，以致发布的时间不固定，且往往滞后。

由于上述因素的制约，各高级人民法院发布的参考性案例的影响作用和引导作用未能充分发挥出来，使案例供给不足的问题更显得突出。

第二节　案例创制上的局限

目前，用于司法实践的案例在创制机制、生成方法等方面还存在着一些局限性，影响了案例的质量，致使其在实践中的示范和指导价

---

① 王洋：《重庆法院建立参考性案例指导制度》，《人民法院报》2011年9月30日第1版。

值受限。这在很大程度上与案例生成的行政化逻辑的影响有关。我国的案例指导制度是在司法行政化力量的驱动下得以形成并确立的，其运作也不可避免地受到行政化逻辑的制约与支配，因而带有较浓厚的行政化色彩。在案例指导制度的实施过程中，讲究自上而下的推进，注重彰显该制度在社会治理中的功能和价值，却忽视回归该制度在司法技术层面上的站位。这一行政化倾向亦体现在案例的创制过程中，使此过程中的案例遴选程序、遴选标准等方面打上了行政化的烙印，在一定程度上影响了案例指导制度的可持续发展。这一问题值得我们关注。

一　案例遴选程序有行政化倾向

总观目前世界各国的判例生成方式，主要有两种模式：一种是司法审判自动生成型的模式，这种模式下的判例是在司法审判活动中随着案件自动生成的，无须经由事后的筛选、编写等程序，也不依赖某个具有权威代表性的机构发布才具有法律效力；另一种是审判机关的行政权能主导的生成模式，这种模式下的判例不是根据法官的生效裁判而直接自然生成，法官的裁判需要依托最高审判机关的权力，经过法律规定的遴选、编写程序才能上升为判例。在普通法系国家，一般采用第一种模式，即由终审法院来创制判例，其法院既可以是普通上诉法院也可以是最高法院；在大陆法系国家，一般采用第二种模式，即由最高法院来创制判例，主要缘于对最高法院司法能力的信任和对其司法权威的尊崇。[1]

我国司法实践中法官的审判依据主要是成文法典，案例指导制度只是在2010年才初步建立起来并付诸实施的。在此制度背景下出现的

---

[1]　王彬：《判例生成的理论范式与实践逻辑》，《兰州学刊》2016年第7期。

指导性案例，是一种本质上类似于判例的法源，在生成模式上接近上述第二种。从法律知识论的角度来看，这种案例是"基于建构理性主义的人为的秩序"的需要而产生，且此秩序是"一种源于外部的秩序或安排"。① 所以，其案例的创制也要经历一些特定的外部性程序，如案例的遴选采用逐级递报、层层筛选的行政性程序即是。

目前，最高人民法院发布的指导性案例就是通过上述遴选程序选出的。根据《关于案例指导工作的规定》，最高人民法院设立案例指导工作办公室，最高人民法院各审判业务单位对该院和地方各级人民法院已经发生法律效力的裁判，认为符合条件的，可以向该办公室推荐；基层人民法院与中级人民法院向高级人民法院呈报与推荐案例，高级人民法院经审判委员会讨论、选定后，再上报给最高人民法院案例指导工作办公室，最后由最高人民法院审判委员会筛选确定，并由最高人民法院统一发布；换言之，指导性案例的决定权是由最高人民法院掌控的，案例体现的往往是最高人民法院的意志和理念。指导性案例的这种遴选程序与方式，更多的是得益于行政权的行使，而忽视了发挥司法审判权的作用。以此程序遴选案例，要经由一个层层递报和筛选的过程，耗时费力，付出较高的成本，还难以避免行政权力的介入，使有些真正优秀的案例无法脱颖而出。正如林峰教授指出的："普通法制度中判例的约束力是通过案件上诉机制自动生成的，但是中国内地的指导性案例是通过挑选机制，最终由最高人民法院审判委员会确定。由于中国内地指导性案例需要人为去选，过程中就可能会出现一些问题。"②

---

① ［英］哈耶克：《法律、立法与自由》第 1 卷，邓正来译，中国大百科全书出版社 2000 年版，第 55 页。

② 胡云腾、林峰、林维等：《纪念香港城市大学合作十周年研讨会发言节选》，《法律适用》2020 年第 4 期。

　　高级人民法院参考性案例的遴选程序与方式，大多与上述最高人民法院指导性案例相似：由各基层人民法院、中级人民法院对本院和本辖区内审理的案件进行筛选，经本院审判委员会讨论决定后逐级上报至高级人民法院，初审合格，报经其分管院长同意，再提交审判委员会讨论，通过后方可确定为参考性案例。因此，有些一线法官感慨参考性案例的选送程序严格而复杂，案例生成不易："基层法院要将某一个典型案件转化为参考性案例，需要经过的程序有：法官写作案例——报送至本院，由审委会讨论后决定是否推荐——报送至中院，由中院审委会讨论后决定是否推荐至高院——高院审委会讨论通过后发布。这其中，又受案多人少等因素的影响，很多法官即使遇到某些典型案件，也很少会有精力将其写成案例。"[①] 此外，其他类型案例的遴选大多也是沿袭行政化的内部运作的传统，层层报送和筛选，最终由较高层级的法院决定，如《最高人民法院公报》案例即是如此，其有关情况可参看本书第一章的介绍。

　　上述具有行政化倾向的遴选操作模式，会影响到所选案例的质量，致其有时难以达到案例指导制度设计的预期。首先，案例的多元性难以保障。如上文所述，下级法院报送的案件一旦能够被成功选为指导性案例、公报案例或参考性案例等，报送单位及编写案例的个人都会获得不同程度的精神奖励或物质奖励。因而，为了在各级法院报送的数量巨大的案例中脱颖而出，下级法院在选取、报送案件时会尽量迎合政策发展的需要、上级法院关注的重点问题，进而出现案件"撞脸"现象，影响到报送案件的多元性。其次，案例的准确性难以保障。下级法院为了报送的案件能够成功入选，在编写案例时往往会将内容进行概括或缩减，删除一些可能引起争议的部分。经过层层加工与改造，

---

　　① 闫信良、吴学文：《挑战与回应：统一裁判尺度视角下的文书上网问题研究》，载卢祖新主编《司法实务研究文集》下册，重庆大学出版社 2021 年版，第 521 页。

案例的内容会渐失其真，致使后案法官在对比待决案件与指导性案例的相似性时，有可能会因案例信息不全、失真而难以作出准确的综合性分析与判断。再次，新类型的案件难以通过层层报送的方式推荐到最高人民法院。为了保障所选案例的内容"稳妥无虞"，下级法院在选取、报送时会有意避开一些敏感的、可能引起争议的法律问题，使得一些亟待明确、规制的法律问题被忽略或遮蔽。因此，新类型案件及疑难复杂的法律问题在当前的遴选机制下往往难以进入指导性案例系列之中，案例指导制度因而难以及时回应现实问题，也难以得到不断发展和创新。最后，案例质量总体上难以提升。案例的遴选过程被一种行政化的逻辑、组织化的思维所左右，一些法院就很可能为了响应上级法院的号召，配合案例指导工作的开展，完成推选指导案例的工作任务而选取案例，而缺乏提升案例质量的内在驱动力，案例质量总体上也就难以改善、提高，实现大的突破。

总而言之，案例遴选程序走行政化路径，被行政化逻辑而非司法逻辑所引导，不利于实现案例创制的优质化。

二　案例遴选标准忽视法律功能

从各类案例的选取标准来看，虽然注重案例的法律资源支持功能，要求案例发挥法律解释、法律漏洞补充等效用，成为法官公正司法的参照系，但也希冀通过案例的创制和适用来对社会进行干预，助推相关公共政策实施。所以，目前案例遴选标准的设定，既涉及法律问题解决的指导，也相关于法律事实问题认定的价值指引，关注案件审理的社会效应。据最高人民法院《关于案例指导工作的规定》，所选的案例须符合以下条件："（一）社会广泛关注的；（二）法律规定比较原则的；（三）具有典型性的；（四）疑难复杂或者新类型的；（五）其他具有指导作用的案例。"多数省份在参考性案例的遴选上也提出了与之类似的案件选取标准。比如，辽宁省高级人民法院《关于加强参考性案例工作的意见》提出了案例的选取条件，包括：社会广泛关注、影响重大、对法律统一适用和社会导向有示范意义的案件；在事实认定、证据采信、法律适用、诉讼程序等方面具有典型性的案件；适应新形势和政策要求、体现新的司法理念、运用新的司法方法作出公正裁判的案件。

但从案例创制实践来看，不论是指导性案例还是参考性案例等，在遴选标准上虽然也关注案例的司法功能，但更偏向于发挥案例在社会治理中的作用，如回应新形势下的社会关切和政策要求，维护公共利益、促进社会和谐，等等，而案例的法律资源支持功能相对被弱化，显现出了较明显的行政化色彩。对此，可参看已发布的部分行政指导性案例的选取理由，如表 2 - 2 所示。

表 2 - 2　　　　　　　　　部分行政指导性案例的选取理由

案例编号	选取理由及指导意义
21 号	案例的裁判符合立法本意，有利于保障国防安全，维护社会公共利益，法律效果与社会效果是积极正面的①
26 号	及时回应了政府信息公开网络建设中遇到的法律问题，有利于促进行政机关加强内部管理衔接，提高政府信息公开的工作效率，监督行政机关依法行政，充分保护行政相对人的知情权②
38 号	对规范教育领域乃至其他法律法规授权的组织的管理活动具有积极作用和现实意义③

① 参见最高人民法院案例指导与参考丛书编选组编《最高人民法院行政案例指导与参考》，人民法院出版社 2018 年版，第 417 页。
② 参见最高人民法院案例指导工作办公室《〈李健雄诉广东省交通运输厅政府信息公开案〉的理解与参照——行政机关内部处理程序不能成为信息公开延期理由》，《人民司法》2015 年第 12 期。
③ 参见最高人民法院案例指导与参考丛书编选组编《最高人民法院行政案例指导与参考》，人民法院出版社 2018 年版，第 306 页。

续表

案例编号	选取理由及指导意义
39 号	对依法保障受教育者的合法权益，正确理解学术自治与司法审查范围的关系有重要指导意义，具有较强的普遍性和现实意义①
40 号	对依法保障劳动者的合法权益，正确理解工伤认定过程中"工作场所""工作原因"等较为抽象的概念有重要指导意义，具有较强的普遍性和现实意义②
41 号	对于促进行政机关规范执法行为，保护行政相对人的合法权益具有较强的指导价值和现实意义③
59 号	在当前消防安全问题十分严峻的形势下，必将有利于监督消防部门严格履行验收职责，保障人民群众生命财产的安全④
60 号	食品安全事关国计民生，此案例对类似案件的审判具有较强的指导作用，有助于维护消费者权益，加强食品安全管理、促进行业健康发展⑤
69 号	有利于通过司法审查加强对行政权力行使的监督，防止行政机关权力滥用⑥
76 号	有助于人民法院依法正确审理类似案件，促进行政机关依法行政，树立诚信政府形象⑦

---

① 参见最高人民法院案例指导与参考丛书编选组编《最高人民法院行政案例指导与参考》，人民法院出版社 2018 年版，第 330 页。

② 参见最高人民法院案例指导工作办公室《〈孙立兴诉天津新技术产业园区劳动人事局工伤认定行政纠纷案〉的理解与参照——职工为完成工作任务在转换工作场所的必经区域过失导致自身伤亡应当认定为工伤》，《人民司法》2016 年第 20 期。

③ 参见最高人民法院案例指导与参考丛书编选组编《最高人民法院行政案例指导与参考》，人民法院出版社 2018 年版，第 56 页。

④ 参见最高人民法院案例指导与参考丛书编选组编《最高人民法院行政案例指导与参考》，人民法院出版社 2018 年版，第 8 页。

⑤ 参见最高人民法院案例指导工作办公室《〈盐城市奥康食品有限公司东台分公司诉盐城市东台工商行政管理局工商行政处罚案〉的理解与参照——食品经营者在食品标签、说明书上应依法标示特别强调的配料、成分的添加量或含量》，《人民司法》2017 年第 14 期。

⑥ 参见最高人民法院案例指导与参考丛书编选组编《最高人民法院行政案例指导与参考》，人民法院出版社 2018 年版，第 241 页。

⑦ 参见最高人民法院案例指导工作办公室《〈萍乡市亚鹏房地产开发有限公司诉萍乡市国土资源局不履行行政协议案〉的理解与参照——行政协议履行争议中行政机关合同解释行为的法律效力及司法审查》，《人民司法》2018 年第 23 期。

续表

案例编号	选取理由及指导意义
77 号	有助于厘清实践中对举报处理行为的模糊认识,有利于依法保护当事人合法权益①
94 号	在保护见义勇为职工合法权益的同时,有利于提倡和鼓励公民见义勇为行为,弘扬中华民族的传统美德②
138 号	本案系典型的逃避监管和查处的环境违法案件,法院根据违法事实所作出的判决,对于社会普遍存在的规避监管的环境违法行为有重要的警示作用③

由表 2 – 2 中所列案例的选取理由,不难看出,行政指导性案例在遴选标准上很注重发挥案例在权力约束、社会整合、社会管理等方面的功能,追求社会效果。究其实,在案例遴选标准上强调社会宣教功能的发挥,注重社会应用价值。笔者认为,重视发挥案例的社会宣教功能,强调案件审理的社会效果,无可厚非;但如果以牺牲案例的基本司法功能为代价来换取其社会效益,会产生一定负面影响:选取的案例,虽然能回应社会形势与政策的需要,能起到舆论引导、宣传教育等作用,但其自身的法律功能被弱化,法律适用价值亦降低。不妨以表 2 – 2 中第 59 号指导性案例为例来略加阐述。该案的指导意义主要在于确认了建设工程消防验收备案结果的通知具有可诉性,备案结果的通知具有行政确认的性质;但该案明显不属于法律上的疑难复杂案件

---

① 参见最高人民法院案例指导工作办公室:《〈罗锚荣诉吉安市物价局物价行政处理案〉的理解与参照——行政机关实施的与举报人有利害关系的举报处理行为具有可诉性》,《人民司法》2018 年第 23 期。

② 参见游中川、石磊《〈重庆市涪陵志大物业管理有限公司诉重庆市涪陵区人力资源和社会保障局劳动和社会保障行政确认案〉的理解与参照——职工见义勇为制止违法犯罪而受伤的应视同工伤》,《人民司法》2021 年第 17 期。

③ 参见李伟东、朱婧、石磊《〈陈德龙诉成都市成华区环境保护局环境行政处罚案〉的理解与参照——生产者私设暗管排放污水,无论污染物是否达标,该规避监管行为均应受到行政处罚》,《人民司法》2022 年第 11 期。

或新类型案件，所得出的裁判结果也不具有普遍适用的功效。该案之所以被选作指导性案例，原因在于消防安全关乎人民群众生命财产安全，公众对消防安全日益重视。[①] 可见，选取该案的标准，更偏向于法律事实问题的认定，是以回应和参与社会公共议题为要旨，而不是以法律疑难争议问题的探讨为依归，因而弱化了指导性案例在统一法律适用、维护司法公正等方面的基本功用。此类情形，在其他类别的指导性案例中也存在，如刑事类指导性案例中有些案例在法律技术运用层面就不具有典型性、启示性。比如，第 32 号指导性案例"张某某、金某危险驾驶案"的裁判要点指出："机动车驾驶人员出于竞技、追求刺激、斗气或者其他动机，在道路上曲折穿行、快速追赶行驶的，属于《中华人民共和国刑法》第 133 条之一规定的'追逐竞驶'。追逐竞驶虽未造成人员伤亡或财产损失，但综合考虑超过限速、闯红灯、强行超车、抗拒交通执法等严重违反道路交通安全法的行为，足以威胁他人生命、财产安全的，属于危险驾驶罪中'情节恶劣'的情形。"可见，此案例不涉及法律技术上的疑难复杂问题，其作用主要在于对社会公众进行交通安全警示教育，即如最高人民法院案例指导工作办公室所说："该指导性案例明确了'追逐竞驶'和'情节恶劣'认定标准，有利于遏制把道路作为游乐场、竞技场而置他人人身、财产安全于不顾的危险驾驶行为，倡导安全、文明驾驶车辆的良好风尚，保障正常的道路交通秩序和公众的人身财产安全。"[②] 又如，"指导案例 12 号裁判要旨的内容与最高人民法院发布的《最高人民法院关于贯彻宽严相济刑事政策的若干意见》第 3 条内容相一致。指导案例 14 号裁判

---

① 参见最高人民法院案例指导工作办公室《〈戴世华诉济南市公安消防支队消防验收纠纷案〉的理解与参照——建设工程消防验收备案结果通知具有可诉性》，《人民司法》2017 年第 14 期。

② 最高人民法院案例指导工作办公室：《〈张某某、金某危险驾驶案〉的理解与参照——危险驾驶罪中"追逐竞驶""情节恶劣"的认定》，《人民司法》2015 年第 18 期。

要旨的内容与最高人民法院等部门发布的《关于对判处管制、宣告缓刑的犯罪分子适用禁止令有关问题的规定（试行）》第 4 条第 1 项的规定完全一致。因此，指导案例 12 号、14 号都没有涉及法律解释技术的运用问题……以 11 号指导性案例为例，该案主要涉及的是如何理解刑法中的贪污案这一问题。杨延虎等人明知王月芳不符合拆迁安置条件，却利用杨延虎的职务便利，伙同被告人郑新潮、王月芳，通过将王月芳所购房屋谎报为其祖传旧房、虚构王月芳与王某祥分家事实，骗得旧房拆迁安置资格，骗取国有土地确权。这明显属于刑法上的贪污行为，并不属于法律上的疑难案件"①。

　　不仅最高人民法院指导性案例的遴选标准在一定程度上受到了行政化逻辑的影响，对案例的法律功能相对有所忽视，其他机关或机构发布的案例也存在类似问题。例如，高级人民法院发布的有些参考性案例，在遴选上注重宣教功能，强调社会效应，对案例的法律资源支持功能却关注不够，只是"停留在对法律法规和司法解释进行说明，对具有本辖区地域特色的法律适用问题和裁判规则缺乏提炼和总结，致使参考性案例统一法律适用标准的功能发挥不足"②。又如，《最高人民法院公报》发布的一些案例也存在类似问题，有论者说，其"案例在内容上并没有清晰的定位，各个类型的案例多因对成文法的'具体化'而入选《公报》，《公报》案例显得'杂'而'全'，特点并不鲜明。从某种意义上讲，案例并非因'典型'而上《公报》，而是因为上《公报》而'典型'"③。这说明，《公报》案例的选取，注重对成文法的宣示，

---

　　① 郑智航：《中国指导性案例生成的行政化逻辑——以最高人民法院发布的指导性案例为分析对象》，《当代法学》2015 年第 4 期。

　　② 徐延成、阿荣：《积极推进高级人民法院统一法律适用标准工作》，《人民法院报》2021 年 10 月 21 日第 8 版。

　　③ 袁秀挺：《我国案例指导制度的实践运作及其评析——以〈最高人民法院公报〉中的知识产权案例为对象》，《法商研究》2009 年第 2 期。

而忽视案例在法律解释技术运用上的典型性、权威性，有本末倒置之嫌。

案例的创制生成应该兼顾案例的法律效果和社会效果，"理想的案例指导应该能够针对司法实践中提出的真问题进行指导"①，而目前部分案例在遴选标准上有重社会效果而轻法律效果的倾向，以致案例难以针对裁判实践中的真问题进行有效的指导。

三　案例文本编辑时见瑕疵

案例文本作为案例指导的载体，对原始裁判文书文本进行适当的剪辑加工，可以给司法工作者提供便利，节约司法成本，提升司法效率。从这个意义上讲，剪辑加工也具有一定的合理性、必要性。

就指导性案例而言，其文本的剪辑处理是遵照最高人民法院《关于编写报送指导性案例体例的意见》等司法指导文件规定的体例来操作的。依其体例规定，案例文本的构成要素包括标题、关键词、裁判要点、相关法律、基本案情、裁判结果、裁判理由等。照此规章编写案例文本，其编辑加工过程中有时也暴露出一些问题。

相较于原始裁判文书，指导性案例文本的面貌有所不同，它增加了一些要素，如标题、关键词、裁判要点；或者在原有要素的基础上有所调整，如裁判理由。此类文本构成要素的文字，是案例编写人员结合自己的理解，对原始裁判文书中的内容进行提炼、浓缩和加工，以简约的语言加以表述而形成的归纳性文字，便于法官了解和掌握案例的精华部分，可免于阅读冗长的裁判文书，有利于提高工作效率。但是，就目前案例文本编辑实践来看，在对原始裁判文书进行精简、浓缩和加工的过程中，由于各种因素的影响，致使归纳出的关键词、

---

①　陈兴良主编：《中国案例指导制度研究》，北京大学出版社 2014 年版，第 396 页。

裁判要点、基本案情等要素文字的内涵有时难以吻合原判法官对案件的判断与理解，使得原始裁判文书的某些重要信息内涵部分灭失或扭曲。我们知道，包括法律文书在内的各种文字文本，只要经过一定幅度的剪辑改写，要想保全其信息的准确性、完整性是比较困难的事情，故出现部分重要信息内涵灭失或扭曲的情形也实属难免。此类瑕疵影响剪辑加工的质量。现对指导性案例文本编辑过程中时或出现的瑕疵，择要简述如下。

其一，案例文本中各构成要素的文字内容，有时会羼入文本编写人员的新理解与新见解，与原裁判文书的本意不相一致。依照最高人民法院的司法指导文件的要求，案例编选人员需要将原来较为复杂的裁判文书浓缩概括成为标题、关键词、裁判要点、相关法条、基本案情等部分，其本身就是一个重新解读案件的过程，是一种高难度的文字改写活动。在这样的过程和活动中，稍有不慎，就免不了会有一些新的理解、新的诠释杂糅其间；免不了由于文字的删减改写而切断整个裁判原文完整的逻辑结构，进而影响逻辑的缜密性及论证的说服力……如此种种，不一而足。一言以蔽之，案例文本的编辑加工出现偏差，就难以真实反映原裁判文书的信息内涵，而令其部分灭失或扭曲。这样，司法工作者阅读编辑处理后的案例文本，就难以对整个案件的始末、曲直等形成全面深入的认知，案例的指导作用也就无法得到充分发挥。现有的指导性案例中不乏这样的例子，如第 67 号指导性案例"汤某龙诉周某海股权转让纠纷案"，其"裁判要点背离了原案的事实，成为编写人员自我演绎、主观臆断的产物，与裁判要点应当'准确、精炼，结构严谨，表达简明，语义确切'的要求相去甚远……在加工提炼过程中，脱离了原案的法律争点和裁判文书本意。原案三级法院裁判文书所反映的争议焦点，并未涉及不同于一般性买卖合同标的物的、具有虚拟权利性质的有限责任公司股权分期付款转让协议，在受让人逾期付款金额达到五分之一时，是否适用我国《合同法》第167条有关合同解除权的规定，即转让人是否享有合同解除权这一体现民商分立立法体例中商事组织法上交易有别于合同法上交易的商事裁判理念的争议。指导案例67号的裁判要点并未反映裁判文书的本意，而是脱离原案的法律争点，由编写人员再造出了不同于现行法的新的规则，严重影响了指导性案例的制度价值及应有权威。"①

其二，重视从案件判决中提取抽象的裁判规则，以及裁判规则的适用，而对案件事实及其证据认定则关注不够，以致在案例文本编辑过程中时常删除原裁判文书中有些较为重要的法律事实及其证据认定的过程。举例来说，第1号指导性案例"上海中原物业顾问有限公司诉陶某华居间合同纠纷案"的案例文本，对原生效裁判文书所述法律事实就有所删略，其"引用的《看房确认书》第2.4条与原文书内容至少有如下区别：一是仅原文以'第三方'与'出卖方'相并列，似有禁止召入其他居间人的解释余地，而'指导案例1号'却删除了'出卖方'，仅提'第三方'，又明文支持委托人召入其他居间人的自由，似乎将'第三方'限缩解释为'出卖方'了；二是'利用中原公司提供的信息、机会等条件'在原文中仅是后段选项的要件，而在'指导案例1号'之中，因为同条前段已删，所以'利用中原公司提供的信息、机会等条件'成了所有'跳单'行为共同的最重要的要件。这两大区别昭示出，原文更为周延，更加符合实践中居间人设计格式合同时利益驱动的方向，易言之，也应更符合一般禁止'跳单'条款的真实面貌"②。像第1号指导性案例这样删改原裁判文书认定的事实，

① 吴建斌：《指导性案例裁判要点不能背离原案事实——对最高人民法院指导案例67号的评论与展望》，《政治与法律》2017年第10期。

② 汤文平：《论指导性案例之文本剪辑——尤以指导案例1号为例》，《法制与社会发展》2013年第2期。

会使法律规则与法律事实的关联性不够紧密、全面，也不利于法官对案例的深度理解以及全面对比参照。

其三，删略原裁判文书中所引的法律条文，使案例的法律理由、法律依据等无法彰显。例如，第 132 号指导性案例，为中国生物多样性保护与绿色发展基金会作为环境公益组织诉秦皇岛方圆包装玻璃有限公司大气污染责任的民事公益诉讼案，原生效判决中征引的法律规定有《环境保护法》第 1 条、第 4 条、第 5 条、第 58 条，《侵权责任法》第 65 条、第 66 条，最高人民法院《关于审理环境民事公益诉讼案件适用法律若干问题的解释》第 1 条、第 2 条、第 18 条、第 20 条、第 21 条、第 22 条、第 23 条，《民事诉讼法》第 55 条等，[①] 而第 132 号指导性案例文本在相关法条部分仅列出了《环境保护法》第 1 条、第 4 条、第 5 条，在裁判理由部分只提及处理生态环境修复费用问题所适用的最高人民法院司法解释的第 23 条。原案涉及的焦点问题有多个，上述第 132 号案例只选取其中环境侵权赔偿责任问题进行规制，虽然可以删去原裁判文书中引用的一些与之不相关的法条，但删略其中所引《侵权责任法》第 65 条、第 66 条，就显得删削过度，有所不当，因为这两条是认定污染环境者承担侵权责任的根本性法律依据，将其删除会使案例的说理论证、裁判结论等缺少法律依据上的有力支撑。

综合以上论述可知，案例文本的编辑也时常出现一些瑕疵，影响案例创制的质量。此与行政化的逻辑制约有一定的关系。案例文本的编辑往往是在行政力量的作用下进行的，具有行政规范化的色彩；编辑者对文本拥有剪辑加工的自主权力，原审裁判文书在被增删的过程中难以避免掺杂进编辑者个人主观的判断，致使案例无法保持原汁原

---

① 参见《中国生物多样性保护与绿色发展基金会、秦皇岛方圆包装玻璃有限公司环境污染责任纠纷二审民事判决书》，(2018) 冀民终 758 号。

味；特别是最高人民法院经过深度加工与编辑的指导性案例，使加工后的案例具有独立于原有裁判的功能和意义，被赋予了遴选与发布案例的最高人民法院的意志成分。[1] 所以，有学者说："指导性案例文本是行政力量遴选剪辑的结果，与中华法系固有的'条例''判例'一脉相承。"[2] 借助行政力量编辑加工案例文本，虽不乏其正当性、合理性，但也容易出现上文所述的一些瑕疵，以致案例在司法实践中的指导价值、示范效果会打一些折扣。

四　部分案例说理论证欠佳

西方法谚有言："正义不仅应得到实现，而且要以人们看得见的方式加以实现。"案件的审理裁判，应当既让案件的双方当事人感受到个案的公平正义，还要让社会公众对案件背后的公正价值产生认同感。具有指导作用和示范性的案例，尤其应该这样。2015 年最高人民法院发布的《〈关于案例指导工作的规定〉实施细则》指出，参照指导性案例，"应当将指导性案例作为裁判理由引述"。因此，指导性案例十分有必要加强说理论证，对案件法律适用、裁判结论等方面的正当性、合理性进行充分有力的说明和论证，使之具有信服力和可接受性，让人产生认同感，同时也为后案法官参照适用案例、进行裁判理由的论述提供有效的指引和支持。这就像德国联邦最高法院系统中的各大判例集都推崇判例论证的缜密性与完整性，减少行政权在判例中的干预，让判例的权威性建立在判例的逻辑论证与说服力上，而不诉诸审判权之外的行政权。[3]

---

[1]　彭宁：《最高人民法院司法治理模式之反思》，《法商研究》2019 年第 1 期。

[2]　汤文平：《论指导性案例之文本剪辑——尤以指导案例 1 号为例》，《法制与社会发展》2013 年第 2 期。

[3]　施启扬：《西德联邦宪法法院论》，（台北）台湾商务印书馆股份有限公司 1971 年版，第 287 页。

综观我国目前的指导性案例，其中不乏说理精辟、论证严密者，如第 143 号指导性案例"北京兰世达光电科技有限公司、黄某某诉赵某名誉权纠纷案"，从传统名誉权侵权的四个构成要件入手，又综合考察信息网络传播的特点等具体因素，论证了认定当事人言论构成名誉权侵权的理由，颇令人信服。但也要看到，目前还有部分案例存在说理论证不充分、不精准等问题，而"应加强指导要点的说理……应对指导要点进行全面的理由阐述，对指导要点的归纳逻辑和理由进行说理和论证"①。例如，第 39 号指导性案例"何某强诉华中科技大学拒绝授予学位案"的裁判要点主张学位授予标准的制定属于"学术自治的范畴"，而学术自治之类的概念未曾出现在国家立法之中，故案例对何为学术自治，学术自治与法律授权的关系等问题应当作进一步阐释和论证，以显示高校学位授予标准的正当性，但该案例未有这方面的说理论证。② 又如，第 96 号指导性案例"宋某军诉西安市大华餐饮有限公司股东资格确认纠纷案"，对股权转让限制措施的合法性审查，简单地运用人合性法理进行评判、说理，有值得商榷之处；其应放弃合同性关系论证，而引入合理性标准，分别从公司人合性之有无、是否需要限制措施、手段与目的之间的合比例性三个角度来考察和论证限制措施的合法性。③

指导性案例在裁判说理论证上存在不充分、不准确等问题，在一定程度上影响了案例的参考价值和示范作用。案例说理论证欠佳，是多方面因素造成的，其中一个因素就是行政权制约下的思维方式与运作逻辑的影响。众所周知，我国案例指导制度在一定程度上是借助司

---

① 陆旭、王雪鹏：《案例指导制度的方法论审视》，《南华大学学报》（社会科学版）2016 年第 5 期。

② 伏创宇：《高校学位授予标准的正当性逻辑》，《法学》2022 年第 6 期。

③ 楼秋然：《股权转让限制措施的合法性审查问题研究——以指导案例 96 号为切入点》，《政治与法律》2019 年第 2 期。

法审判权之外的行政权来推进的，并依靠司法行政权来配置司法资源，使指导性案例获得一定的约束力。所以，有学者说："无论是司法解释的'法律效力'还是指导性案例的'应当参照'约束力，均依凭于最高人民法院的权力（准立法权力或者变异的行政管理权力），而非最高人民法院的（裁判）权威……（其）司法规则供给模式乃是'权力输出型'，而非'权威生成型'。"① 在这种遵循行政权运作逻辑而非司法逻辑的法律生态下，人们很容易习惯性地以行政权力运作的思维和逻辑来对待指导性案例；在指导性案例创制上则突出地表现为行政化思维、逻辑对法律说理的消解，忽视案例以其理据阐述和逻辑论证的理性来确立自身的权威性。这种现实因素的存在，自然会引致案例说理论证的弱化，出现不充分、不准确之类的问题。

第三节　案例的援引率不高

最高人民法院发布的指导性案例以及其他机关或机构发布的案例在适用上所面临的问题，一方面是现有的可参照的案例数量较少，案例供给数量远远不足，另一方面是案例的援引参照率较低。案例指导制度发挥作用的大小，可以通过案例的援引率得到一定的反映。目前案例的援引率整体上不高，意味着案例的可接受性不够理想，案例指导制度的运行尚未充分实现预期效果。

一　案例援引率的相关数据统计

现以中国裁判文书网作为检索工具，选取指导性案例、参考性案例、《公报》案例、《人民司法》案例及其行政案例，查检它们被裁判

---

① 刘树德：《最高人民法院司法规则的供给模式——兼论案例指导制度的完善》，《清华法学》2015 年第 4 期。

文书援引的相关数据，可以得见案例的援引应用情况普遍不够理想。通过裁判文书的检索，可得到有关各类案例援引率的数据，如表2-3所示。

表2-3　　　　各类案例被引总数及其行政案例被引数①

案例类型　　　　　　数量	被援引总次数	行政案例被援引次数
指导性案例	10343	1161②
参考性案例	120	6
《公报》案例	6230	349
《人民司法》案例	940	61

由表2-3数据可见，各类案例以及其中行政类案例的援引率整体上不太高；相比较而言，最高人民法院的指导性案例及其行政类案例的被援引次数高于其他类别的案例。在检索过程中还发现，2011年12月以后，最高人民法院指导性案例被引数量的增速，相对来说快于其他类别案例的增速，近些年来前者被援引的累计次数每年增加1000余次，其中行政案例的被援引次数每年增加100次左右。总之，目前案例的援引应用情况总体不够理想，发挥的作用还比较有限，最高人民法院指导性案例以外的其他类型案例则更是如此。

---

①　表2-3中的数据是从中国裁判文书网上进行全文检索而得，设定的检索时间条件为1985年1月至2023年1月。以"参考性案例"为检索词查得的结果454个，案由选作"行政"查得的结果38个，然后进行人工筛选，得到参考性案例被引总数为120，其中行政案例被引数为6；以"公报、案例"为检索词查得的结果7694个，案由选作"行政"查得的结果431个，然后进行人工筛选，得到《公报》案例被引总数为6230，其中行政案例被引数为349；以"人民司法"为检索词查得的结果1131个，案由选作"行政"查得的结果113个，然后进行人工筛选，得到《人民司法》案例被引总数为940，其中行政案例被引数为61。

②　对此数据，请见表2-4"行政指导性案例被裁判文书援引的情况"之下的脚注说明。

就最高人民法院的指导性案例而言，尽管最高人民法院十分重视其实践应用，并赋予其一定的制度性权威，案例的司法应用情况也在不断改善，但总体上仍然存在援引率不高的问题。下面对其援引情况作一些具体考察和分析。

2015 年，最高人民法院发布的《〈关于案例指导工作的规定〉实施细则》第 11 条规定："在办理案件过程中，案件承办人员应当查询相关指导性案例。"2020 年，最高人民法院发布的《关于统一法律适用加强类案检索的指导意见（试行）》第 9 条规定："检索到的类案为指导性案例的，人民法院应当参照作出裁判，但与新的法律、行政法规、司法解释相冲突或者为新的指导性案例所取代的除外。"据此，案件承办法官在办案过程中应当对比待决案件与指导性案例之间的异同，遇有相类者应予参照援引。而据有关学者的统计，截至 2022 年 12 月，最高人民法院发布的 211 例指导性案例中有 149 例已被应用，总占比约为 71%。其中 15 例执行类案例已全部被应用，其应用案件为 386 例。其他类别的指导性案例均为部分应用，其中 98 例民事类指导性案例有 66 例被应用于 7939 例案件，36 例刑事类指导性案例有 21 例被应用于 179 例案件，30 例行政类指导性案例有 21 例被应用于 1458 例案件，27 例知识产权类指导性案例有 23 例被应用于 265 例案件，5 例国家赔偿类指导性案例有 3 例被应用于 144 例案件。[①] 这也就是说，援引应用指导性案例的案件累计数为 10371 例[②]，其中民事类的应用案件数量最多；被援引应用的案例数所占各类案例总数的比例分别是，执行类案例 100%，知识产权类案例 85%，行政类案例 70%，民事类案例

---

① 郭叶、孙妹：《最高人民法院指导性案例 2022 年度司法应用报告》，《中国应用法学》2023 年第 4 期。

② 此数字包括同时援引民事与行政或知识产权或国家赔偿指导性案例的 28 例应用案件，如果不重复计算，则为 10343 例。

67%，国家赔偿类案例 60%，刑事类案例 56%；另外，还有 60 多个指导性案例未被援引应用，约占案例总数的 29%。由此数据可见，尽管最高人民法院一再强调和倡导，但指导性案例的援引参照情况仍不容乐观：一方面，援引应用指导性案例的案件总量偏少，相对于全国各级法院每年审理数以千万计的案件来说，所占比例甚微；另一方面，不同类别以及同一类别的指导性案例的司法应用情况存在较大差异，有的援引应用情况尚可，也有相当一部分不尽如人意，甚至有的还未实现援引数零的突破。在此，再对行政类指导性案例的应用情况作一些具体讨论，以见目前案例援引率总体偏低的问题。通过考察中国裁判文书网上行政案件裁判文书，得到每个行政指导性案例被援引的数据，如表 2-4 所示。

表 2-4　　　　　行政指导性案例被裁判文书援引的情况①

案例编号	被援引的数量(个)	案例编号	被援引的数量(个)
5 号	16	89 号	0
6 号	27	90 号	1
21 号	12	94 号	1
22 号	87	101 号	23
26 号	13	113 号	1
38 号	10	114 号	1
39 号	4	136 号	0

① 表 2-4 中的数据是从中国裁判文书网上进行全文检索而得，设定的检索时间条件为 2011 年 12 月至 2023 年 1 月。对每个案例，均以"指导案例×号""指导性案例×号""指导案例第×号""指导性案例第×号""×号指导案例""×号指导性案例"等为检索词来查询援引的裁判文书。有些无关的裁判文书在最后统计时被剔除。因检索条件和检索方法不同，表 2-4 中显示出的行政指导性案例被引总数，与郭叶、孙妹《最高人民法院指导性案例 2022 年度司法应用报告》一文中所述总数 1458 例有出入。

案例编号	被援引的数量(个)	案例编号	被援引的数量(个)
40 号	17	137 号	0
41 号	95	138 号	2
59 号	9	139 号	0
60 号	607	162 号	0
69 号	36	177 号	0
76 号	11	178 号	0
77 号	187	191 号	1
88 号	0	211 号	0

由此可见，在 30 个行政指导性案例中，目前只有 21 个被援引和参照，仍有近三分之一的行政指导性案例未得到应用；而且，被应用的案例中只有第 60 号、第 77 号、第 41 号、第 22 号案例的被援引次数相对多一些，其他案例则较少。案例的援引率虽然会受到不同批次、发布时间先后的影响，但也有较早发布而援引率不高的案例，如表 2-4 中所列第 88 号、第 89 号案例，同为 2017 年发布的第 17 批指导性案例，其被援引参照的次数至今仍为 0 次。这说明，有部分行政指导性案例在司法实践中未被关注或未被广泛关注，需要完善相关机制、优化相关举措予以改进。

二　案例援引率偏低的原因分析

上述案例援引率偏低问题，是多方面具体因素造成的，既有内在的因素，也有外在的因素。就其内在因素而言，有如下方面值得注意。

其一，在题材选择和功能定位上存在一定局限性。综观案例的司法应用情况可知，个案援引参照的绝对数量与案例的题材、功能相关，不同题材、功能的案例之间在被援引参照的次数上往往存在着较大的差异。部分指导性案例被援引的次数偏低，在很大程度上是受案例题材选择、功能定位方面的因素制约造成的。例如，指导性案例第21号、第59号即是其例，二者被援引次数分别为12次、9次，援引率偏低。具体考察便知，第21号案例为"内蒙古秋实房地产开发有限责任公司诉呼和浩特市人民防空办公室人防行政征收案"，题材涉及人防建设，裁判要点为："建设单位违反人民防空法及有关规定，应当建设防空地下室而不建的，属于不履行法定义务的违法行为。建设单位应当依法缴纳防空地下室易地建设费的，不适用廉租住房和经济适用住房等保障性住房建设项目关于'免收城市基础设施配套费等各种行政事业性收费'的规定。"该案例的出台，主要是为了回应当下城市建设发展的需要以及人民防空建设、人民群众生命安全保障的需要。第59号案例为"戴某华诉济南市公安消防支队消防验收纠纷案"，题材涉及建设工程消防验收备案结果通知，其裁判要点认为"建设工程消防验收备案结果通知含有消防竣工验收是否合格的评定，具有行政确认的性质，当事人对公安机关消防机构的消防验收备案结果通知行为提起行政诉讼的，人民法院应当依法予以受理"。可见，这两个案例的援引率不高，一方面是因为案例所选择的题材较为特殊，适用范围较窄（现实生活中针对建设防空地下室和消防验收结果通知提起的诉讼毕竟不多，司法审判实践对相关题材的案例的现实需求也就自然不大）；另一方面，此类案例的功能定位主要在宣示国家相关政策上，[①] 案情简单，争议不大，适用法律明确，审理类似案件的法官即使不参考指导性案例也能基本作出与之一致的裁判结果。又如，第89号指导性案例涉及

---

① 李昌超、詹亮：《行政案例指导制度之困局及其破解——以最高法院公布的11个行政指导性案例为分析样本》，《理论月刊》2018年第7期。

公民选取或创设姓氏的问题，其基本案情是，原告"北雁云依"法定代理人吕某诉称，其妻张某在医院产下一女，取名"北雁云依"，并办理了出生证明和计划生育服务手册新生儿落户备查登记；为女儿办理户口登记时，被告济南市公安局历下区分局燕山派出所不予上户口，理由是孩子姓氏必须随父姓或母姓，即姓"吕"或姓"张"；根据《中华人民共和国婚姻法》和《中华人民共和国民法通则》关于姓名权的规定，请求法院判令确认被告拒绝以"北雁云依"为姓名办理户口登记的行为违法。济南市历下区人民法院最后作出行政判决，驳回原告"北雁云依"要求确认被告燕山派出所拒绝以"北雁云依"为姓名办理户口登记行为违法的诉讼请求。第89号指导性案例提出了"公民不能仅凭个人喜好和愿望在父姓、母姓之外选取其他姓氏"的观点，并从法理角度论析了姓名是文化、社会和法律属性三者的统一，认为公权力必须对公民姓名权的自由行使给予一定的限制。① 该案例从题材选择、功能定位上看有一定的局限性，它属于现实生活中不很常见、相类案件甚少的个案，仅仅用以解决姓名决定权问题，其普适性较差，难以被广泛参照适用，进而导致援引率不高。

其二，案例所作出的法律结论只是依据现有的法律法规而能够必然推出的结论，并不是对新类型的案件和疑难复杂的法律问题的回应，也不是对现行法律法规及司法解释的创新和延伸。例如，第90号指导性案例"贝汇丰诉海宁市公安局交通警察大队道路交通管理行政处罚案"，目前仅被援引1次。该案例的裁判要点指出："机动车驾驶人驾驶车辆行经人行横道，遇行人正在人行横道通行或者停留时，应当主动停车让行，除非行人明确示意机动车先通过。"其所涉及的法律问题较为寻常，《道路交通安全法》第47条第1款已有较明确的规定："机

---

① 宋天一、陈光斌：《从"北雁云依案"看"姓名决定权"与社会公序的价值冲突——兼论公序良俗的规制》，《法律适用》2019年第6期。

动车行经人行横道时，应当减速行驶；遇行人正在通过人行横道，应当停车让行。"再者，机动车"礼让行人"规范的确立与实施已然成为我国很多地方政府的共同选择，[①]且为社会各界所认可。因此，法官在审理类似案件时依照既有的法律法规即可作出正确的裁判。又如，第94号指导性案例"重庆市涪陵志大物业管理有限公司诉重庆市涪陵区人力资源和社会保障局劳动和社会保障行政确认案"，发布于2018年6月，目前被援引的次数为1次。该案例涉及职工见义勇为而受伤的能否视同工伤问题，其裁判要点为："职工见义勇为，为制止违法犯罪行为而受到伤害的，属于《工伤保险条例》第15条第1款第2项规定的为维护公共利益受到伤害的情形，应当视同工伤。"其实，这一原则结论可以依照现有相关法律规范的精神和逻辑而推导出，并不复杂难觅。我国《工伤保险条例》第15条第1款第2项规定："职工在抢险救灾等维护国家利益、公共利益活动中受到伤害的，视同工伤。"据此规定的立法精神和法律逻辑，职工见义勇为而受到伤害的，自应推定其属于"视同工伤"的范围，包含在该规定中"抢险救灾等"的"等"中，因为职工见义勇为明显属于维护公共利益的行为。综上可见，第90号、第94号案例的援引率偏低，应与其法律解释技术的难度不大有关。

造成案例援引率偏低的内在因素，除上文所述外，尚有其他一些（如案例文本编写存在的问题），在此不一一赘述。此外，还有一些外在因素影响案例援引率。例如，指导性案例的效力定位不够明确，缺乏强制性的约束机制以及明确统一的援引规定，等等，导致法官援引适用案例的动力不强、热情不高，是否参照案例对法官而言不会产生实质性影响，这也是致使案例援引率不高的因素所在。

---

①　曾凡燕：《"礼让行人"规范的实施路径——全国首例"斑马线罚款案"评析》，《行政法学研究》2019年第3期。

指导性案例的援引率偏低，会影响指导性案例的功能发挥，实践中应当尽力消除制约指导性案例援引率提升的各种因素，让有限的指导性案例能切实地指导法官的司法实践活动。

第四节　案例援引缺乏规范性

最高人民法院颁布了一些司法指导文件，对案例的援引问题作出了一些规定。如其《〈关于案例指导工作的规定〉实施细则》第10条指出："各级人民法院审理类似案件参照指导性案例的，应当将指导性案例作为裁判理由引述，但不作为裁判依据引用。"第11条指出："在办理案件过程中，案件承办人员应当查询相关指导性案例。在裁判文书中引述相关指导性案例的，应在裁判理由部分引述指导性案例的编号和裁判要点。公诉机关、案件当事人及其辩护人、诉讼代理人引述指导性案例作为控（诉）辩理由的，案件承办人员应当在裁判理由中回应是否参照了该指导性案例并说明理由。"但在审判实践或诉讼活动中，有些案件承办法官或案件当事人、诉讼代理人等对案例的引述还存在着不规范、不适当的问题，影响了案例适用的效果。

一　混淆类别及规避解释

目前，各级法院的法官在裁判文书中援引案例，有时出现案例类别混淆、案例指称不当等问题，表现出对案例的层级和效力不能做到明确区分。此外，还有些案件当事人、诉讼代理人等误会案例的性质和效力，以致不适当乃至错误地加以引述，而有些法院裁判文书对此未作回应，或者不以释明等方式予以解释或纠正。如此之类，不利于案例援引的规范化，影响了法院裁判工作的严肃性和权威性。下面，就此作一些具体考察分析。

如本书第一章所述,我国目前除了有最高人民法院发布的指导性案例之外,还有参考性案例、《公报》案例等多种类型和层级的案例。目前有些裁判文书,在援引这些案例时往往出现类型上的混淆,指称上的混乱,表现出对案例的层级、效力等缺乏准确的了解和把握,致使案例应用的实际成效不佳。比如,汪某某诉某区人民政府行政强拆一案,其行政裁定书称"根据《国有土地上房屋征收与补偿条例》第4条……最高人民法院指导案例(许水云诉金华市婺城区政府房屋行政强制及行政赔偿案)和(2018)最高法行再106号,均推定强制拆除行为系市、县级人民政府或其委托的主体实施"①;实际上,此处所谓"最高人民法院指导案例"是刊载于《最高人民法院公报》2018年第6期"裁判文书选登"栏目的案例,不属于最高人民法院发布的指导案例。又如,严某与某置业有限公司、方某某民间借贷纠纷案一审民事判决书称:"本案与《最高人民法院公报》2014年第12期公布的(2011)民提字第344号公报案例以及最高人民法院2015年10月8日作出的2015民一终字第180号指导案例是否类似……依据《〈最高人民法院关于案例指导工作的规定〉实施细则》第9条……的规定,本案与上述两个指导案例相类似,本案参照适用。"②此将《公报》案例和(2015)民一终字第180号案件都称作指导案例,有所不当。在案例的类别和层级上,案件的承办法官尚且时常出现混淆不清的情形,而案件的当事人更是如此。例如,董某某、某有限公司等典当纠纷案的当事人诉称:"最高人民法院指导性案例《最高人民法院公报》2016年第3期,陈某

---

① 《汪某某、某区人民政府城乡建设行政管理:房屋拆迁管理(拆迁)二审行政裁定书》,(2019)鄂行终××45号。

② 《严某与某置业有限公司、方某某民间借贷纠纷一审民事判决书》,(2017)川××民初7号。

某与内蒙古昌宇石业有限公司合同纠纷案（2014）民提字第 178 号案件'印章真实不等于协议真实'的指导意见就是这样的司法精神。"① 此将《公报》案例指为最高人民法院指导性案例，误会了案例的类型和层级。又如，马某某诉天津市规划和自然资源局某分局案的当事人提出，应参照"最高人民法院指导案例张良诉上海市规划和国土资源管理局案"②；其实，这一案例并非最高人民法院发布的指导案例，而属于典型案例，刊载于《人民司法·案例》2013 年第 22 期。附带提及的是，在司法实践中，还时或可见案件当事人和法官将一般案件误作指导性案例的情形。例如，王某、某房地产开发有限公司再审审查与审判监督案，其民事裁定书称："王某申请再审称：……一、二审判决与最高人民法院指导性案例（2011）民提字第 344 号民事判决相违背……本院认为……王某提出的最高人民法院相关指导案例问题，由于该案例与本案案由、基本事实和法律关系方面均不相同，对本案不具有指导性。"③

　　总之，案例类别混淆不清、指称混乱不当等情形，通过查检裁判文书而时可得见。最高人民法院的指导性案例从 2011 年之后才逐渐受到重视，而《公报》案例和其他某些案例早于最高人民法院的指导性案例，并延续至今，也受到一定关注。这样，最高人民法院的指导性案例与其他类型的案例便处于一种共存同现的状态，很容易使人混淆它们的性质、效力等，以致在案例适用上出现类型混淆、指称错乱、层级不清等问题。这种现状，显然不利于案例援引的规范化。

　　目前人民法院的裁判生效案件上升为案例的，数量并不多，还有

---

① 《董某某、某有限公司等典当纠纷民事二审民事判决书》，（2021）鲁 02 民终 6535 号。

② 《马某某、天津市规划和自然资源局某分局城乡建设行政管理：城市规划管理（规划）再审审查与审判监督行政裁定书》，（2019）津行申 153 号。

③ 《王某、某房地产开发有限公司再审审查与审判监督民事裁定书》，（2015）民申字第 ××05 号。

不少具备参考价值的案件没有被最高人民法院发掘出来转化为指导性案件，也未被高级人民法院选编成参考性案件，但此类案件中有的往往拥有较高的社会关注度和司法影响力，当事人双方在案件审理过程中会经常提及，甚至引用此类案件的裁判理由作为依据。对于当事人提及或引用此类案件，法院在裁判时常常采取回避的态度，或者不作回应解释，未置一词，或者用"与本案案情并不相同"等程式化套语来避免正面回复。举例来说，笔者在搜集裁判文书过程中，发现有28个案件提到最高人民法院（2015）行提字第39号案件，即单某某诉辽宁省绥中县人民政府、辽宁省绥中县海洋与渔业局发放污染赔偿款案，但该案并非指导性案例或参考性案例。其裁判要旨是，下级行政机关接受上级行政机关的指令，根据行政管理职权履行交办事项的行为，属于依职权行使行政权的行政行为；下级行政机关不履行上级行政机关交办事项的行为，直接影响当事人的财产权益，是行政不作为行为，属于行政诉讼的受案范围。① 在诉讼实践中，引用最高人民法院（2015）行提字第39号案件的一般是行政诉讼的原告，他们认为该案为最高人民法院审理，应属于"指导案例"，而法院对他们的援引通常未作出有效的回应。例如，冯××诉××市人民政府不履行政府信息公开法定职责案，冯××提交了（2015）行提字第39号裁判文书，拟证明不履行上级行政机关交办事项的行为是行政不作为，属于行政诉讼法的受案范围，但法院的（2018）鄂××行初12号判决书对此未作回应。又如，文某某诉天津市滨海新区人民政府不履行法定职责案，经历了一审、二审和再审程序，当事人文某某认为应当"根据最高人民法院（2015）行提字第39号指导案例"来认定事实、适用法律，二审裁定只是用"案情并不相同，理由不能成立"寥寥

① 《单某某与辽宁省绥中县人民政府、辽宁省绥中县海洋与渔业局申诉案》，（2015）行提字第39号。

十余字予以带过；最高人民法院再审也只以"该案并非最高人民法院发布的指导性案例"一句简单应对，并驳回其再审申请。① 笔者认为，对于当事人援引诸如（2015）行提字第 39 号案件之类的"先案"，法院在裁判文书中应基于当事人的诉辩理由和庭审内容进行必要的回应，予以释明，即以说理论证的方式告知当事人待决案件与相关"先案"之间究竟有何不同，为何不可援引"先案"，以廓清当事人对相关"先案"的模糊认识，纠正其对指导性案例的错误理解。这样，既有利于宣传指导性案例，扩大其影响，又便于以后相类案件的当事人与承办法官参考学习，减少因对"先案"理解和适用不当而反复提起的诉讼，避免浪费有限的司法资源以及当事人的时间精力。如果裁判文书不予回应解释，或者仅以"案情并不相同，不能适用"之类的程式化语言一笔带过，那么，非但难以使当事人信服，反而容易滋生疑惑。若此，则是案件当事人有误引案例的瑕疵在前，法院裁判文书有规避解释、疏于说理的瑕疵在后，均不利于案例援引规范化工作的推进。

附带提及的是，也有一些裁判文书在对当事人的回应解释上做得比较好，值得借鉴学习。例如，甘肃省高级人民法院（2018）甘民终 106 号民事判决书："在庭审中融×公司援引最高人民法院（2010）民二终字第 72 号民事判决书和（2014）民提字第 136 号民事判决书裁判观点说明应免除融×公司的担保责任。……本院认为：首先，根据最高人民法院的有关规定，只有经特定程序，被明确为指导性案例的，才应当在审理类似案件时参照。而融×公司援引的相关案例，并非最高人民法院指导性案例；第二，……融×公司在 2015 年 6 月 8 日与工行广场支行签订《最高额抵押合同》时对该贷款并非'支付货款'的

---

① 《文某某、天津市滨海新区人民政府再审审查与审判监督行政裁定书》，（2019）最高法行申 2918 号。

用途是清楚的，这与融×公司援引的判例情况并不类似。"

二 隐性援引较为普遍

长期以来，指导性案例援引不规范的问题一直困扰着审判实践。通过对中国裁判文书网等法律数据库中的生效裁判文书进行检索和分析，便不难发现，在指导性案例的司法适用过程中，普遍存在着"用其实而不用其名"之类的不规范现象：法官在应用、参照指导性案例时，不直接在裁判文书的理由阐述部分明示所援用的案例编号、标题、裁判要点等信息，而在作出裁判结论、逻辑推理的过程中又暗用指导性案例的裁判规则、裁判方法等，与其主要精神保持一致。此类现象表明，有些法官或法院对最高人民法院的指导性案例并不是持直接否定的态度而拒绝应用，但出于对各种各样因素的考量，遂以较为隐晦的方式参照利用案例中的规则、方法等进行裁判。这就是通常所谓的"隐性援引""隐性适用"等，与所谓的"明示援引""明示适用"等相对而言。2021 年 12 月，最高人民法院印发了《关于推进案例指导工作高质量发展的若干意见》，又进一步重申："案件承办法官……在裁判文书中引述相关指导性案例的，应当在裁判理由部分引述指导性案例的编号和裁判要点。"此文件颁布后，隐性援引指导性案例的情形虽然有所减少，但并没有从根本上得到改变，隐性援引至今仍普遍地存在于审判实践中。据学者统计，"截至 2021 年 12 月 31 日，最高人民法院发布的 31 批 178 例指导性案例中已被应用于司法实践的共有 129 例……援引指导性案例的应用案例累计 9023 例……9023 例应用案例中，法官明示援引 3731 例，总占比约为 41%；法官隐性援引 5254 例，总占比约为 58%，与 2020 年基本持平"①。截至 2022 年 12 月 31 日，

---

① 郭叶、孙妹：《最高人民法院指导性案例 2021 年度司法应用报告》，《中国应用法学》2022 年第 4 期。

最高人民法院发布了 37 批 211 例指导性案例，其中有 149 例已被应用，"应用案例累计 10343 例……应用案例中，法官明示援引、隐性援引分别为 4440 例和 5860 例，总占比分别约为 42.9% 和 56.7%"①。由此可见，隐性援引在指导性案例应用中所占的比例是较大的，接近 60%，即使近些年来上级审判机关一再强调和引导，但隐性援引的比例下降幅度仍不大。虽然隐性援引的行为实质上不否认"先案"对"后案"的指引与示范作用，但它仍是案例应用失范的一种表现，存在着瑕疵，且有其弊害。

1. 隐性援引现象例说

下面，选择第 74 号指导性案例"中国平安财产保险股份有限公司江苏分公司诉江苏镇江安装集团有限公司保险人代位求偿权纠纷案"（2016 年 12 月发布）为例，考察分析民事案件裁判文书援引此案例的相关情况，以明案例的隐性援引现象较为普遍。

上述案例的裁判要点是："因第三者的违约行为给被保险人的保险标的造成损害的，可以认定为属于《中华人民共和国保险法》第 60 条第 1 款规定的'第三者对保险标的的损害'的情形。保险人由此依法向第三者行使代位求偿权的，人民法院应予支持。"对该案例，以"第三者的违约行为、被保险人、保险标的、损害、代位求偿权"为检索词语，在中国裁判文书网上全文检索 2017 年 1 月 1 日至 2018 年 9 月 1 日之间的相关应用案件，② 结果为 45 件，删除其中两次重复出现的

---

① 郭叶、孙妹：《最高人民法院指导性案例 2022 年度司法应用报告》，《中国应用法学》2023 年第 4 期。

② 笔者之所以将 2018 年 9 月 1 日设为检索的终止时间，是因为第 74 号指导性案例的裁判精神后来被最高人民法院《关于适用〈中华人民共和国保险法〉若干问题的解释（四）》（法释〔2018〕13 号）第 7 条所吸收："保险人依照保险法第 60 条的规定，主张代位行使被保险人因第三者侵权或者违约等享有的请求赔偿的权利的，人民法院应予支持。"该司法解释自 2018 年 9 月 1 日起施行。

（2016）苏 05 民终 10428 号，可得案件 43 件；继之又以"指导案例 74 号""指导性案例 74 号""指导性案例第 74 号"为关键词分别进行全文检索，另得 5 件。前后结果相加共 48 件，其与第 74 号指导性案例有着直接或间接关系。48 件案件裁判文书中，以明示方式标出"指导案例 74 号""指导性案例 74 号""指导案例第 74 号""指导性案例第 74 号"或"第 74 号指导案例"的共有 11 件，其中系当事人引述的 4 件，系法院援引参照的 7 件。此 7 件裁判文书在说理部分较为规范地援引了第 74 号案例，并通过类比推理得出裁判结论，如（2017）粤 0606 民初 21732 号裁判文书即是其例："依据《中华人民共和国保险法》第 60 条第 1 款'因第三者对保险标的的损害而造成保险事故的，保险人自向被保险人赔偿保险金之日起，在赔偿金额范围内代位行使被保险人对第三者请求赔偿的权利'的规定，参照最高人民法院指导案例 74 号'因第三者的违约行为给被保险人的保险标的造成损害的……保险人由此依法向第三者行使代位求偿权的，人民法院应予支持'的裁判要点，保险人行使代位求偿权的前提是被保险人对第三者享有损害赔偿请求权，而赔偿请求权包括了基于第三者违约行为而产生的情形。本案中，被保险人系中国银行，且被告曾某某未按时还款构成了保险事故。由于被告曾某某违反相关借款合同的约定需要向中国银行清偿相关贷款，被告陈某某、某公司则因违反相关保证合同约定需要向中国银行承担保证责任，被告曾某某、陈某某因违反相关抵押合同约定需要向中国银行承担抵押担保责任，即被保险人对本案三被告均享有损害赔偿请求权，该损害赔偿请求权包括了被保险人中国银行对三被告所享有的权利。"

由以上的考察分析可以看出，符合案例援引规范的案件较少（只有 7 件），而大多是以隐性的方式援引案例。就第 74 号指导性案例的应用情况而言，隐性援引主要有如下两种具体表现形态。

（1）隐去其名的直接援引

上述 48 件案件中，直接引用案例而隐去其名的案件有 20 件。此类案件的裁判文书，有的虽然提及"指导案例"，但没有明确指出所援引的是第 74 号案例，即没有明示该案例的编号、案名等，而直接引用该案例的相关内容，在文字表述上与案例文本相同或基本相同。例如，（2017）津民×××67 号裁判文书称："最高人民法院指导案例中对因第三者的违约行为给被保险人的保险标的造成损害的，可以认定为属于《保险法》第 60 条第 1 款规定的'第三者对保险标的的损害'的情形。本院经审查认为……被申请人有权基于申请人的违约行为行使代位求偿权，故原审在认定事实和适用法律方面是正确的。"此外，有些案件的裁判文书既没有出现"指导案例"之类的字样，更未明确表示参照适用第 74 号指导性案例，但在其中的说理部分直接引述了该案例的裁判要点或裁判理由。此类情形最多。例如，（2017）津××民终 1××4 号裁判文书称："本院认为……保险人行使代位求偿权，应以被保险人对第三者享有损害赔偿请求权为前提，这里的赔偿请求权既可因第三者对保险标的实施的侵权行为而产生，亦可基于第三者的违约行为而产生，不应仅限于侵权赔偿请求权。因此，因第三者的违约行为给被保险人的保险标的造成损害的，可以认定为属于《中华人民共和国保险法》第 60 条第 1 款规定的'第三者对保险标的的损害'的情形。"此段文字，与第 74 号指导性案例文本的裁判理由、裁判要点相同。又如，（2018）粤××民终 31 号裁判文书指出："保险人代位求偿权，应以被保险人对第三者享有损害赔偿请求权为前提，这里的赔偿请求权既可因第三者对保险标的实施的侵权行为而产生，亦可以基于第三者的违约行为等产生，不应仅限于侵权赔偿请求权。故联合财保××公司以第三者的承运人的违约行为作为请求权基础，理据充分，本院予以维持。"此处的说理文字直接引自第 74 号指导性案例的裁判理由。

（2）隐去其名的间接援引

上述 48 件案件中，有 17 件属于这种类型的隐性援引案件，其中 14 件为法院援引（另 3 件系当事人引述）。其承办法官在裁判文书中没有提及援引参照第 74 号指导性案例，但在考量和论定相关问题（如《保险法》第 60 条第 1 款中所谓"第三者对保险标的的损害"，是否包括第三者违约行为造成的损害；被保险人对第三者的损害赔偿请求权，是否可基于第三者的违约行为而产生）时，一定程度上借鉴了该案例的裁判思路或规则。因此，其案件裁判的说理论证等，与第 74 号指导性案例的裁判要旨有较高的重合性。例如，（2017）闽×× 民初 4160 号裁判文书称："《中华人民共和国保险法》第 60 条第 1 款规定：'因第三者对保险标的的损害而造成保险事故的，保险人自向被保险人赔偿保险金之日起，在赔偿金额范围内代位行使被保险人对第三者请求赔偿的权利。'该条款规定的第三者对保险标的的损害，包含了第三者的违约行为造成的损害。"又如，（2017）黑×× 民初 57 号裁判文书称："代位求偿权作为一种法定权利，其行使应具备以下条件：1. 保险人与被保险人之间存在保险合同关系；2. 保险标的因第三者的违约行为或者侵权行为而产生损害；3. 第三者因对保险标的的损害负有向被保险人承担损害赔偿义务；4. 第三者对保险标的的损害属于保险事故；5. 保险人行使代位求偿权必须以其已履行了保险金赔偿义务为前提。"上述两份裁判文书虽然均未提及第 74 号指导性案例，也均未直接引录该案例的原文，但与该案例的裁判原则和精神是一致的。

2. 隐性援引动因探究

隐性援引案例的现象普遍存在，甚至在上级机关三令五申、强调规范引用的情况下仍然难以得到根本改变，这是多种因素造成的。但寻根究底，重要因素有如下两个方面。

（1）回避案例对比、说理论证的麻烦

案例应用是一项耗费时间精力、工作量较大、过程较烦琐的活动。法官在援引、参照案例进行待决案件裁判的过程中，首先需要将待决案件与相关案例进行对比，考察二者之间在事实、情节等方面是否存在相似性，并作出相关论证说明；在确定二者之间具有相似性并引入案例后，还要对依据案例之法律规则所作出的裁判结论进行推理解释、论证说明，以阐明其正当性、合理性。为了避免明示援引案例所带来的对比、论证的麻烦，有些法官在审判实践中便选择了隐性援引，甚至放弃案例援引。曾有学者做过一项调查，就案例隐性适用的原因对30位法官进行访谈，有80%的被调查者认为可以避免司法论证的负担，也就是对案例援引抱持多一事不如少一事的心态而使然。① 在此，以具体事例加以说明，如（2018）沪××民终××96号裁判文书，涉及居间合同纠纷，其裁判理由部分有如下一段文字："《看房单》第二条、第四条……属于房屋买卖居间合同中常有的禁止'跳单'格式条款……衡量买方是否'跳单'违约的关键，是看买方是否利用了该中介公司提供的房源信息、机会等条件。如果买方并未利用该中介公司提供的信息、机会等条件，而是通过其他公众可以获知的正当途径获得同一房源信息，则买方有权选择报价低、服务好的中介公司促成房屋买卖合同成立，而不构成'跳单'违约。"这段有关"跳单"违约行为认定问题的文字，实际上来自第1号指导性案例"上海中原物业顾问有限公司诉陶某华居间合同纠纷案"，但裁判文书对该案例只字未提，属于典型的隐性援引。推究其动因，应当是为了回避和省却案例适用的一些推理论证环节，如避开此案件之"跳单"行为与彼案例之"跳单"行为是否存在相似性的比对证说环节，以图简便省事。

---

① 孙春华：《指导性案例的隐性适用及其矫正——从指导案例1号的适用切入》，《山东法官培训学院学报》2019年第2期。

（2）规避援引失误所带来的职业风险

法官在司法实践中采用隐性援引案例的方式，有时是出于规避风险、自我保护的考量。人民法院强调类案适用，规定案件承办法官在指导性案例满足类案标准时，应予参照。但参照适用指导性案例作出裁判，又要经得起相关监督和检验。目前法院实行裁判文书网上公开制度，以促进司法透明、强化司法监督，法官的案件裁判被置于公共空间场域中接受社会公众的审视和评判，其裁判如果存在瑕疵或错误，有可能引起质疑批评，产生负面舆情；同时，法院还推行办案质量终身负责制和错案责任倒查问责制，法官的裁判一旦出现差错，有可能会承担"错案追究"的职业风险。而应用指导性案例进行裁判，稍有不慎，又容易造成适用不当的问题。在上述情形下，法官如果以明示援引的方式适用案例，将相关细节宣露于外，那么一旦适用不当，就很容易被人发现而遭遇质疑乃至问责。因此，有些法官便持谨慎稳妥的态度，不以明示的方式直接援引案例，而选择遮遮掩掩、变通处理的方式隐性适用案例，以使案例适用和案件裁判免受质疑或追责，从而规避或减少因明示援引案例造成不利后果的可能性，最大限度地降低职业风险。例如，（2016）辽××民终××27号裁判文书，涉及交通事故责任纠纷，上诉人提出应按鉴定意见书中载明的疾病参与度50%对被上诉人（即受害人）进行赔偿，裁判文书判令上诉人承担全部赔偿责任，认为被上诉人在本次交通事故中无过错，不得以其疾病减轻侵权人的责任。如此裁判，参照了第24号指导性案例"荣某英诉王某、永诚财产保险股份有限公司江阴支公司机动车交通事故责任纠纷案"的裁判要点，但没有注明该案例的信息，属于隐性援引。究其因，应是担心案例适用不当而引发质疑。

3. 隐性援引弊害剖析

具有指导性与参考价值的案例，只有规范地应用于司法实践之中，以助解决司法难题，才可能充分显示其作用和意义，并使案例指导制度落地生根和发扬光大。然而，有些法官出于各种各样的原因，在司法实践中偏向于采用不规范的隐性援引方式适用案例，会影响案例指导制度的可持续健康发展。其弊害突出地体现在如下几个方面。

（1）司法虚饰对司法公正诚信的侵蚀

案例的隐性援引与当下司法工作的司法公正、公开的价值取向和追求是相悖的，它违背了"以案释法"应在裁判文书中明示说理论证过程的要求。法官的隐性援引，很多时候实际上架空了案例，淡化了案例应有的指导功能和指引作用，而把案例视为达到某些目的的手段或工具，只注重案例的形式而不关心其内在的实质。这实际上是司法虚饰的一种表现，违背了案例指导制度创设的初衷。① 这种司法虚饰的做法，有较大的危害性。

首先，有损于公平公正的裁判原则。从司法裁判实践来看，有些隐性援引的案件，其裁判结论不是在待决案件与指导案例的深入比较中推导出来的，有的逻辑推导过程甚至是反过来的，其裁判结论的得出明显先于裁判理由的形成，偏离了客观公正的司法理念；有的法官为了粉饰其裁判说理的不足，便断章取义，从案例文本中摘取只言片语来论证其裁判的所谓合理性，并对相关案例采用遮蔽的方式进行处理，这样，案例本有的指导性、参考性价值遂被消解，而案件的裁判结论又并非真正在案例的指导下得出，也往往缺乏客观公正性。

其次，有损于诚实信用的裁判原则。如果以诚实信用的态度援引案例、作出裁判，法官应坦率公开地明示案例的信息，明确交代作出裁判结论的依据或理由，以及推理论证的过程等，以便案件当事人乃至社会公众了解法官适用案例、作出裁判结论的真正动因和理据。案

---

① 孙海波：《指导性案例的隐性适用及其矫正》，《环球法律评论》2018 年第 2 期。

例的隐性援引者却不是这样，他们不明示特定案例的具体信息，暗地里又适用特定案例的裁判理由、裁判要点，裁判结果也与特定案例的精神或原则保持一致，① 但在裁判文书中有时还宣称其裁判结论是适用其他既有法律规则的结果；还有的隐性援引者既不明示特定案例的具体信息，也不实质性地引用特定案例的内容，却在裁判文书中笼统地宣称自己是依据已有的指导案例作出裁判，而把根据其个人偏好、价值判断作出的裁判结论说成是源于案例的裁判规则。此类司法虚饰的做法，致使案件的裁判理由与真实的裁判原因不相一致，显然违背了诚信裁判的基本要求。

（2）忽略类案比对论证并造成异案同判

按照案例指导制度的要求，法官在司法裁判中适用案例，必须从案件事实、争议焦点等比较点上对待决案件与指导性案例进行比对和分析，判定二者在比较点上确实具有相似性，属于类案，然后适用案例，以保证在二者基本属性相同的前提下参照案例作出裁判，从而使案件裁判具有正当性、合理性，真正实现裁判尺度统一、类案类判。然而，在司法实践中，有些法官出于特定因素的考量（如前文所述回避对比和论证的劳烦等），选择隐性援引的方式应用案例，只是在裁判结果或有关精神上与相关案例保持一致，而在审理过程中往往忽视对待决案件与指导性案例的比较点的探究分析，简化甚至省略案件之间相似性的比对环节，导致对待决案件与指导性案例的基本属性问题缺乏应有的关注和探讨。

法官在司法实践中不注重寻求待决案件与指导性案例比较点的相似性，但迫于指导性案例应用的规定要求，或者出于证立自己裁判结

---

① 孙春华《指导性案例的隐性适用及其矫正——从指导案例 1 号的适用切入》（《山东法官培训学院学报》2019 年第 2 期）一文认为"用其实而不用其名"和"用其名不用其实"的隐性援引方式在司法裁判中较多见，并列举了一些实例，可参看。

论的需要，又暗中参照指导性案例的裁判结果或相关精神，这种隐性援引所带来的危害性较大，尤其是难以保障对裁判的法理逻辑进行充分的探究和论证，进而引发异案同判。众所周知，案件的比较点是"发现规范正义与事物正义的中间点"[①]；比较点上的相似性，是待决案件与指导性案例之间相互联通的纽带，是使用类比推理进行逻辑思考、逻辑论证的基础。只有致力于待决案件与指导性案例之比较点的类比分析，才有可能探明案件之间在重要事实、争议焦点等方面存在的相似性，进而在此基础上进行恰当有效的类比推理，作出严密深入的逻辑分析，从而令裁判的论证说理达到充分而有效。而在隐性援引的司法案件中，法官却往往疏于探究待决案件与指导性案例之间的比较点及其相似性，就自然不会依靠类比推理来进行深入的逻辑思考和逻辑论证，其结果至少会产生两个方面的负面效应：一是案件裁判缺乏充分的论证说理，难以得到坚实的法理逻辑支撑，信服力不强；二是由于上述逻辑思考、逻辑论证被弱化，往往会导致异案同判，与案例指导制度实现类案类判（同案同判）、统一法律适用的初衷背道而驰。从司法实践来看，异案同判的产生，与上述因素有一定关系。举例来说，第 60 号指导性案例涉及食品标签、食品安全标准等问题，是援引率较高的一个案例。有学人对该案例的司法适用进行了全样本分析，结果表明，共有 61 个案件本不应参照而最终参照了指导性案例，占实际参照总数的 81.33 %。[②] 这种案件不应参照案例而实际予以参照的情形，实即"异案同判"。此类现象的产生，在一定程度上与法官选择隐性援引而忽略类案的深入比对考察和论证有关，正如论

---

① ［德］亚图·考夫曼：《类推与"事物本质"——兼论类型理论》，吴从周译，（台北）学林事业文化有限公司 1999 年版，第 44 页。

② 张华：《司法更需要何种指导性案例——以指导案例 60 号为分析对象》，《交大法学》2020 年第 1 期。

者所说："出于卸责的目的，法官发展出了一种策略性裁判方法，即在论证中接受指导性案例的理由却不明确标注援引了该案例……这样法官既不会因为未援引指导性案例而被问责，因为裁判的思路和理由与指导性案例一致；同时又降低了错误援引被追责的风险，因为法官并没有进行类案比对的说理，甚至没有表明是在援引案例。……隐性援引使法官通过案例卸责的策略更为隐蔽和便捷，将导致'异案同判'的风险不降反升。"[1] 异案同判情形的存在，有损于司法的公正性价值。

（3）给审判监督工作带来困难

如前所述，采用隐性援引的案件，法官只是暗中参照指导案例的一些精神，而在裁判文书中会有意隐去指导案例的名称、编号等信息，会忽略待决案件与指导案例之间相似性的比较与论证，往往导致裁判文书中提供的裁判理由成为一种粉饰和点缀，而与其真实的裁判原因（动机）相分离。此类情形的存在，给审判监督工作带来了较大的难度，司法机关和社会公众难以在相关类案的比较分析中判断法官裁判结果的是非曲直，因而也无法实施有效的监督。譬如，法官在作出案件裁决时如果采用隐性的方式援引案例，则不会明确标示指导案例的名称、编号等信息，或者会使用"（合同）符合意思自治及最高人民法院相关指导案例的裁判意见，本院予以照准"[2]，"最高人民法院相关指导案例明确可以参考《企业所得税法实施条例》……《特别纳税调整实施办法（试行)》的规定来认定何为关联公司"[3] 之类的模糊语言轻轻点过，导致其案例适用的真实原因和具体过程不甚明了；这样，

---

[1] 高童非：《警惕"异案同判"——类案裁判机制的功能越位与归位》，《南通大学学报》（社会科学版）2022 年第 1 期。

[2] 《某有限公司、某房地产开发中心建设工程施工合同纠纷民事一审民事判决书》，(2019) ×10 民初 190 号。

[3] 《某分公司与廖某劳动争议纠纷案民事再审判决书》，(2013) ×民提字第 163 号。

他人难以查检到法官适用的具体案例，即使查检到了也很难知悉法官比照案例进行类比推理、作出裁决的具体细节，因而难以判断法官是否独立、公正地履行了裁判职责，也就无法顺利成功地进行审判监督。

除上所述外，隐性援引还会造成案例指导实践的效果隐而不彰。指导性案例的应用只有实现规范化、可视化，即在案例指导实践中实行明示适用，其合理性与可用性才会得到反复验证、不断彰显，其固有的价值和实用的效果才会显现出来。而隐性援引现象普遍存在，只会导致案例指导的价值和作用湮没不彰，不利于案例指导制度持续提升影响力和关注度而向前发展。

第五节　案例的效力定位不明确

法律效力，亦即法律的约束力或说服力，能反映出全体社会成员对法律的自觉认同程度。比如说，英美法系的国家在司法上采用判例制，其法律形式表现为一个个先例，"遵循先例"是其司法制度中的基本原则。其司法先例一经确立，便拥有很大的权威性，从效力上讲，就具有绝对的法律约束力或说服力。这种效力有两个层次："首先是先例的纵向约束力。这是基于法院的等级结构系统而产生的，即上级法院的判例具有约束力，各个法院都要受较高等级的法院判例的绝对约束，这个判例只有在被更高等级的法院变更或者被制定法变更时，才丧失其拘束力。其次，先例的横向约束力。指同一法院或同一级法院的先例对以后的判决具有约束力。"[1]

我国受大陆法系影响深远，有成文法传统，制定法是其主要的法律渊源，而判例还没有被赋予正式的法源地位，与英美法系国家的司

---

[1]　卞建林、李玉华：《刑事证明标准研究》，中国人民公安大学出版社2008年版，第238页。

法判例的法律地位和效力有所不同。既然如此，那么我国当下实施案例指导制度，将一些具有指导意义的案例应用于司法实践，其效力该如何定位或界定呢？对于案例指导制度的这个核心问题，迄今还没有很好地予以解决，以致人们有一种雾里看花的感觉，似是而非，朦朦胧胧。以指导性案例来说，2010 年，最高人民法院发布的《关于案例指导工作的规定》第 7 条规定："最高人民法院发布的指导性案例，各级人民法院审判类似案例时应当参照。"2020 年，最高人民法院在《关于统一法律适用加强类案检索的指导意见（试行）》第 9 条中规定："检索到的类案为指导性案例的，人民法院应当参照作出裁判。"此类司法指导文件，虽然对指导性案例的效力有所规定，但人们对其理解和把握往往是见仁见智，互有不同，表明指导性案例的效力不够明确。效力问题没有明确，会直接影响案例在司法实践中的作用发挥。

一 指导性案例效力不明所引发的争议

关于最高人民法院指导性案例的效力问题，由于相关规定不够具体、明晰，以致人们对此问题的认识存在较大的分歧，并引发了法学界和司法实务界的热烈讨论，有时甚至是激烈的争论；讨论乃至争论至今仍在持续，但各方看法仍莫衷一是。梳理学者们有关指导性案例效力的不同看法，虽然林林总总，百花齐放，但具有代表性和影响力的观点有如下几种。

第一，法律拘束力说。即认为指导性案例具有法律拘束力，具备正式法源的地位。例如，郎贵梅说："指导性案例应当由最高人民法院发布，其属于司法解释的一种新形式，具有法律约束力。"① 匡爱民、

---

① 郎贵梅：《中国案例指导制度的若干基本理论问题研究》，《上海交通大学学报》（哲学社会科学版）2009 年第 2 期。

严杨说："指导性案例应当为当代我国的正式法律渊源，通过增列'以案例为指导'进一步筑牢其法源地位，有助于我们尊重指导性案例的客观存在，理性认识和重视指导性案例作为当代中国正式法律渊源的功能和价值。"[①] 陆幸福说："指导性案例具有法律效力，可以作为裁判依据引用，与此同时，在应用指导性案例能够增强裁判正确性的情况下，可以作为裁判理由引用，此二者并行不悖。"[②]

第二，事实拘束力说。即认为指导性案例不具有正式的法律拘束力，但有事实上的拘束力。例如，秦旺说："指导性案例不具有正式的法律效力，不属于正式的法律渊源，但对于法官在处理同类案件时不仅只是参考作用，应具有事实上的约束力。"[③] 于同志说："指导性案例一旦确定，便具有了纵向的事实拘束力及一定的横向说服力，各级法院不得非经法定程序任意否决或拒绝适用。"[④] 夏引业说："指导性案例在制度设计上并不具有法律约束力，而是具有'指导效力'或事实上的拘束力。"[⑤]

第三，双重拘束力说。即认为指导性案例的效力为二元结构，兼有事实拘束力与法律拘束力。例如，雷磊说："制定法属于规范权威，而先例属于事实权威……我国的指导性案例介于规范权威与事实权威之间。"[⑥] 付玉明、汪萨日乃说："我国指导性案例的规范性效力不是单纯的事实上的拘束力或法律上的拘束力，而是一种介于规范与事实

---

① 匡爱民、严杨：《增列"以案例为指导"司法审判原则的思考》，《江西社会科学》2018 年第 6 期。

② 陆幸福：《指导性案例效力问题之法理分析》，《理论探索》2022 年第 5 期。

③ 秦旺：《论我国案例指导制度的构建和适用方法——以〈最高人民法院公报〉为分析样本》，载葛洪义主编《法律方法与法律思维》第 4 辑，法律出版社 2007 年版，第 207 页。

④ 于同志：《论指导性案例的参照适用》，《人民司法》2013 年第 7 期。

⑤ 夏引业：《论指导性案例发布权的合法性困境与出路》，《法商研究》2015 年第 6 期。

⑥ 雷磊：《法律论证中的权威与正确性——兼论我国指导性案例的效力》，《法律科学》（西北政法大学学报）2014 年第 2 期。

层面的效力，并且这种规范性效力不是既定的、恒定的，而是个别化的、具体化的。"①

　　关于指导性案例的效力问题，除了有以上一些较有影响的观点之外，还有其他种种不同的说法，在此不一一引述。可见，在其效力问题上，学人们的意见分歧较大，难以达成共识。正如学者所言："在'（法律）效力'的标题之下，论者对指导性案例之法源地位（效力）的定位从较为明确的'规范拘束力''事实拘束力'，到意思接近的'强制约束力''柔性拘束力''事实上的效力'，到中间形态的'具有一定制度支撑的说服力'，再到比较模糊的'拘束力'，不一而足。这些理论主张尽管对于案例指导制度的研究都起到了重要推动作用，但很多时候并没有在同一个理论层面上对话。"② 还有学者指出："虽然指导性案例被正式赋予了拘束力，但有关指导性案例的拘束力的争论仍然没有停止，甚至愈演愈烈。"③ 指导性案例的效力问题，引发学者们持续而广泛的讨论，乃至激烈而观点多元的争鸣，且未形成最后的共识，说明其效力的定位或界定尚不清晰，是一个令人难以获得明确答案的问题。可想而知，案例的效力不明确，自然难以获得适用上的有效约束力，只会致使法官对案例的参照适用变得可有可无；案例功用的发挥得不到保障，也只会给整个案例指导制度的运行带来负面影响。

二　指导性案例"应当参照"多有歧解

　　最高人民法院在《关于案例指导工作的规定》第 7 条中指出："最高人民法院发布的指导性案例，各级人民法院审判类似案例时应当参

---

　　① 付玉明、汪萨日乃：《刑事指导性案例的效力证成与司法适用——以最高人民法院的刑事指导性案例为分析进路》，《法学》2018 年第 9 期。
　　② 雷磊：《指导性案例法源地位再反思》，《中国法学》2015 年第 1 期。
　　③ 王红建主编：《行政指导性案例实证研究》，法律出版社 2022 年版，第 339 页。

照。"其中"应当参照"一语涉及指导性案例的效力问题，一直备受争议。"应当参照"的效力内涵究竟是什么？什么是"参照"？如何"参照"？诸如此类的问题，该《规定》没有给予详细的解释说明，以致人们在理解或解释上各持己见，互有差异。

马荣认为："'应当参照'不是像法律和司法解释一样具有强制执行力的规范，而是一种比较弱的强制性。既然这样规定，就应当允许有例外，允许有不参照的例外，否则我们就不需要案例了，有司法解释就可以了。"① 谢晖认为，"应当"指向的是弱强行性规范，"参照"指向的是限制任意性规范，"依据'应当'的导引，'参照'似乎是强制性的，法官只能'参照'，不能不'参照'。但依循'参照'的本义，法官可以'参照'，也可以不'参照'"②。泮伟江认为，"应当参照"中的"应当"，不是通过司法裁判内在结构正常运作而产生的一种客观效果，而是借助于发布指导性案例的法院的行政地位与权力贯彻实施，"通过各种法院考评等行政措施和手段从'事实上'实现之效果。因此此处的'应当'，本质上是一种作为事实存在的'内部命令'"。③ 王利明指出："参照的含义首先意味着其不是法律渊源……但如何理解'应当参照'的含义？对此，存在不同看法。一种观点认为，既然只是'参照'，那么法官可以自由决定是否参照。另一种观点认为，只要有类似的指导性案例，法官就必须要参照。笔者赞成第二种观点。因为如果法官可以自由决定是否援引指导性案例，则指导性案例制度就没有任何权威性，其将会形同虚设。"④

至于"应当参照"的对象，涉及拘束力所覆盖的范围问题，学

---

① 转引自蒋安杰、唐仲江、张志铭《案例指导制度规定：一个具有划时代意义的标志》，《法制日报》2011年1月5日第10版。
② 谢晖：《"应当参照"否议》，《现代法学》2014年第2期。
③ 泮伟江：《论指导性案例的效力》，《清华法学》2016年第1期。
④ 王利明：《我国案例指导制度若干问题研究》，《法学》2012年第1期。

人们也同样是各有所见，莫衷一是。例如，冯文生认为，"参照"的对象应主要是指导性案例的裁判理由，因为"先例式参照的实质根据是'裁判理由'。一'案'（实为一个生效裁判）之所以能够成为'例'，是因为它解决了前人没有遇到或没有解决过的诉讼难题，其中的裁判理由能够为解答当事人或法官在待决案件诉讼中遇到的法律适用疑问提供实质依据……先例式参照的效力内容仅限于生效裁判文书所记载的诉讼争点及其裁判理由和裁判结果，而不是从中抽取的裁判规范"①。谢晖认为，"指导性案例的指导价值主要是法官在个案中构造的'裁判规范'，而不是理由说明……所以，倘将指导性案例的作用仅限于帮助法官在类似案件中说明理由，而对裁判本身的规范作用不大，那么，这一制度设立的初衷就很可怀疑"②。曹志勋指出："公布的裁判要点和裁判理由都可以产生'参照'效力，相关法条也不能限制该效力的发生。"③ 马荣指出："参照的范围不仅仅限于指导要点……如果仅限于指导要点的话，我们就把指导性案例的意义看得太低了。……应该说从事实到理由，包括审理的过程、事实认定，对证据的采用，包括判决所体现的价值观导向，法官判决案件中体现的法律思维的方法，裁判案件的方法论等都能指导法官审判案件，应是完整的整体。"④

总之，"应当参照"的效力内涵究竟该如何准确界定和诠释，至今仍是一个疑谜难定的问题，让人难以精准地把握。至于与之相关的事项究竟该如何处置，也是令人难以措手。比如，对于指导性案例，

① 冯文生：《审判案例指导中的"参照"问题研究》，《清华法学》2011 年第 3 期。

② 谢晖：《"应当参照"否议》，《现代法学》2014 年第 2 期。

③ 曹志勋：《论指导性案例的"参照"效力及其裁判技术——基于对已公布的 42 个民事指导性案例的实质分析》，《比较法研究》2016 年第 6 期。

④ 转引自蒋安杰、唐仲江、张志铭《案例指导制度规定：一个具有划时代意义的标志》，《法制日报》2011 年 1 月 5 日第 10 版。

如果本级法院或下级法院的法官在审判实践中应当参照而未参照，不应当参照而参照，应该承担怎样的责任呢？在参照指导性案例的过程中，需要运用类比推理的方式对案件进行比对，那么，是应当结合案件事实与裁判要点一起比照，还是单就裁判要点或裁判理由进行比照呢？是应当联系成文法典中的法律条文一起比照，还是仅仅比较案例文本本身呢？如何评价、论定法官是否参照了案例？法官如果采取隐性援引等方式参照适用案例，是否算作参照了案例？诸如此类的问题没有弄清楚，会给实践操作带来不少的困难，无法保障案例指导的质效。

三 其他类型案例效力处于不确定状态

由上文所述来看，最高人民法院发布的指导性案例存在着效力不明的问题；而观其他类型的案例，也存在效力不够明确的问题，且其效力不足。

目前，最高人民法院及其业务部门、高级人民法院等机关或机构的《公报》案例、参考性案例、审判参考类典型案例等，其效力缺乏相关的明确规定，仍处在不确定的状态之中。

以《公报》案例来说，正如本章第一节论析案例体系结构时所述，自2010年以来最高人民法院发布的一些关于案例指导工作的文件，有的根本没有将其纳入案例指导制度的框架体系中，有的又称"建立健全最高人民法院指导性案例、公报案例、典型案例等多位一体的知识产权案例指导体系，充分发挥司法裁判的指引示范作用"，这样，《公报》案例在案例指导中究竟是否具有效力，或者具有怎样的效力，让人捉摸不定。从实践来看，因其效力不明确，一些法官在案件裁判中便选择排除《公报》案例的参照适用。比如，最高人民法院（2014）民申字第441号民事裁定书就是一个明证。又如，《公报》曾就无名流浪汉被撞致死后民政局能否作为原告起诉索赔的问题公布了案例，但各地法院在审理十余起类似的撞死无名氏的交通肇事案件时，并未遵照和参考此案例。①

关于高级人民法院的参考性案例，最高人民法院在《关于规范上下级人民法院审判业务关系的若干意见》《关于发布第一批指导性案例的通知》等文件中虽然规定其可用于"对辖区内各级人民法院和专门法院的审判业务工作进行指导"，但该类案例如何用来进行指导，其约束力有多大，仍然难以得到明晰的答案。因此，人们对上述规定的理解见仁见智。有学者说："参考性案例一般是由各地高级人民法院发布，旨在对本辖区的司法审判提供具有参考意义的案例。严格来说，参考性案例没有任何法律效力。"② 又有学者说："以高院为主体发布的参考性案例，在辖区内虽然不具有统一适用的效力，但辖区法院的法官可以在类似案件或类似法律问题上参照适用。"③ 还有学者认为："参考性案例虽不具备事实性拘束力，却被允许发挥一种'准事实性拘束力'……其在效力等级上虽然次于指导性案例，但在对本地审判工作的指导作用方面，与指导性案例不分伯仲。"④

至于《公报》案例、参考性案例以外的其他类型案例，也存在效力不明确的问题。像《人民法院案例选》《中国审判案例要览》《北京法院指导案例》之类的"由不同级别和不同地方法院发布的案例中，无法甄别哪些案例具有事实上的拘束力，哪些案例仅具有示范意义和

---

① 李友根：《指导性案例为何没有约束力——以无名氏因交通肇事致死案件中的原告资格为研究对象》，《法制与社会发展》2010 年第 4 期。

② 陈华丽：《中国特色知识产权案例指导制度中的核心争议探讨》，《知识产权》2018 年第 8 期。

③ 刘璐、魏昌宏：《定位与规范：论高级法院司法解释性文件之走向》，载卢祖新主编《司法实务研究文集》上册，重庆大学出版社 2021 年版，第 207 页。

④ 陶文婷：《论刑事指导性案例的属性、地位和效力》，载李曙光主编《法大研究生》2020 年第 1 辑，中国政法大学出版社 2020 年版，第 416 页。

参考价值"①。

总之,《公报》案例、参考性案例等案例的效力尚不明晰,仍处于不确定状态。这也使得司法实务界对其援引适用不甚积极,其所发挥的作用受到较大限制。在未来案例指导制度的建设和运行过程中,如何进一步明确此类案例的法律地位和效力,如何实现此类案例资源的优质整合,以为案例指导工作服务,仍然是值得进一步思考和探讨的问题。

---

① 张榕:《通过有限判例制度实现正义——兼评我国案例指导制度的局限性》,《厦门大学学报》(哲学社会科学版) 2009 年第 5 期。

第三章　案例创制主体扩大及其与审级制度衔接

本书在上一章中对目前案例指导实践中存在的主要问题进行了梳理和分析，可以看出，案例指导制度的运行的确面临着一些难题和挑战，制约着该制度的发展及其功能的发挥，因而有必要通过不断深化改革，逐步健全和完善案例指导制度。笔者认为，要想完善案例指导制度，优化案例指导工作，充分实现指导性案例预期的功能与价值，首先应着重解决的问题是，加大指导性案例的供给量，增强指导性案例的约束力；解决此类关键性问题的基本思路，应是扩大案例创制主体资格的范围，促进案例指导制度与现行审级制度相互衔接、彼此配合。

第一节　扩大指导性案例的创制主体

指导性案例的创制主体，或曰编发主体、编制主体等，是就指导性案例的遴选、编制和发布的司法机关而言，其拥有将已经生效的司法裁判转化为指导性案例的资格和权力。案例的创制主体资格及其权限，直接关系到案例的约束效力、指导作用，会对案例的具体参照适用等产生直接的影响。

目前，最高人民法院的指导性案例的供给量明显不足，而其他各种类型案例的生成处于无序状态，以致案例的应用场景变得纷扰复杂，诸如此类的问题给案例指导制度的实施造成了不利影响。笔者认为，对此类问题，如果采取扩大指导性案例创制主体的方式加以破解，会取得一定成效。这种方式，具体说来，就是适当扩宽指导性案例的遴选、确认、发布的主体资格范围，除仍以最高人民法院为主体之外，还应扩展至高级人民法院和中级人民法院，令其享有指导性案例创制发布的资格和权力。

在目前形势下，如果适当地扩大指导性案例创制主体的范围，让高级人民法院、中级人民法院也拥有案例选编、发布的资格和权力，则可增强指导性案例的创制能力，能够较大幅度地提升案例供给的数量，在一定程度上缓解案例供需不平衡的矛盾。此外，扩大指导性案例的创制主体，以其创制的案例来逐步压缩乃至覆盖其他类型案例存在的空间，也有助于结束案例创制和应用的无序混杂状态，使案例指导制度运行在规范化的轨道上。

一　学界有关指导性案例创制主体的争论

关于指导性案例的创制主体问题，在学界一直颇受争议。究竟什么样的法院可以拥有创制指导性案例的资格和权力？学者们对此有不同的看法。粗略地区分，其观点可分为狭义的创制主体论、广义的创制主体论两大类；细分之，则有如下三类。

1. 限制创制主体论

持这种理论主张的学者是从狭义的角度来看待指导性案例的创制主体问题，他们认为，对案例创制主体应作严格限制，只有具备一定条件和相当级别的法院才可担负起创制指导性案例的责任，其创制权限包括接收案例、初选案例、编写案例、审核案例和公布案例等方面；指导性案例具有"应当参照"的效力，只有最高人民法院才能成为此类指导性案例的创制主体，而且最高人民法院作为我国的最高审判机关，应当是唯一的可以创制指导性案例的主体，地方各级法院不得任意创制指导性案例。其主要依据或理由有以下几点。

第一，最高人民法院具有司法解释权，可通过司法解释行使准立法权（或曰补充立法权），由其创制判例法具备合理性、可行性。《人民法院组织法》第 18 条规定："最高人民法院可以对属于审判工作中具体应用法律的问题进行解释。最高人民法院可以发布指导性案例。"由此可见，在我国的法院体系中，只有最高人民法院拥有司法解释权，其他的法院没有对成文法的解释权力；[①] 最高人民法院根据其拥有的司法解释权，可以对法律法规中规定不明确、概念不明晰之处进行具体解释，也可创制指导性案例。具体到行政审判上，有学者提出，最高人民法院应当运用准立法权，选取各级人民法院根据法的一般原则作出的行政判决，提炼与上升形成行政判例。[②]

第二，有利于保障国家司法统一。指导性案例的创制，归根结底是结合具有代表性的个案对成文法中规定不明之处进行解析，或者对一般性原则适用于具体案件作出解释。这种解析、解释工作，统一由具有司法解释权的最高人民法院来完成，可以维护国家法制的统一。如果赋予地方各级司法机关以司法解释权，会将司法解释权分散，有损于法律的权威性；对同一法律问题，有可能出现不同的解释与解读，不利于维护国家法制的统一和法律的权威。[③]

---

① 杨力：《中国案例指导运作研究》，《法律科学》（西北政法大学学报）2008 年第 6 期。

② 余明永：《试论我国行政判例法的创制》，《法商研究》（中南政法学院学报）1996 年第 1 期。

③ 周道鸾：《中国案例制度的历史发展》，《法律适用》2004 年第 5 期。

第三，可以保证案例编制的质量。最高人民法院拥有一批具备较高法律素养的法官，其司法实践经验丰富，法学理论知识扎实，能为指导性案例的创制提供可靠的智力资源保障；[1] 最高人民法院需要审理的案件相对较少，其法官更有条件通过深入细致的研究筛选出符合立法意图、有利于实现公平正义价值的案例，也可以集中精力编写出高质量的指导性案例。

2. 半限制创制主体论

半限制创制主体论的基本看法是，对指导性案例的创制主体应加以适当限制，不是任何层级的法院都可获得授权而创制指导性案例。其中有一种观点认为，在现有的法院体系中，只有最高人民法院、高级人民法院可以成为创制主体，但从案例的适用范围、指导内容以及指导层次等方面考量，其所创制的指导性案例应有所区别：最高人民法院的指导性案例在全国范围内产生指导和参考作用，高级人民法院的指导性案例主要对所辖范围内的案件有指导作用。[2]

3. 无限制创制主体论

无限制创制主体论是从广义角度理解案例的创制，认为"案例的创制权应当平等地授予各级人民法院，而不能简单地以审级的不同而给法院不同的待遇"[3]。就指导性案例而言，持此论者认为，其创制权为人民法院所共享，即各层级的人民法院（包括基层人民法院）都有权创制指导性案例。有学者认为，基层人民法院审理了大多数案件，赋予其案例创制权，可以使基层法院在遵守上级法院判例拘束力的同

---

[1] 张亚东：《关于案例指导制度的再思考》，《法律适用》2008 年第 8 期。
[2] 林维：《刑事案例指导制度：价值、困境与完善》，《中外法学》2013 年第 3 期。
[3] 魏大海：《案例指导制度建构中几个需要厘清的问题——以知识产权审判为说明模式》，《科技与法律》2010 年第 2 期。

时，确保本身判决的前后一致性。① 有学者提出："指导性案例应当是已生效案件，其所涉法律问题具备一定的典型意义和普遍适用性且法律无规定或规定不明确……考虑到新类型、疑难案件集中于中、基层法院，最高法院、各高级法院亦应允许中、基层法院发布指导性案例。"② 还有学者指出，在案例形成体制中，"最高人民法院扮演着超强的角色，其他法院的作用空间被大幅压缩"，应当改变这一现状，"给高级法院、中级法院和基层法院也留有适当的空间"③。这些学者的观点或主张，实际上均是基于无限制创制主体论而提出。

二　扩大指导性案例创制主体的现实理据

如上所述，指导性案例创制主体的确定问题，一直以来，存在着争议。笔者认为，结合我国案例指导制度运行的现状以及我国司法裁判的现实情况来考察，仅以最高人民法院作为案例的创制主体，已不能适应现实发展的要求，而有必要另辟蹊径，适当扩大案例创制主体的范围，将高级人民法院和中级人民法院纳入其中。这种选择的现实理据主要有如下两个方面。

1. 最高人民法院作为单一主体不利于案例供给

就目前案例指导制度运行的状况看，以最高人民法院作为指导性案例唯一的创制主体，使之处于"一家独尊"的权威地位，虽然有利于统一裁判尺度、便于推动案例指导工作等，但在案例供给上也带来了一些不利的影响，这主要体现在如下几个方面。

（1）案例供给量不足而难以缓解供需矛盾

目前司法实践中所应用的指导性案例，虽然由最高人民法院发布，

---

① 冯军：《论刑法判例的创制与适用》，《当代法学》1999 年第 1 期。
② 胡旭东：《人民法院提振司法公信力四策》，《中国党政干部论坛》2010 年第 3 期。
③ 刘风景：《"指导性案例"名称之辨正》，《环球法律评论》2009 年第 4 期。

但其中原案真正经最高人民法院本级审理的却较少，多数是由基层人民法院、中级人民法院审理的。这些案件从基层法院报送至最高人民法院需要经过几个审级的法院层递，最后还需最高人民法院经过甄别、确认、编写等程序才能作为指导性案例发布。其层层递报、筛选的烦琐环节需要耗费大量的时间，以致案例出台的周期过长，供应的案例总量严重不足。截至2023年1月，最高人民法院推出的指导性案例总量仅仅只有211例，而全国各级法院每年审理的案件数以千万计，据最高人民法院工作报告统计，2022年地方各级人民法院和专门人民法院受理案件3370.4万件，审结、执结3081万件。相对如此庞大数量的案件来说，指导性案例简直是杯水车薪，在案例数量、案例类型等方面无法满足司法裁判实践的需要。比如，"行政指导性案例因绝对数量'少'之限制而不能为行政审判提供具备整体意义的参照与指引。行政案例与行政案件间'供需严重失衡'"①；又如，"从刑事程序制度发展的角度讲，指导性案例除了在数量上供给不足之外，在内容的供给上效果也很有限……案例所触及的刑事程序主题往往是时新但比较边缘的程序法争议"，难以有效地解决实践中一些程序法争议问题；②又如，各种司法人工智能辅助办案系统需要海量的案例数据作为参考，以便构建和优化相似案件预测模型等，但指导性案例因数量太少而难以提供有力的支持。

由上述看来，将指导性案例的创制主体仅仅局限于最高人民法院，这种创制主体的单一化只会导致指导性案例的供给渠道、供给模式单一化，难以产生案例数量的规模化效应，无法形成案例应用的资源优

---

① 李昌超、詹亮：《行政案例指导制度之困局及其破解——以最高法院公布的11个行政指导性案例为分析样本》，《理论月刊》2018年第7期。

② 林喜芬：《通过指导性案例助推程序法发展——以刑事诉讼法为视角》，《思想战线》2023年第2期。

势，而案例供给数量与司法需求之间的矛盾不可能从根本上得到解决，只会随着案件审理数量增多而不断加剧。

（2）无法满足差异化多样化的司法需求

我国是一个多民族的国家，幅员辽阔，各地区的生产方式、经济发展、风俗习惯、社会心理等存在着差异，具有各自的一些特殊性。因此，有些法律的规定及适用，应当考虑不同地区社会经济、风俗习惯等方面的特殊性因素，进而因地制宜，灵活处理。比如，对民法中的公序良俗的原则，不同的地区可以有不同的理解和定位，进而作出不同的认定。相应地，指导性案例的创制也要考虑适应地方司法实践的此类特殊需求。由最高人民法院作为指导性案例的唯一创制主体，则难以做到这一点。最高人民法院是我国最高审判机关，在法治建设中要发挥总揽全局的作用，并从宏观层面上把握和解决问题，如法律适用的统一，司法政策的总体设计等，由其独为案例创制主体，在创制案例时就自然难以顾及（也无法顾及）各地区社会经济、风俗习惯等方面的特殊性因素，其所创制的案例也就自然难以针对地区的特殊性而发挥示范作用和指引作用；换言之，最高人民法院单独一家创制的指导性案例，无法满足各地法院在司法实践中对指导性案例供给的差异性和多样性需求，或者说，最高人民法院作为案例的单一创制主体，难以解决指导性案例的供给与司法实践的差异化、多样化需要之间的矛盾。

（3）一些有价值的案件难以转化为案例

目前最高人民法院创制的指导性案例，原案主要来源于各级人民法院推荐报送的生效裁判，且"更多地来源于基层法院抑或经中级人民法院终审的案件"①，只有少部分来自最高人民法院自己审理的案件（此由表3－1所示刑事指导性案例的原案审级分布情况亦可窥见

——————————
① 王璐：《指导性案例适用及完善研究——基于指导性案例十年适用的实证考察》，《山东法官培训学院学报》2023年第4期。

一斑）。受现行审级制度的四级两审终审制的制约，以及上诉审中事实审与法律审未有严格区分的影响，很多案件难以通过现行审级制度的运行或事实审与法律审的区分最后到达最高人民法院，这样一来，许多具有法律价值的案件根本无法被最高人民法院触及、发现，也就无由转化为指导性案例。此外，一些确有法律价值的案件，由于各种各样的原因，也往往难以被推荐报送至最高人民法院而成为指导性案例。正如论者所说，有的基层法院"对某些典型案件的裁判说理并不自信，往往对一些具有指导价值的案件藏着、掖着"，而拒绝报送。[①] "指导性案例的产生法院是没有限制的，但是在案例经过层层审核成为指导性案例的过程中，最高人民法院具有最后的决定权，这种案例产生和最终确定权的分离使得很多基层法院不愿意去选报指导性案例。"[②] 有此类情形存在，那么以最高人民法院为指导性案例唯一的创制主体，自然会使一些确有法律价值、真正符合指导性案例条件的案件被淹没于中、基层人民法院审结的海量案件之中，从而令指导性案例的库藏不断出现"遗珠"之憾。

（4）不能保证案例供给质量的稳定和提升

案例供给质量要想实现稳定的可持续发展乃至不断提升突破的目标，需要激发更多专业人员在案例创制上的活力，需要吸收和集中多方面的智慧和力量，即所谓"众人拾柴火焰高"。目前将指导性案例创制的主体仅仅规定为最高人民法院，不利于实现上述目标。最高人民法院虽然集结了众多最优秀的法律人才，但其专门负责指导性案例遴选、审查、编制的工作人员的数量毕竟有限，即使是吸纳其他相关人员（如各案例专业会议的临时成员）参与其事，但人数也不多，且其中有些人投入案例编选的时间、精力也不可能很多。再者，这些负

---

① 吴越：《中国"例制"构建中的法院角色和法官作用》，《法学论坛》2012 年第 5 期。

② 邵六益：《从效力到效率：案例指导制度研究进路反思》，《东方法学》2015 年第 5 期。

责案例创制的专门工作人员以及其他相关人员，其知识储备、知识结构、专业能力等虽然整体甚佳，但也不可能完美无缺，会有其局限性。有似哈耶克所指出的，知识天生具有分散性，"有限理性和知识分工导致人之认识的不足，人的理性是有限的，不可能穷尽所有的知识"[①]。又似林维指出的："最高人民法院法官的整体素质固然可能高于下级尤其是基层法院，但是就具体个体而言，最高人民法院法官在知识体系、教育背景、智力程度等问题上未必全都超越下级法院的法官。"[②] 因此，在指导性案例朝着专业化、规范化的方向发展，且强调提升其整体水准的今天，仅靠最高人民法院有限的工作人员的才智和力量而欲保障案例供给质量的稳定、改善和提升，显然是不太现实的，而有必要在更大范围内吸收、集中众多法律专业人员的智慧和力量。从以上分析来看，以最高人民法院作为指导性案例唯一的创制主体，会对案例供给质量的稳定和提升形成一种体制性障碍。

2. 中、高级人民法院具备成为创制主体的条件

由上文的考察分析可知，实行单一制主体，仅以最高人民法院为指导性案例的创制主体，显然不能适应司法实践的现实发展和现实需要，不利于案例指导制度的有效运行和可持续发展，而有必要扩大指导性案例的创制主体。笔者认为，创制主体扩大的可行路径是，在原有最高人民法院的基础上增列高级人民法院和中级人民法院。如是而行，主要是因为中级人民法院、高级人民法院已具备成为案例创制主体的条件或优势。

（1）中、高级人民法院长期承担业务指导任务

最高人民法院在《关于规范上下级人民法院审判业务关系的若干

---

① 转引自朱振《超立法原理：对哈耶克法治理论的重构与反思》，《国家检察官学院学报》2016 年第 2 期。

② 林维：《刑事案例指导制度价值、困境与完善》，《中外法学》2013 年第 3 期。

意见》中指出："上级人民法院监督指导下级人民法院的审判业务工作。监督指导的范围、方式和程序应当符合法律规定。"长期以来，中级人民法院、高级人民法院一直是以各种正式或不正式的方式履行业务指导的职责，如通过二审、提审、案件请示等方式有针对性地指导下级法院的审判工作。例如，"1954 年，《人民法院组织法》颁布实施后，（贵阳）市法院改为中级法院，指导基层法院的民事审判工作和审理二审民事案件"①；又如，江苏省法院系统在 1994 年"对影响重大、社会反响强烈的案件，上级法院依法提审，直接作出判决。省高级法院和各中级法院共提审案件 146 件"②；又如，自 20 世纪 80 年代以来，"（云南）省高级法院研究室联系审判实践，积极服务审判，开展了大量的司法研究。近十多年间对下级人民法院的各类审判的请示作出批复 122 件，指导审判工作，成为审判业务的组成部分"③。当下的案例指导制度，与上述二审、提审、案件请示等制度有不谋而合之处，亦有异曲同工之妙，都是为下级法院的法官提供司法裁判规则适用等方面的指导，其在功能上甚为相似。所以，让原本承担二审、提审、请示批复等工作的主体（即中级人民法院、高级人民法院）转而成为当下指导性案例的创制主体，也颇显得顺理成章，并可产生良好的效应：对过去的审判业务指导工作有所承续，便于案例指导工作的顺利开展。

（2）中、高级人民法院的职权适配创制主体的角色

中级人民法院、高级人民法院不仅拥有业务指导权，还享有案件终审权，"中级人民法院、高级人民法院审理的第二审案件的判

---

① 贵阳市地方志编纂委员会编：《贵阳市志·检察、法院、司法行政志》，贵州人民出版社 2005 年版，第 249 页。

② 江苏省人民政府：《江苏年鉴》（1994），江苏年鉴杂志社 1994 年版，第 91 页。

③ 云南省地方志编纂委员会总纂，云南省高级人民法院编：《云南省志》卷 55《审判志》，云南人民出版社 1999 年版，第 535 页。

决和裁定……都是终审的判决和裁定，即发生法律效力的判决和裁定"①。二者拥有如此职权，非常适合充任指导性案例创制主体的角色，其既有利于案例创制工作的开展，又有助于案例指导制度的完善和运行，且不违于相关制度规定。

从目前法院的案件审判情况来看，大量的案件在中级人民法院或高级人民法院就能完成终审，换言之，中、高级人民法院实际上对多数案件享有最终的司法确认权。比如刑事案件，虽然最高人民法院收回了死刑复核权，但死刑案件数量相对较少，大量的非死刑案件却是在中级或高级人民法院完成终审判决的，具体情况如表3-1所示；又如行政案件的审理，无论是二审还是申诉，大多是由中级或高级人民法院作出终审裁判，而由最高人民法院作出终审处理的十分有限。在此现实背景下，以中、高级人民法院为案例创制主体，则既可产出数量可观的有针对性、说服力的优质案例，又可助力解决目前指导性案例约束力不强、应用状况不佳等问题。这是因为，以其为创制主体，拥有终审权、业务指导权的中、高级人民法院便可利用深度参与审判活动的便利条件去关注和了解大量裁判具有法律效力的终审案件（因为案例创制须以裁判生效为前提），从中发现和选出真正具有参考指导价值的案件，并凭借享有创制权的有利条件将此类案件及时便捷地转化为指导性案例，以给下级法院作出示范和引导，为类似的后案裁决提供结果预期。这样生成的指导性案例，因为来源于中、高级人民法院亲自审理的案件，对案件审判中涉及的疑难复杂的法律问题能作出具有说服力和针对性的回应，故而对下级法院的案件审理更具有参考价值和指导意义；下级法院在现有的审判监督关系中，也会有动力去接受上级法院创制的案例的约束，从而能强化指导性案例的参照效力，

---

① 聂月岩：《当代中国政治制度》，首都师范大学出版社2007年版，第236页。

提高其应用效果。这就像日本学者大木雅夫说到的一种情形："大陆虽然确实没有先例拘束原则，但实际上，无论是法国还是德国，下级法院都遵从上级法院的判例，否则，下级法院作出的判决就必然在上级审理时被撤销。况且，在存在法官升任制度的情况下，有敢于反抗上级审之勇气的人，实属罕见。"①

表3-1　　　最高人民法院部分刑事指导性案例的审级分布情况

案例编号	《刑法》罪名	审判程序	作出判决的法院层级
203 号	污染环境罪	刑事一审	江苏省盱眙县人民法院
202 号	污染环境罪	刑事二审	一审：江苏省南京市玄武区人民法院 二审：江苏省南京市中级人民法院
195 号	侵犯公民个人信息罪	刑事一审	湖南省株洲市渌口区人民法院
194 号	侵犯公民个人信息罪	刑事一审	江西省丰城市人民法院
193 号	侵犯公民个人信息罪	刑事二审	一审：上海市虹口区人民法院 二审：上海市第二中级人民法院
192 号	侵犯公民个人信息罪	刑事一审	上海市奉贤区人民法院
188 号	组织、领导、参加黑社会性质组织罪	刑事二审	一审：河南省修武县人民法院 二审：河南省焦作市中级人民法院
187 号	抢劫罪	刑事一审	江苏省南通市通州区人民法院
186 号	强迫交易罪	刑事二审	一审：江苏省常熟市人民法院 二审：江苏省苏州市中级人民法院
172 号	滥伐林木罪	刑事一审	湖南省保靖县人民法院
146 号	开设赌场罪	刑事二审	一审：江西省吉安市中级人民法院 二审：江西省高级人民法院

① ［日］大木雅夫：《比较法》，范愉译，法律出版社1999年版，第126页。

案例编号	《刑法》罪名	审判程序	作出判决的法院层级
145 号	破坏计算机信息系统罪	刑事二审	一审：江苏省南京市鼓楼区人民法院 二审：江苏省南京市中级人民法院
106 号	开设赌场罪	刑事二审	一审：浙江省杭州市萧山区人民法院 二审：浙江省杭州市中级人民法院
105 号	开设赌场罪	刑事一审	江西省赣州市章贡区人民法院
93 号	故意伤害罪	刑事二审	一审：山东省聊城市中级人民法院 二审：山东省高级人民法院
87 号	假冒注册商标罪	刑事一审	江苏省宿迁市中级人民法院
71 号	拒不执行判决、裁定罪	刑事一审	浙江省平阳县人民法院

在此，还需提到的是，增设中级人民法院、高级人民法院为案例创制主体，也不存在制度性障碍。最高人民法院颁布的《〈关于案例指导工作的规定〉实施细则》第 10 条指出："各级人民法院审理类似案件参照指导性案例的，应当将指导性案例作为裁判理由引述，但不作为裁判依据引用。"可见，指导性案例还不具备成文法规的法律渊源地位，不具有正式的法律效力，其可以作为裁判理由在说理论证时加以引用和类推，而不可作为法律依据引用；也就是说，指导性案例对后案所起的作用是裁判理由的说明，为后案提供可参照的法律规则，但不能直接成为后案裁判的法律依据。因此，指导性案例的创制行为从根本上讲与立法权不相冲突，它不是对立法权的僭越，也非"法官造法"的现象。由此可知，扩大指导性案例的创制主体，将高级人民法院和中级人民法院纳入创制主体的范围，并不存在肆意扩张司法权、蓄意蚕食立法权的嫌疑，也不会引发司法权和立法权的紧张关系；易言之，中、高级人民法院成为指导性案例的创制主体，是在司法制度、立法制度之规定允许的范围之内，不会引起这两种制度的冲突。

目前，有不少学者质疑最高人民法院对指导性案例创制权的垄断，认为最高人民法院规定自己可以通过包括发布指导性案例在内的方式来指导下级人民法院的工作，而排除其他上级人民法院发布指导性案例的权力，这"在指导性案例的生成上实施了'权力垄断'……最高人民法院案例指导权的垄断将妨碍'案例竞争市场'的形成，妨碍真正具有说服力的案例在案例竞争中脱颖而出"①。此外，还有学者指出指导性案例的创制与现行审判体制脱节，以致案例指导制度运行效果欠佳："指导性案例的生成既不依傍法院体系和审级制度，也不区分判例法院和非判例法院，而完全由最高人民法院垄断指导性案例的发布权。在我国的'四级两审终审制'下，基层人民法院受理的第一审案件一般来说不可能上诉到高级人民法院和最高人民法院，中级人民法院受理的第一审案件一般来说也不可能上诉到最高人民法院。在这种情形下，在审理案件的问题上，最高人民法院无法通过审级制度和上诉、抗诉制度制约基层、中级人民法院，其判决对基层、中级人民法院审理案件时的约束力也就有限。"② 平心而论，学者们对案例指导制度之缺陷的指陈，有一定的道理，此类缺陷、不足的确有待于弥补，做进一步的改善。如果扩大指导性案例的创制主体范围，增设中级人民法院、高级人民法院为创制主体，则有利于克服、弥补上述案例指导制度的缺陷和不足，实现指导性案例创制主体的多元化，同时也促进案例的生成乃至应用与现行审级制度的衔接，较好地弥补案例创制游离于审级制度所产生的短弊。

（3）中、高级人民法院有创制案例的资源和能力

在我国现有法院体系中，高级人民法院管辖着为数众多的中级人

---

① 王彬：《指导性案例的效力困境及其解决》，《河南大学学报》（社会科学版）2017年第4期。

② 夏引业：《论指导性案例发布权的合法性困境与出路》，《法商研究》2015年第6期。

民法院和基层人民法院，而中级人民法院管辖着为数较多的基层人民法院。这样的审级地位，使得它们有很多机会受理或接触数量庞大的案件，而且其所受理或接触的案件，性质类型也多种多样，涉及的法律问题也较为密集复杂，成为裁判具有法律效力的终审案件的数量也相当大。因此，中、高级人民法院在指导性案例素材（特别是优质案例素材）的获取上便拥有得天独厚的优势条件，而创制出具有典型性、实用性、示范性的指导性案例，以及适应区域性特殊司法需要的指导性案例，也就有着丰富的案件资源作基础。此外，从队伍建设情况来看，各中级人民法院、高级人民法院在不断选拔、引进优秀的法律人才，法官队伍的整体素质在提升，他们中的很多人学历层次高、法学功底深厚、政治坚定、业务精通，完全有能力胜任指导性案例的创制工作。从案例创制实践来看，中、高级人民法院也的确具备创制指导性案例的资源优势和能力条件。下举两例加以说明。

例如，天津高级人民法院首次"发布的 4 个参考性案例，是根据天津高院《进一步加强案例指导工作的实施意见（试行）》的相关规定，在各院报送的备选指导性案例的基础上，经过认真筛选，并综合考虑案例指导意义、案例专业领域及高院相关业务庭的意见建议后，呈报高院审委会审核通过后发布的。内容涵盖刑事、商事、知识产权、行政审判领域，分别为：李振江过失致人死亡案，上海钰翔国际贸易有限公司诉天津三建建筑工程有限公司买卖合同纠纷案，天津市泥人张世家绘塑老作坊、张宇诉陈毅谦等擅自使用他人企业名称及虚假宣传纠纷案，深圳市诚捷尔贸易有限公司诉天津海关行政强制案"[1]。又如，"阿卜杜勒·瓦希德诉中国东方航空股份有限公司航空旅客运输合同纠纷案"原为上海市第一中级人民法院创制的备选指导性案例，后

---

① 王婧：《天津高院发布首批参考性案例》，http://tjfy.tjcourt.gov.cn/article/detail/2016/01/id/1937718.shtml，2016 年 1 月 29 日。

经上海市高级人民法院推荐报送至最高人民法院，被确定为第 51 号指导性案例。此案例"直接适用相关国际条约而并不考虑其与国内法是否一致，这一裁判立场对于解决此后类似的问题具有重要的参考价值"①。综观以上两例可知，中、高级人民法院在案例指导实践中创制出的案例，在法律事实认定、裁判规则适用等方面都有很高的参考、指导价值，显现出良好的案例选择和编制的能力。从司法实践来看，中级人民法院等级别稍低的法院创制的一般案例，有时比最高人民法院的相关指导性案例更具有参考性和指导性，如有关刑事程序法的案例就是如此："由于当前最高人民法院指导性案例的基数太小，尤其是针对刑事程序法问题的案例太少，因此在实践中，对刑事司法审判和证据运用起着切实的指导意义或说服意义的，反而是最高人民法院刑事业务庭编纂的'指导案例'，甚至是在某个特定程序问题上有突出见解的中基层案例。"②

综上所述，中级人民法院、高级人民法院具有创制案例的资源优势和能力条件，故由其充任指导性案例的创制主体，是切实可行的。

三 创制主体扩大的制度安排及预期效果

指导性案例创制主体的范围扩大后，相关的制度设计与安排该如何进行呢？会产生一些什么样的积极效应？对此，下面稍作申述。

1. 制度安排

指导性案例的创制主体由原来的最高人民法院扩展至高级人民法院和中级人民法院，便需要对原来的相关制度规定进行解构，作出新

---

① 颜林：《论涉外民商事案件适用条约的事实及法律基础》，《法律适用》2018 年第 18 期。

② 林喜芬：《通过指导性案例助推程序法发展——以刑事诉讼法为视角》，《思想战线》2023 年第 2 期。

的总体设计与安排。兹事体大，头绪甚繁，关系到案例指导制度的运行效果及其权威性、司法公正性等根本问题，非笔者一人的智识所能尽善解决，需集思广益、群力群策、缜密研讨而始能形成较为科学、合理的方案。在此，笔者只能就相关制度的设计与安排问题略陈自己粗浅的大致思路。

（1）案例来源的制度安排

最高人民法院、高级人民法院、中级人民法院各设专人负责指导性案例创制的日常工作，并分别成立案例指导工作办公室进行案例素材的征集、筛选等工作。其案例素材的来源可以有三个方面：一是本院及其所辖下级法院一线办案法官推荐报送的生效裁判案件；二是社会各界人士（如各级人大代表、政协委员，各级法院人民陪审员、监督员，专家咨询委员，专家学者，律师，以及其他关心人民法院审判执行工作的各界人士）推荐的生效裁判案件；三是案例指导工作办公室专门负责案例创制的工作人员根据司法实践的现实需求，利用各种途径去主动搜集和征集相关案例素材。比如，通过深入基层人民法院调研、进入裁判文书网查询等途径发掘和搜集案例素材；针对裁判实践中亟待解决的疑难问题，有意识地征集相关案例素材。

（2）案例审定的制度安排

对来自上述三个方面的案例素材，各案例创制法院的案例指导工作办公室从典型性、指导性、实用性等方面进行考察，从事实、法律两个要素的层面上予以审究，定期筛选出符合指导性案例条件的案例素材，并对案例素材进行整理、编辑，然后提交本院审判委员会（或者相关专委会）讨论和审议，审议通过后直接呈报最高人民法院案例指导工作办公室审查。

最高人民法院案例指导工作办公室在审查各级人民法院创制的案例时，除了从案例遴选标准、案例编写规范等方面进行全面考察和评估之外，还应着重考察其与现有其他法院创制的案例是否存在相重复、相冲突之类的情形，做好统筹协调工作，以助构建多元一体、有机融合的案例体系，保障法律适用的统一性。

最高人民法院、高级人民法院、中级人民法院的案例制作完成后，最后由最高人民法院审判委员会审议，得到认可后方能成为可发布的指导性案例。

（3）案例发布的制度安排

最高人民法院、高级人民法院、中级人民法院创制的案例被确定为指导性案例后，由最高人民法院进行分类，统一设置案例编号，再由各案例创制法院的院长签批发布。案例的发布兼用网络和纸质两种媒介形式，网络媒介以各级人民法院的官网为主，纸质媒介以《最高人民法院公报》《人民司法·案例》等为主。

关于指导性案例的发布，笔者有一个构想，即建立国家级的专门数据库作为案例发布的一个主渠道。此案例数据库可由最高人民法院牵头建立，该库之下设立三个子库——最高人民法院指导性案例数据库、高级人民法院指导性案例数据库和中级人民法院指导性案例数据库。此库可建设成智能型法律数据库，能够通过智能检索、资源推送、数据库挖掘等信息技术和手段加以利用。这样，一方面能为指导性案例的发布提供一个重要平台，另一方面也可为案例数据信息的智能应用提供支持和服务，从而促进指导性案例的传播与适用。

（4）案例清理的制度安排

各案例创制主体负责对自己发布的指导性案例进行定期清理。清理中如果发现指导性案例存在如下情形者，可予以废止：与有关法律法规相抵触者；指导性案例之间相冲突、相重复者；指导性案例本身存在错误者；因国家政策调整、法律修改、经济运行变化等情况导致指导性案例不宜参照、应用者；其他明显与现实状况相冲突、不合时宜者。举例来说，第 38 号指导性案例 "田某诉北京科技大学拒绝颁发毕业证、学位证案"，其裁判要点有三：其一，高等学校对受教育者因违反校规、校纪而拒绝颁发学历证书、学位证书，受教育者不服的，可以依法提起行政诉讼。其二，高等学校依据违背国家法律、行政法规或规章的校规、校纪，对受教育者作出退学处理等决定的，人民法院不予支持。其三，高等学校对因违反校规、校纪的受教育者作出影响其基本权利的决定时，应当允许其申辩并在决定作出后及时送达，否则视为违反法定程序。第 39 号指导性案例 "何某强诉华中科技大学拒绝授予学位案"，其裁判要点有二：一是具有学位授予权的高等学校，有权对学位申请人提出的学位授予申请进行审查并决定是否授予其学位。申请人对高等学校不授予其学位的决定不服提起行政诉讼的，人民法院应当依法受理。二是高等学校依照《中华人民共和国学位条例暂行实施办法》的有关规定，在学术自治范围内制定的授予学位的学术水平标准，以及据此标准作出的是否授予学位的决定，人民法院应予支持。由上可见，指导性案例第 38 号、第 39 号的题材内容以及裁判的要旨有相同之处，都涉及高等院校的管理行为及其是否属于行政诉讼受案范围的问题。这两个案例是高等教育诉讼中具有开创性的成功案例，在当时法律规定不够完善、明确的情形下具有重要的指导作用，"对于正当程序原则的适用具有极大推动的法律意义"[①]。这两个案例的裁判精神逐渐被相关规章制度、法律规范所吸收而得以明晰、确认。目前，最高人民法院办公厅印发的《行政审判办案指南（一）》对高等院校的适格被告问题作有规定："高等院校依据法律、法规授权作出颁发学历、学位证书以及开除学籍等影响学生受教育权利的行政行为，当事人不服提起行政诉讼的，以高等院校为被告。"《中华人民共和国

---

① 周佑勇：《司法判决对正当程序原则的发展》，《中国法学》2019 年第 3 期。

教育法》（2021 年修订）第 43 条对受教育者享有的权利作了如下规定："在学业成绩和品行上获得公正评价，完成规定的学业后获得相应的学业证书、学位证书；对学校给予的处分不服向有关部门提出申诉，对学校、教师侵犯其人身权、财产权等合法权益，提出申诉或者依法提起诉讼。"2023 年经国务院常务会议讨论并原则通过的《中华人民共和国学位法（草案）》也有相关规定："受教育者对于不受理本人学位申请、不授予本人学位的决议或者决定不服的，学位获得者对于撤销其学位的决议或者决定有异议的……可以依法申请行政复议或者提起行政诉讼。"随着此类规章、法律的出台或即将出台，第 38 号、第 39 号指导性案例也就完成了自己的历史使命，并逐渐失去参考指导的价值和存在的必要性，故可列为清理的对象，并予以废止。这正如林峰教授所言："时至今日，这两个判例所确立的主要裁判要旨经立法的修改已经被吸收了。简单使用法条可以解决相关案子，不再需要案例的指导。综上，建立定期审查现有指导性案例机制，及时更新成为必要。"① 2020 年 12 月，最高人民法院发布了《关于部分指导性案例不再参照的通知》（法〔2020〕343 号），指出第 9 号、第 20 号指导性案例不再参照，此为第一个有关指导性案例停止适用的通知文件，表明案例指导制度运行 10 年之后有关部门开始了案例的清理废止工作，是一个良好的开端。

笔者认为，案例创制主体扩大之后，指导性案例的清理废止，须经各案例创制法院的案例指导工作办公室审查、核实，并先后报请本院及最高人民法院审判委员会审核同意。最高人民法院应定期对全国各案例创制主体的案例清理废止情况进行公告。

最后，笔者想就创制主体扩大之后其他各种类型案例的清理废止

---

① 胡云腾、林峰、林维等：《纪念香港城市大学合作十周年研讨会发言节选》，《法律适用》2020 年第 4 期。

问题简述自己的初步设想。

目前用于司法实践的案例除了最高人民法院创制的指导性案例之外，还有其他类型的一些案例，如各高级人民法院的参考性案例、《最高人民法院公报》案例、《人民法院报》《人民司法》等出版物刊载的案例、最高人民法院新闻局及各高级法院审判业务部门发布的典型案例，等等。这些其他类型案例的存在，虽然能起到一定的积极作用，但也造成了"例出多门"的现象，易使案例的创制、供给陷入无序化、分散化状态。因此，在指导性案例创制主体扩大之后，可将这些其他类型案例纳入清理的范围，使之规范化。具体言之，对至今仍有示范价值和参考作用的案例加以保留，自动升格为具有约束力的指导性案例，并"各回各家"，分别归入最高人民法院指导性案例数据库以及中、高级人民法院指导性案例数据库，其余不合时宜、缺乏参考价值的案例一律筛除和废止，且以后可停止其他类型案例的创制活动，由此结束案例生成、应用的无序混乱状态。

（5）案例效力的制度安排

案例的创制主体扩大后，最高人民法院、高级人民法院和中级人民法院创制的案例，在性质上均应属于非正式的法律渊源，但都具有法律解释权，具备准法律权威性，可赋予它们相同或相近的制度约束力。目前，关于最高人民法院创制的指导性案例的效力，已有明文规定为"应当参照"。既如此，那么高级人民法院、中级人民法院创制的案例是否也应享有"应当参照"的效力呢？对此问题，可从如下两种实施办法中选用其一而加以解决：第一，对三者创制的案例，各地各级人民法院在审判类似案件时都"应当参照"；第二，各地各级人民法院在审判类似案件时，"应当参照"最高人民法院创制的案例，而高级人民法院、中级人民法院创制的案例只是分别在其所辖范围内享有"应当参照"的效力，对其他区域范围内类似案件的审判的拘束力则为

"可以参照"。为了统一司法裁判的尺度，避免法律适用的混乱，并提升指导性案例的权威性以及案例应用的规范性，笔者认为，上述第一种实施办法是较为可取的。

关于指导性案例的效力问题，从法理学的层面考察，它虽然不能等同于制定法，但高于一般生效判决的效力，应当赋予其介于法律约束力与事实约束力之间的一种效力，可以称之为"准制度约束力"①。之所以做如此设计安排，主要基于以下四点考量。

首先，可在一定程度上赓续我国法制史上的判例传统。从法制史的角度看，我国先秦时代已有"有咎比于罚""议事以制"的法制原则，出现了判例的萌芽；秦朝的"廷行事"、汉朝的"决事比"，表明判例在秦汉之时正式形成；唐代的"法例"、宋元的"断例"，都昭示着判例在当时法律制度中扮演了重要角色。明清时期，成案制度是当时法律制度的重要组成部分。在明代，法官断案"除以大明律及大诰为依据外，仍然采用唐、宋以来的'以例断案'的传统。例，就是'判例'或'事例'。明朝的例，越往后越繁多"②。在清代，"审判强调依据正律、正例裁决案件，判例在司法实践中具有普遍约束力。朝廷通过特定程序把大量成案上升为'定例'或确认为'通行'，允许执法官员在法无明文规定情况下比附成案裁判案件"③。这意味着古代判例的发展进入了繁盛时期。古代判例拥有很强的强制性约束力，是判处新案的重要参考依据。当今案例指导制度下的指导性案例，与古代判例虽有差异，但亦存在相似之处（如对成文法的补充），故可借鉴古代判例传统，赋予其一定的约束力，即准制度的约束力。

---

① 参见雷磊《法律论证中的权威与正确性——兼论我国指导性案例的效力》，《法律科学》（西北政法大学学报）2014 年第 2 期。
② 蒲坚主编：《中国法制史》，中央广播电视大学出版社 2003 年版，第 257 页。
③ 陈晓枫、柳正权：《中国法制史》，武汉大学出版社 2012 年版，第 264 页。

其次，能够顺应当今世界法律发展的大趋势。判例法、制定法在当今世界两大法系中不断呈现出彼此渗透、相互融合的发展趋势，域外的一些大陆法系国家也逐渐重视判例的作用。比如，德国虽然没有严格意义上的判例制度，不以判例为正式的法律渊源，但十分重视判例的应用，且判例获得了制度性支持，具有很强的约束力。《德国法院组织法》第138条第3款规定，联邦最高普通法院的大法庭或联合大法庭的裁判，对原裁判法庭有拘束力。据《联邦宪法法院法》第31条第1款规定，联邦宪法法院的判决对其他所有法院都有约束力；据其第2款规定，在重大案件中，特别是法院确认相关法律规定无效的案件中，宪法法院的判例具有与成文法同等的效力。这样，"下级法院作出的与联邦宪法法院判例相反的判决将是非法的"[①]。德国还建立了判决偏离的报告制度，要求作出与以前判例相悖的判决的法院，须向上级法院报告，解释和证明另作判决的必要性。"在德国各级各类法院公布的判决中，处处可见判例的援引。据德国教授罗伯特·阿列克西（Robert Alexy）、拉尔夫·德雷尔（Ralf Dreier）统计，《联邦宪法法院判例集》第83—92卷所收235个判决中有228个引用了判例，占97.02%；《联邦普通法院民事判例集》第119—128卷所收420个判决中有417个引用了判例，占99.29%；《联邦财税法院判例集》第168—177卷所收1216个判决中有1190个引用了判例，占97.86%。由此可见判例适用之普遍。"[②] 上述做法，在统一法律适用等方面起到了很好的作用。借鉴域外国家的此类经验，我国在实行案例指导制度的背景下，使指导性案例获得相应的制度保障，具备准制度约束力，也是符合当今世界法律发展趋势的。

再次，较为契合指导性案例的特性。指导性案例具有自己的功能

[①] 曾涛、王怡：《论量刑监督之类案监督方式》，《山东大学法律评论》2012年第2期。

[②] 曹奕阳：《德国判例的效力及适用》，《人民法院报》2021年8月27日第8版。

和特性：能对较为原则、抽象的法律规定进行解释，使之得到细化，并昭示案件的裁判规则；能填补法律的漏洞，对因法律规定滞后而不能解决的新问题或疑难复杂的问题进行探析，给出具有参考价值的解决方案。总之，指导性案例能为类似后案的裁判提供示范、指引，其自身所蕴含的裁判规则，能对相关制定法规范形成一种有效的解释，增强其适应性。因此，以昭示和提供裁判规则为己任的指导性案例与制定法规范便有了密切的关联性，自然能从它所解释的制定法规范那里获得一定的法律约束力。再者，指导性案例是案例指导制度的重要载体，本身也具有一定的制度效力。这样，将指导性案例的效力定位为"准制度约束力"，亦颇允恰。

最后，有助于改变指导性案例在司法实践中"遇冷"的现状。从案例指导制度的实际运行情况来看，将指导性案例的效力明确为准制度约束力，有利于指导性案例发挥其应有的作用。目前指导性案例的效力不够明确，无强劲的制度保障，法官若不参照适用指导性案例，不会承担任何风险和后果；明显背离指导性案例而作出裁判，法官也无须专门予以解释和说明。在此情势下，应明确赋予指导性案例以准制度的约束力，令其获得相应的制度支撑。比如说，最高人民法院可在相关司法指导文件中申明：涉及指导性案例效力问题的表述"应当参照"的"应当"，应界定为"必须"，意即各级人民法院审判案件而遇有类似指导性案例时必须予以参照；上级法院可以通过改判、发回重审等方式对不适用指导性案例的裁判予以约束；当事人可以以法院不参照适用特定指导性案例为由提出上诉或申诉；等等。这样，将有助于改变目前指导性案例在司法实践中"遇冷"的现状。在案例创制主体扩大后，明确最高人民法院、高级人民法院和中级人民法院创制的指导性案例均具有准制度的约束力，可以解决当下指导性案例效力不明的问题，增强其强制力和权威性，有利于更大程度地发挥其功能和价值。

在此附带说明的是，创制主体扩大后，指导性案例究竟应该如何生成，如何编制，笔者将在下文中以专题形式进行讨论，故此处不作详说。

2. 预期效果

扩大指导性案例创制主体的范围，能够取得较好的预期效果，具有多方面的积极意义。今择其要者谈四点。

（1）增加案例供给量以缓解供需矛盾

指导性案例的创制主体由最高人民法院扩展至高级人民法院、中级人民法院，实际上拓展了指导性案例的来源，扩宽了指导性案例生产的路径，增加了指导性案例供给的渠道，因为扩大了创制主体，则有更多的人、更多的单位加入到案例创制的行列中来，有更大范围的集体智慧和个人智慧被吸引到案例创制的工作上来，有更多的案件资源被发掘、释放出来而为案例创制工作所利用，最终会有更多的指导性案例生成、产出，可以大幅度提升案例的供给能力和供给数量。在此还要特别提到的是，扩大案例创制主体，可以减少原来在层层递报过程中存在的案例流失现象，有利于保障和增加案例的供给量。众所周知，在单一主体模式下，实行的是案例层报制度，即基层人民法院、中级人民法院通过筛选剔除，择取部分备选案例推荐报送至高级人民法院，高级人民法院再经筛选而推荐报送至最高人民法院。在这个多环节的逐层递报过程中，不同层级的法院出于各种各样的考量，会淘汰大量的具有指导、参考价值的备选案例，最终汇集到最高人民法院的备选案例的数量其实并不多。在此情形下，如果扩大创制主体，高级人民法院和中级人民法院也有创制权来发布指导性案例，则可以减少在层层报送过程中流失的具有典型性且质量较高的备选案例，从而保证有较大、较稳定的指导性案例供给量，在较大程度上缓解指导性案例供需不平衡的矛盾。

（2）提升案例质量并满足多样化差异化需求

扩大指导性案例的创制主体，可以增强各层级法院的主体意识和责任意识，可以强化法院对本级及所辖下级法院对指导性案例编制工作的关注度。因而，各层级法院及其法官在指导性案例创制工作上的自觉性就能得以显著提升，积极性就能得以充分调动，主观能动性就能得以充分发挥，集体智慧和个人智慧就能得以充分展示。这样，法院的决策层就会花更多的时间和精力关注指导性案例的遴选，注意培育参考价值高的指导性案例，把案例创制工作的环节提前，从案件受理、开庭审判等环节便开始留心关注，不断了解案件审理的整个过程；对于案例的创制，还会给予经费上的支持，对相关部门或个人提供单列的专项经费；甚至还会将案例创制与绩效考评结合起来，对编选出参考价值大的案例的法官给予精神上的表彰或物质上的奖励……如此之类，不一而足。而法院的法官们也会积极地投身案例的创制工作中，更主动地去挖掘更多的案例资源，并在日常的审判实践中注意收集、整理工作中的案件，予以报送。如此上下齐心，众人合力，何愁案例编制的质量得不到保障和提高？此外，扩大案例创制主体资格范围，使各地的高级人民法院、中级人民法院获得案例的创制权，这些法院自然会结合本地区社会经济、风俗习惯等方面的特殊性因素，创制出适应地方特殊性司法需要的案例，给予有针对性的案例供应，以解决区域性疑难新型案件的法律适用问题。这样，对于改变案例供给难以满足差异化、多样化司法需求的现状，具有较大的积极意义。

（3）促使案例创制和供给走上规范化道路

较长时间以来，为了满足司法实践的需要，相关法院及其机构在案例指导方面表现出极大的热情，纷纷出台相关文件，并不断编制和发布各种各样的案例。这些案例的出现，虽然对司法实践中的释疑止纷工作不无助益，但也致使案例的创制、供给陷入了无序化、分散化的状态；"例出多门"的现象，削弱了指导性案例的权威性，也极易引发法律适用的混乱局面。如果扩大指导性案例的创制主体，规定最高人民法院、高级人民法院和中级人民法院三者创制的案例为规范的、有约束力的"指导性案例"，其余的案例一律排除在外，这便有利于理顺指导性案例在创制、供给上的各种关系，使之走上规范化道路，结束无序、混乱的状态。这样，本书第二章所述及的案例体系结构的构成成分不明确、案例援引"混淆类别"而不规范等问题，也可随之自动消解。

（4）提升指导性案例的援引率

在现有审级制度、绩效考核制度等因素的作用下，如果扩大案例创制主体，特别是扩展至中级人民法院，则会有更多的法官（特别是基层法院的法官）关注指导性案例，并学习、借鉴和引用指导性案例。若此，目前案例在审判实践中"遇冷"的现状可望改变，案例的援引率会有所提升，案例指导制度的影响力也会随之扩大。

第二节 审级制度的运行与案例创制主体的扩大

我国案例指导制度的运行，不能与审级制度分离脱节，而有必要寻求审级制度的支托。所以，指导性案例的创制和应用，都不能忽视审级制度的存在。尽管目前审级制度在实际运行中存在着行政化运作等问题，但在一时难以对审级制度进行全面改革的情况下，我们只能正视现实，在现有的制度框架内进行调整，除弊兴利，使指导性案例的创制和应用与审级制度相衔接，尽量借其助力而推进。这有似论者所说，行政对司法的缠绕情形，不可能在短时间内完全消除，"我们需要在正视它的基础上，发现在建立和发展案例指导制度中与此有关的除弊兴利之道"①。

本节拟对现行审级制度作一些考察，并就案例创制主体之扩大与现行审级制度的衔接问题进行简要的讨论。

一　科层制理论视域下的我国现行审级制度

依照江必新、程琥的说法，"审级制度是司法制度的重要组成部分，是指一个国家的法院组织设置上分为几级以及案件经过几级法院审理后程序即告终结、裁判即产生既判力的诉讼制度"②。《中华法学大辞典·诉讼法学》"审级制度"条释曰："法律规定的审判机关的级别以及案件经过几级法院审判即告终结的制度。我国的审判机关是人民法院。人民法院分四级，即最高人民法院、高级人民法院、中级人民法院和基层人民法院。我国实行两审终审制度。"③

下面，先略述我国宪法与法律有关审级制度的一些规定，然后以科层制理论（即美国耶鲁大学斯特林讲座法律教授米尔伊安·R.达玛什卡的有关科层式司法系统之程序安排的理论）为学术视点，对我国现行审级制度作粗简的观照和分析，以期对该制度在司法运行中的利弊得失获得较为客观而理性的认识。

1. 我国宪法与法律对审级制度的规定

《中华人民共和国宪法》第 132 条的两款，对我国上下级法院关系有所规定："最高人民法院是最高审判机关。最高人民法院监督地方各级人民法院和专门人民法院的审判工作，上级人民法院监督下级人民

---

① 张骐：《再论指导性案例效力的性质与保证》，《法制与社会发展》2013 年第 1 期。

② 江必新、程琥：《国家治理现代化与公正司法》，中国法制出版社 2016 年版，第296 页。

③ 宋英辉、陆敏主编：《中华法学大辞典·诉讼法学》（增补本），中国检察出版社2001 年版，第129 页。

法院的审判工作。"此处第 1 款说明最高人民法院在我国的审判机构体系中居最高的审判地位,第 2 款中"审判工作"四字对上级人民法院的监督权进行了约束,限于审理与判决工作。由此可推知,法院的上下级之间是监督与被监督的关系,上级法院对下级法院的"监督权"主要是监督下级法院在审判工作中适用法律是否正确;① 当上级法院发现下级法院已经发生法律效力的判决或裁定确有错误时,有权提审或指令下级人民法院再审。

《中华人民共和国人民法院组织法》中规定了四级法院的管辖范围,其中第 10 条不仅规定了最高人民法院的审判监督职能,即"监督地方各级人民法院和专门人民法院的审判工作",还规定了上下级法院之间的法律关系,即"上级人民法院监督下级人民法院的审判工作"。上级法院对下级法院的具体监督方式分为两种,一是二审裁判对一审裁判结果的监督,二是提审或指令再审。

我国其他法律的规定也有涉及审级制度的。比如,《中华人民共和国行政诉讼法》中关于审级制度的规定可以归纳为如下几个方面:第一,级别管辖的分工。其中第 14 条至第 17 条规定了四个不同层级的法院作为一审法院所能审理的行政案件:通常由基层人民法院管辖第一审行政案件;涉及中级人民法院辖区内重大、复杂和海关管理的案件由中级人民法院作为一审法院;本辖区内重大、复杂的第一审行政案件由高级人民法院审理,最高人民法院受理全国范围内重大、复杂的行政案件。第二,移送管辖与指定管辖。上级法院可以对案件指定管辖,下级法院认为应当由上级法院审理的,可以报请上级法院决定。第三,上诉程序和再审程序。当事人不服第一审的判决、裁定时,可以向上一级人民法院提起上诉。该法第 90 条、第 92 条规定了再审程

---

① 蔡定剑:《宪法精解》,法律出版社 2006 年版,第 442 页。

序可以由符合条件的当事人申请启动，或者由上级法院依职权启动。

由上述可见，我国设置法院审级制度，是希望能够充分发挥审判监督功能，防错纠错，以助实现司法裁判的公平正义。在审级制度下，法官作出一审裁判之后，会受到来自多方面的监督。首先，是上级的监督。其方式包括审理对下级判决、裁定不服的上诉、抗诉案件，再审已发生法律效力但仍可能有误的下级法院裁判。其次，是当事人的监督。当事人对裁判不服，认为原判决、裁定错误的，可依法向原审法院的上一级法院提出上诉请求。再次，是来自社会各界的监督。社会公众虽非诉讼的直接参与人，但对司法审判活动有权监督，可以通过多种方式向法院（特别是上级法院）反映情况、提供线索。设置审级制度，除了试图发挥监督功能外，还期冀通过审级的增进，以减少错误或瑕疵裁判出现的概率，最大限度保障司法裁判是理性逻辑证成的结果。我们知道，法院的裁判是法官基于自己对案件基本事实与法律关系的认识和判断产生的，"这就不能避免地会出现错误，因为人的主观认识无法绝对排除外在因素的影响，同时也受思维、环境等因素的限制，而带有局限性。在这种情况下，法院的裁判有时就会与法律所要求的公平、公正的原则相悖离。因此，为了使法院的裁判尽可能地体现公正这一法律的终极追求，同时也给当事人一种寻求公正的救济途径，就需要有一种制度能够发现和纠正法院裁判的错误，于是产生了审级制度"①。可见，审级制度作为一种程序制度，反映了立法者的一个重要目的，即为了实现程序的正义性，从程序上保障司法裁判的公正性与公信力。

2. 达玛什卡科层制理论思想简述

美国耶鲁大学斯特林讲座法律教授达玛什卡在比较程序法研究领

---

① 姚远：《民事审级制度的反思与改良》，载华东政法学院法律学院编《2004 法学新问题探论》，上海社会科学院出版社 2004 年版，第 481、482 页。

域造诣甚深，推出了《司法和国家权力的多种面孔：比较视野中的法律程序》《权力结构与比较刑事程序》等影响深远的成果。他提出了回应型国家和能动型国家这一对概念，并推演出纠纷解决型与政策实施型两种程序模型。最后，他又"通过对上述两组概念的复合、交叉运用，提出了四种类型的程序模式：科层型权力组织的政策实施型程序、科层型权力组织的纠纷解决型程序、协作型权力组织的纠纷解决型程序、协作型权力组织的政策实施型程序。根据这种理论，大陆与英美、西方甚至非西方、历史与现实、刑事和民事的具体程序构造往往都能找到合适位置"①。

在达玛什卡看来，司法权力组织的协作型，多见于英国、美国等国家。其有一些明显的特点：审判程序结构的集中化，内部结构层级较单一，对口头交流和当庭证供较为依赖，承认私人程序活动的合理性，采用剧场式的"开庭日"审判方式，崇尚实质正义与自由裁量权的形式。而司法权力组织的科层型，很典型地存在于德国和法国。其特点是官员职业化，有严格的等级秩序和决策的技术性标准。这种科层制结构，也见于中国的司法制度，其科层式特点较明显。科层制下，使用按部就班、逐级递进的程序，每往上增加一个层级，会享有更大的权力，也要承担更大的责任；决定的作出与权力金字塔的层级也有关系，权力来自金字塔的最顶层。处于同一层级的是平等关系，一旦发生纠纷，就需要诉诸共同的上一层级。低层级作出的决定，在法律、事实、逻辑方面会受到上一层级的监督与纠正；低层级为其他层级做着琐碎的、基础性的工作②。司法科层制的最大特点是，各层级之间遵循着严格的程序，在垂直分布权力的科层式审判结构中，上级法院的

---

① 左卫民：《认真对待达玛斯卡》，《读书》2011年第9期。

② Damaška, Mirjan R., *The faces of justice and state authority：a comparative approach to the legal process*, New Haven：Yale University Press, 1986, p. 49.

审查工作给下级的决定带来了重要的影响。①

依据达玛什卡的相关科层制理论思想，在司法裁判实践中，下级法院法官对上级法院会普遍产生服从心理。

处于科层上级的法院有"控制质量"（quality control）的责任，会削弱低层级法院原始裁决的效力，一个低层级法院的案件判决可以被高层级法院纠正或发回重判。科层制能够被贯彻实施，得益于严格的纪律约束；对于作出不当判决的法官，上级法院可以及时予以劝阻或纠正。科层级的结构模式保证了司法的秩序性与高效性。② 但受制于上级法院的权威，低层级法院的法官会选择服从，与之保持一致，出现"团队合作"（team playing）现象。为了降低判决被上级撤销的风险，求得晋升的机会，下级法院的法官甚至会通过预先包装与编辑的方式，在司法文书写作上使用一些技巧，将案件中一些敏感的个案化的事项进行掩盖，尽量避免行使自由裁量权，而遵照法条逻辑主义，与上级法院保持一致。③ 下级法院的法官为了与上级的要求保持一致，可能会牺牲案件审判的公平性。

达玛什卡还指出，科层制下判例机制的运行依赖于司法机构严格的等级制度，科层级的法律逻辑主要由最高层级法院确定，并由高至低而得以落实；低层级的法院是从近处着眼来思考、处理问题，因而其判决的案件详细、常规而全面，高层级的法院看问题是从远距离观察，能看得更远，也能汇聚更多的信息，制定所遵循的技术性标准。④

---

① Damaška, Mirjan R. , *The faces of justice and state authority：a comparative approach to the legal process*, New Haven：Yale University Press, 1986, p. 48.

② Damaška, Mirjan R. , *The faces of justice and state authority：a comparative approach to the legal process*, New Haven：Yale University Press, 1986, p. 49.

③ Damaška, Mirjan R. , *The faces of justice and state authority：a comparative approach to the legal process*, New Haven：Yale University Press, 1986, p. 20.

④ Damaška, Mirjan R. , *The faces of justice and state authority：a comparative approach to the legal process*, New Haven：Yale University Press, 1986, p. 23.

3. 科层制理论视域下审级制度的利弊分析

如前所述，我国的审判机关是人民法院，人民法院分为最高人民法院、高级人民法院、中级人民法院和基层人民法院四级，实行两审终审制度。这种四级两审终审制度，与达玛什卡所谓科层制较为相符。最高人民法院处于达玛什卡所说的最高层级，其下分为三个层级，即基层人民法院、中级人民法院、高级人民法院。这种分为不同等级的法院体系共同构成了金字塔形的法院组织体系。县级设立有基层人民法院，其数量是所有法院类型中最多的；地、市级设置中级人民法院，省、自治区、直辖市一级设置高级人民法院。截至 2019 年，我国共有3048 个基层人民法院（不含军事法院），403 个中级人民法院，31 个高级人民法院，1 个最高人民法院。[①] 基层人民法院审理与执行的案件数量占全国的 70%。

以达玛什卡的科层制理论为学术视点来考察我国目前四级两审终审的审级制度，其可谓是利弊得失兼具。其有多方面的优点。比如，它要求各级法院各司其职，相对独立，共同形成一个分工明确、层次分明的金字塔；处于金字塔底端的初审法院主要负责查明案件事实，了解案情，解决个案的争议，处于金字塔中层和上层的法院主要负责审查下级法院裁判认定事实等方面是否正确，金字塔的最上层法院审理案件最少，主要进行法律审查，统一全国范围内的法律适用。这显然有利于司法审判高效有序地进行，亦如达玛什卡所言"保证了司法的秩序性与高效性"。又比如，它有利于上级法院发现和纠正下级法院的错误，促进司法公正和法律适用统一。两审终审的作用，与达玛什卡科层制理论中所谓"上级审查"的作用相似。在我国司法制度运行

---

① 司艳丽：《中国特色社会主义审判制度的适应性》，《人民法院报》2020 年 7 月 9 日第 5 版。

过程中，上级法院审查下级法院审理的案件，如果发现其存在适用法律错误或认定事实错误，会发回重审或改判。此亦即达玛什卡所说在法律、事实、逻辑方面对下一层级进行监督与纠正。总之，运用达玛什卡的科层制理论进行观照和分析，我国现行审级制度在一定程度上有利于司法审判由程序的公正、正义达到实体的公正、正义，该制度构建的目的和价值也能在司法实践中得到一定程度的实现。

当然，审级制度也存在一些问题。比如，它会导致司法裁判陷于逻辑主义的机械因循，形成以强调权限行使、层级服从为特点的"团队合作"，等等。有学者指出，现行审级制度存在的问题之一是"上下级法院之间关系的行政化……上级法院通过案件质量评查、文书讲评、审判研讨、挂牌督办等方式对下级法院的审判工作进行监督、指导和管理等等。这种审级关系的行政化……破坏了下级法院的司法独立，使得审级独立的功能形同虚设"①。还有学者提出审级制度运作有行政化倾向，"使得法院行政机关化，上下级法院之间行政层级化……下级法官为了自己的生计、升迁，不得不放下'法官'神圣的尊严，与上级法官进行所谓的交流、沟通，希望上级法院能够提供'指导意见'……下级法院法官在遇到比较复杂或者当事人有可能上诉的案件时就不得不向无论才学还是经验都有可能远逊于自己的上级请教，尽管极不情愿，但迫于无奈还是屈尊、迎合"②。可见，审级制度在司法实践中容易使上下级法院之间的关系演化成一种自上而下的行政管理关系，下级法院法官有时不得不服从上级法院的"领导"。这就出现了达玛什卡所说的一种现象：下级法院的法官受制于上级的权威，并出

---

① 陈树森：《我国民事审级制度的改革重构——以案例指导制度的实践运行为切入》，《理论界》2016 年第 11 期。

② 参见陈卫东、李训虎《公正、效率与审级制度改革——从刑事程序法的视角分析》，《政法论坛》2003 年第 5 期。

于晋升等方面的考量，而选择"服从"，"与上级保持一致"，形成一种不正常的"团队合作"。由此看来，审级制度是一种"不完美的程序正义"，在其运行过程中，"即便法律被仔细地遵循，过程被公正恰当地引导，还是有可能达到错误的结果"①。

审级制度运作中存在的问题，与案件请示制度具有一定的关联性。有人认为案件请示制度的存在，是造成"审级制度失效的原因……请示汇报制度导致审级制度名存实亡"②。下面，附带对案件请示制度略作考察讨论。

案件请示制度是下级法院在案件审理过程中遇有法律适用的疑难问题，向上级人民法院请示，上级法院予以答复的制度。③ 司法实践中出现的重大疑难案件、新类型案件、敏感案件通常要求请示，这种方式的确有利于上级法院控制下级法院审理案件的质量，减少错案的发生。④ 正如论者所说："请示制度作为一种'非法律'的办案方式在我国法院系统的审判工作中沿袭已久，并对疑难、重大案件的法律适用及审理发挥着独特的作用。"⑤ 但也要看到的是，请示制度会带来一定的负面影响。目前法院的绩效考核指标和案件质量的评估体系，是按照上诉率、发回重审率、改判率等指标来衡量的，⑥ 这些质量评价的指标与法官的收入、晋级等直接相关。如此一来，有些下级法院法官为

---

① ［美］约翰·罗尔斯：《正义论》，何怀宏、何包钢、廖申白译，中国社会科学出版社 1988 年版，第 86 页。

② 吴英姿：《案例指导制度能走多远？》，《苏州大学学报》（哲学社会科学版）2011 年第 4 期。

③ 张松：《论我国案件请示制度的存与废》，《学习与实践》2018 年第 8 期。

④ 侯猛：《案件请示制度合理的一面——从最高人民法院角度展开的思考》，《法学》2010 年第 8 期。

⑤ 霍焰：《疑难案件移送上级法院管辖中的问题——以案件请示制度之诉讼化改造为背景》，《法律适用》2007 年第 8 期。

⑥ 郑肖肖：《案件质量评估的实证检视与功能回归——以发回重审率、改判率等指标为切入点探讨》，《法律适用》2014 年第 1 期。

了免于案件被发回重审或被改判的风险，便会以向上级请示或请求批复等方式预先探知上级法院对案件的意见，然后依据上级法院的意见作出裁判；即使一审当事人不服而提出上诉，二审法院审理的结果大多会与先前给出的指导意见一致，作出维持原判的裁判。这样，实际上是一审、二审合二为一，致使两审终审的审级制度流于形式，变相地剥夺了当事人获得二审救济的机会，以致上诉权虚化；此外，还会加剧审级关系的行政化，导致法院审级职能模糊，有碍于充分发挥审级制度应有的监督与纠错功能。

二 案例指导制度可借力于现行审级制度

现行审级制度的存在，既有其利，亦有其弊。对于案例指导制度而言，审级制度表现为利大于弊，它能为案例指导制度的实践奠定良好的基础。这主要在于案例指导制度与审级制度具有一定的关联性，审级制度可以为案例指导制度运行提供一定的保障，助其功能得到较为充分的发挥。

第一，案例指导制度与审级制度在价值取向上有相同之处。2010年，最高人民法院在《关于案例指导工作的规定》中指出："为总结审判经验，统一法律适用，提高审判质量，维护司法公正……就开展案例指导工作，制定本规定。"2015年，最高人民法院在《〈关于案例指导工作的规定〉实施细则》中也强调："加强、规范和促进案例指导工作，充分发挥指导性案例对审判工作的指导作用，统一法律适用标准，维护司法公正。"根据最高人民法院的此类早期司法指导文件来看，案例指导制度的创立是为了统一法律适用、维护司法公正，也就是以公平正义为价值取向。从案例指导制度的实际运作来看，也正是如此。它要求法官将待决案件与相关案例进行相似性的比对、判断，在确定二者为相类案件时参照案例作出相同或相似的裁判，实现类案类判

（同案同判）；它强调法律适用的统一性，司法裁判的一致性，以"相同情形相同处理"为准则，所追求的正是公平正义的价值目标。因此，有学者认为，"目前《关于案例指导工作的规定》……坚持了案例指导的形式正义要求"①；"指导性案例的制度逻辑源于同案同判的形式正义追求"②。而观审级制度，也是以公平正义为价值取向（上文对此有所论述，可参看）。它通过设定不同层级的法院，赋予不同层级法院不同的职责功能，以助防错纠错，旨在为遭遇不正当裁判的当事人提供一种寻求司法救济的路径，实现程序的正义和诉讼的公正。正如论者所说："国家设立审级制度来发现和纠正法院做出的裁判的错误，因此，审级制度设立的目的和价值正是实现公正与正义。"③ 既然二者在追求公平正义的价值取向上有相同之处，那么案例指导制度借助审级制度之力而施行也就具有一定的现实基础。

第二，审级制度能为案例指导的地域性发展提供良好的空间。按照目前案例指导制度的设计安排，最高人民法院在我国法院审级架构中居于最高层级，故其发布的指导性案例在全国范围内适用，对全国各地各级法院审理类似案件都具有参照效力；高级人民法院目前虽然不能发布指导性案例，但拥有创制发布参考性案例的权限，此类案例用于"对辖区内各级人民法院和专门法院的审判业务工作进行指导"。中级人民法院创制的案例在指导范围上也有地域性特点。由此可见，案例效力所及的地域范围与案例创制法院的地域管辖权具有一定的关系，也就是与审级管辖范围相对应、相匹配。此外，较低层级的法院创制的案例大多会带有较鲜明的地域性色彩，与当地的经济发展状况、

---

① 王彬：《判例生成的理论范式与实践逻辑》，《兰州学刊》2016 年第 7 期。

② 王璐：《指导性案例适用及完善研究——基于指导性案例十年适用的实证考察》，《山东法官培训学院学报》2023 年第 4 期。

③ 刘雪松：《民事审级制度的改革完善》，《行政与法》（吉林省行政学院学报）2006 年第 S1 期。

风俗习惯等相关联，而这些案例在审级制度下一般可获得存立的土壤，适用于案例创制法院所辖范围之内，在该区域内发挥作用。综上观之，审级制度给案例指导的地域性发展提供了适宜的外部环境，不同的案例可以依托审级制度在不同的区域范围内发挥指导作用。

第三，审级制度可助零散的案例获得不同的效力保障。目前的案例（指导性案例、参考性案例等）虽然相对成文法规范来说具有具体化、生动化等特点和优长，但由于其发布主体、发布时间、效力强弱等不同，也导致其自身具有分散性、零杂性的短弊，无法像成文法一样以集约化的方式（如法典）全面系统地向人们展现法律规则，直接发挥其规则指引的作用。因此，我国目前实施案例指导制度，要借助现行审级制度的职能分层和资源配置功能来弥补案例体系性的缺失，使分散、零杂的案例各安其位，各有其用，互促共进，并获得不同的效力保障，从而在不同层级的法院得到参照应用。具体言之，不同层级的法院分散发布的不同类型案例，其效力的大小，其间矛盾冲突的调适，等等，都要依托审级制度而得以确认和解决，而后才在不同层级的法院得到实施和适用。这与判例法制度下判例的情形颇为相似，"判例虽然是零散的，却因为审级制度的存在而自发地形成一种法律规则效力体系。审级制度决定了判例的效力等级，因而使判例具有一种天生的服从性，否则，不同于上级的判例就会被撤销"①。

由以上论析可知，案例指导制度与审级制度具有一定的关联性，目前案例指导制度的运行有时需要倚仗审级制度；在一时无法对现行审级制度进行全面改革的情况下，欲顺利实施案例指导制度，仍需有审级制度的嵌入，并趋利避害地借用其力，比如借助审级制度的主体地位来确立案例指导制度的制度性权威和贯彻落实的动力，②利用审级

———————

① 陈兴良主编：《中国案例指导制度研究·代序》，北京大学出版社 2014 年版，第 8 页。
② 王彬：《判例生成的理论范式与实践逻辑》，《兰州学刊》2016 年第 7 期。

制度的相关机制（如监督机制）来强化指导性案例的效力以及对司法裁判的指导力度。就目前的情况来看，如果脱离审级制度而令案例指导制度独立孤行，是难以取得预期成效的。因此，应在现有的制度框架内进行局部意义的调适与改进，尽力使案例指导制度与现行审级制度彼此衔接、相互适应，共同发力，为提升司法裁判质效服务。笔者在前文中提出扩大指导性案例创制主体的范围，正是基于以上考量，旨在促进案例指导制度与现行审级制度相衔接。

三　案例创制主体扩大与审级制度的衔接

在上文中，笔者花费了较大的篇幅讨论现行审级制度，论及审级制度的利弊得失，审级制度与案例指导制度的关系等，是想把指导性案例的创制主体问题置于我国现行审级制度的大背景下予以审视和考量，并阐明或证明如下几个观点：第一，案例指导制度的运行不能无视审级制度的存在，而需要寻求审级制度的支撑。第二，案例指导制度在运行过程中遇到难题和问题，有的应当置于目前审级制度框架内进行权衡、调适，使之化解，并达到与审级制度相互衔接、彼此协调。指导性案例的创制与应用尤应如此。第三，指导性案例的创制，需要依靠审级制度的支撑而获得权威性，进而令案例的效力获得制度性保障。第四，扩大指导性案例的创制主体，赋予高级人民法院、中级人民法院以指导性案例创制主体的资格，是与审级制度相衔接、相配合的一种理想而可行的选择，具有较强的合理性。如是选择，既可使中、高级人民法院利用二审、再审的便利获取丰富的案件资源而创制出更多的案例，以纾解当前案例供给不足的困难，又可使二者依借二审及再审的监督程序职能来落实案例的事实拘束力，实现其效力的贯彻，以缓解当前司法实践中案例"遇冷"的窘况。

如前所述，目前审级制度在实际运行中既有其利，亦有其弊。有鉴于此，在扩大案例创制主体，促进案例指导制度与审级制度相互衔接、彼此融合的过程中，不仅要"兴利"，充分发挥审级制度的功能优势，还要"除弊"，即止弊生利，并转弊为利，化劣势为优势，以获因势制宜之效。为此，笔者认为有必要做好如下几点工作。

1. 以案例指导替代案件请示

案件请示制度之所以能够在我国出现，并且能较长时间地存在，与该制度生成和延续的外部环境有关。比如，基层法院的法官专业水平普遍不高，职业化水平较低，请示制度可以弥补下级法院的这一缺陷，有助于提高办案质量；此外，司法实践中存在重大、疑难案件，难以审断，且容易出现"同案不同判"的现象，需要上级法院给予指导。就请示制度的实际运行情况看，如前文所述，其对疑难、重大案件的审理发挥了独特作用，但在一定程度上架空了现行审级制度，使该制度虚置化，影响司法独立，导致审级关系混淆，有悖于司法的公正性、公开性，弊端日渐凸显。因此，关于案件请示制度的存与废，一直是学术界争议较大的问题。有人认为案件请示制度"对于解决'影响难办案件'仍然发挥着重要作用"，不可轻易彻底废除；[1] 有人明确提出案件请示制度"因过多的消极功能违背司法规律应予废除"[2]。总体而言，比较多的人倾向废除这一制度。[3]

依笔者之见，在当前的现实条件下，案件请示制度赖以存续的内在机制、外部环境难以一下子得到根本性改变，故在现阶段彻底废除

---

① 侯猛：《案件请示制度合理的一面——从最高人民法院角度展开的思考》，《法学》2010年第8期。

② 沙永梅：《案件请示制度之废除及其功能替代——以中级法院的运作为出发点》，《河北法学》2008年第7期。

③ 参见王建勋《"案件请示"有悖法治精神》，《东方早报》2009年6月7日；吴如玉、黄金波《案件请示制度的利弊与出路》，《人民法院报》2013年8月30日第7版；刘风景、温子涛《批复类司法解释的走向》，《人民司法》2014年第3期；孙长永《认罪认罚从宽制度实施中的五个矛盾及其化解》，《政治与法律》2021年第1期。

案件请示制度，不太现实，但可以做一些调整和改革，逐步清除请示制度生存和发展的土壤，令其渐渐失去适用的空间。基于此，笔者认为，扩大指导性案例创制主体之后，可对案件请示制度进行诉讼化改造，用案例指导替代案件请示，使指导性案例拥有与案件请示制度下司法批复同等的效力，以求更大程度地实现审级制度的功能价值，同时也促进案例指导制度与审级制度相衔接。以案例指导替代案件请示，具有较强的可行性、有利性。

（1）案例指导在功能上可以替代案件请示

案例指导制度与案件请示制度有异曲同工之妙，二者都主要是为了给特定的具体个案提供解决方案（相异于制定法主要针对广泛的不特定案件提供解决方案），具体言之，二者都是通过解释法律规范、弥补法律漏洞等方法，给下级法院法官审理具体的个案提供参考与指引，使之明晓如何准确认定法律事实、正确适用法律规范等，从而获得个案裁判的可行方案。显然，二者在功能上有相似之点、重合之处。因此，以案例指导替代案件请示，是切实可行的；在指导性案例创制主体扩大之后，让原来处理请示案件业务的主体（即中、高级人民法院）转而成为指导性案例的创制主体以及案例指导的主体，也显得顺理成章。

（2）案例指导比案件请示更能体现司法独立

在案例指导实践中，法官参照上级法院发布的指导性案例来审理待决案件，仍能掌握审判活动中的主动权，他们可以借鉴指导性案例的裁判规则、裁判方法等，并结合自己对案情的分析和判断作出最终裁决，在司法裁判中具有较强的自主性和独立性；不仅如此，在案例的示范指引下作出裁决，还可有效地排除内外各种因素对司法独立的干扰。而在请示制度下，下级法院按照上级法院的答复或指示行事，使上级法院对下级法院的监督关系变成了领导关系，不利于不同审级法院之间的相互独立，有损于司法的独立性原则。

（3）案例指导比案件请示更具有公信力

案例指导所凭借的案例，经过了精心遴选，一般具有典型性、权威性；其案例文本中所包含的裁判要点、相关法条、基本案情、裁判结果、裁判理由等部分，能较为全面地展示案件处理的相关重要信息，特别是其中说理论证部分，能阐明裁判结论的形成过程和正当性理由，可增强案件裁判的说服力，使之具有可接受性。此外，案例通过报纸、刊物、网站等形式对外公开发布，透明度高，具有较强的影响力、公信力。而案件请示制度下的答复、批复、意见之类，对案件裁判一般缺少充分的说理论证，通常也不向社会公开发布。因此，案例指导较之案件请示更能彰显司法的权威性和公信力。

（4）案例指导比案件请示更具有效率性

实施案例指导，可以提高司法效率（包括时间及成本上的效率），节约司法资源。这是因为，指导性案例正式发布后，可以在司法实践中被反复援引适用；各地各级法院审理的案件只要与指导性案例相类似，就可参照案例作出裁判，无须请示上级法院，可以节省时间和精力，也可使现有司法资源得到充分利用，有利于提升案件审判效率。在案件请示制度下，上级法院作出的答复、批复等，是针对正在审理的具体个案而为，"其他法院不一定知晓，经常会有上级法院针对类似案件已有批复，其他法院仍不知晓而另作判决"[①]，或者再行请示，故案件请示所耗费的司法成本明显高于案例指导，案例指导更符合司法效率性、经济性要求。

在扩大指导性案例创制主体之后用案例指导替代案件请示，不仅具有上述可行性、有利性，能变行政化的指导方式为司法化的指导方

---

① 沙永梅：《案件请示制度之废除及其功能替代——以中级法院的运作为出发点》，《河北法学》2008年第7期

式，使审级制度应有的功能得到发挥，而且也能促进案例指导制度的完善与发展。创制主体范围扩大后的中、高级人民法院和最高人民法院，都可通过创制发布指导性案例来开展对下级法院的审判业务指导工作，这不仅有利于创制出具有针对性、实用性的案例，还可借助审级地位上的优势，使案例获得贯彻落实的保障，从而令审判业务指导工作取得实效，也令案例指导制度与审级制度密切衔接、有机联动。

2. 严把指导性案例质量关

如前所述，我国现行审级制度带有科层制色彩，上级法院与下级法院之间的关系存在着行政化隶属倾向。上级法院掌握着对下级法院案件审理的监督权，而下级法院没有与之抗衡的权力，案件被发回、改判或撤销时，下级法院的法官只能被动地接受。这样，下级法院的法官出于降低上诉率、申诉率、发改率等方面的考虑，往往会依循科层制的内部逻辑，选择"服从"，与上级的意见或裁决保持一致，为此还有可能牺牲裁判的公正性。在此情势下，如果扩大指导性案例的创制主体，赋予中、高级人民法院创制主体资格，或者让中、高级人民法院以案例指导替代案件请示的方式来进行审判业务指导，那么或许会有人说：这岂不是强化了科层逻辑而推怂下级法院法官在审判上选择"服从"？笔者认为，与审级制度相生相伴的"服从"是一把双刃剑，善加利用则有益于统一司法适用、实现公正裁判；不善利用就有可能产生种种负面效应，或者给权力寻租者提供空间，或者令裁判结果缺乏客观公正性，或者加剧审级制度的行政化倾向，等等。然则，如何使下级法院法官的"服从"能够得其利而避其弊呢？笔者以为，从源头上控制指导性案例的质量，确保优良可靠，乃是得利避弊的万全之策。试想一下，如果中、高级人民法院创制的指导性案例都是质量上乘的精品，认定事实清楚、适用法律正确、裁判说理充分、逻辑推理严谨，那么下级法院的法官无论是出于何种理由、基于何种动因而选择"服从",其参照上级法院高水准的指导性案例而作出的裁判结果,那岂不是都为中规中矩、合理合法、公平正义的完美裁判吗?如此成效,相信也是人们对指导性案例创制主体之扩大所期许、所属望的。由此看来,从源头上控制案例的质量,确保其优良,这对于避免(或克服)现行审级制度给案例创制主体之扩大可能带来的弊端而言,是一种可行的上佳良方。既然如此,那么如何从源头上控制案例的质量呢?笔者认为在案例创制过程中精心遴选、严加审查是至为关键的问题。至于其具体做法,此处不拟展开讨论;案例遴选之类的问题将在下文作一些专门的论述。

3. 建立健全相关配套机制

扩大指导性案例的创制主体,将高级人民法院、中级人民法院纳入案例创制主体的范围之后,需要最高人民法院以及高级人民法院、中级人民法院根据我国的现实国情和司法制度的现状,构建并出台相应的配套机制予以辅助,以保障案例指导制度有效运行。其中,特别是要依据审级制度运行的现状来建立健全相应的配套机制,以使案例创制主体的扩大能够与现行审级制度相衔接、相适应。就案例的创制而言,相应的配套机制应包括案例的遴选标准、编选程序、创制的激励制度、编纂制度、监督机制、案例的清理与废止机制等;就案例的应用而言,相应的配套机制应包括案例沟通协调机制、类案和新类型案件强制检索报告机制、案例应用激励机制、违背案例作出错误结论的责任追究机制等。对这些机制要素,应作出切实有效、可操作性强的具体规定。对此,本书在上一章中"创制主体扩大的制度安排"部分以及下一章中相关部分作了一些粗简的讨论,提出了一些初步的构想,可参看。下面,举例性地谈谈上述两个方面(创制、应用)配套机制的建立健全问题。

比如,在案例的创制生成上可考虑确立如下机制:下级法院在审理难办的疑难复杂案件时，如果没有与该案相类的指导性案例可供援引参照，主审法官又把握不了裁判尺度，的确存在审理困难，则可由下级法院提请上级法院审理，上级审理后可将此类疑难案件转化成指导性案例发布。在案例的创制生成上还可制定一些激励性措施，比如，下级法院的法官如果在指导性案例的培育、推送、编制等工作中成绩显著、贡献突出，或者是报送的案件在成为指导性案例后影响较大、援引率高，则可以在绩效考核、晋级提拔等方面将其成绩作为重要的参考指标；相关法院可将案例创制工作情况纳入部门工作年度绩效考核的指标体系。

又比如，在案例应用上可考虑建立如下责任性机制：法官审理类似待决案件时，如果排除适用相关指导性案例，必须就其排除适用的正当性理由向上级法院作出充分解释，以证明待决案件与指导性案例不存在实质上的相似性，或者证明指导性案例的内容已被制定法吸纳、修正，或与现行有效的法律规范相冲突；如果法官审理类似案件而排除适用或错误适用指导性案例，且导致裁判结果明显有失公允的，应当追究其相应责任（包括通报批评、经济处罚、评优评奖限制等）。

第四章　案例创制的优化及案例援引的规范

探索案例指导现实问题的破解之策，除了要探讨案例的创制主体问题之外，还有必要探寻指导性案例创制的优化之道，以提升指导性案例的质量，最大限度地满足司法实践的需要，为法官的司法裁判工作提供切实有效的指导。此外，还有必要寻求解决案例援引规范性问题的有效路径，以提升案例援引率，扩大指导性案例以及案例指导制度的影响，从而实现类案类判、法律适用的统一。因此，本章拟就上述问题作一些研讨，为解决现实问题、优化案例指导工作提供一些对策性的参考。

第一节　指导性案例创制的优化

本书第三章提到，依托于现行的审级制度，扩大指导性案例的创制主体，有助于化解案例指导实践中的一些难题，克服案例指导制度运行中的一些弊端。但是，案例创制主体扩大后，还有必要采取一些切实有效的措施和办法来保证指导性案例创制的质量，使创制出的案例真正有助于司法统一、公正裁判；否则，案例指导工作不仅难以达到预期的效果，反而会造成法律适用的混乱，削弱案例指导制度的权威性。创制主体扩大后，案例创制生成过程中的每一个环节都应当有科学合理的规则、措施加以规制，尽量规避行政化倾向带来的不利影响，从而使创制出的指导性案例能契合法律精神或司法规律，并能与司法实践对接，为司法实践服务。为此，本节将围绕如下几个方面来探讨指导性案例创制的优化之路。

一 强化遴选标准对典型性权威性的要求

案例的创制主体扩大之后，指导性案例的遴选标准应当逐步从带有行政化色彩的遴选标准向适应司法实践需要的遴选标准转化，指导性案例的遴选标准要与案例指导机制的实际适用情况密切相关、相辅相成。结合案例指导的实践来看，案例遴选标准应不断强化和突出案件的典型性、权威性，以促使指导性案例创制生成的机制和效能达到进一步优化。

1. 在案件类型上强化典型性

2010 年，最高人民法院发布的《关于案例指导工作的规定》第 2 条指出："本规定所称指导性案例，是指裁判已经发生法律效力，并符合以下条件的案例：（一）社会广泛关注的；（二）法律规定比较原则的；（三）具有典型性的；（四）疑难复杂或者新类型的；（五）其他具有指导作用的案例。"此处的规定，其实提出了指导性案例遴选的五条标准。由此处的规定还可以推知，依据上述遴选标准选出的案例，在司法实践中应发挥如下主要功能和作用：法律原则规定模糊之处，案例通过法律解释而能使之具体化、明晰化；对于审理疑难复杂案件，案例能帮助法官作出法律规则适用的正确选择，恰当地限缩或扩张法律规范的适用；对新类型案件的处理，法律规定如存在空白之处，案例能依据推定的原则或法律精神进行弥补，提供可行的解决方案；等等。由是观之，案例遴选标准应有助于选出具有典型性、权威性、示范性的案件。

学者王利明曾撰文强调，指导性案例的选择标准应当注重案件在认定事实与适用法律方面存在典型性，具有典型性的案件应当能对类似案件的裁判起到示范作用。[①] 依此，笔者较为赞同将"典型性"列为上述指导性案例五个遴选标准中最根本、最核心的标准，即所选择的案件在特定时空内应具有广泛性、代表性，是司法实践中多发常见的案件类型，或者可能多发常见的案件类型，且案件裁判所涉及的法律适用问题是司法实践中普遍存在、有待解决的问题。遴选出具有典型性的案件，自然有利于创制出具有典型性的指导性案例。

德国法学家亚图·考夫曼（Arthur Kaufmann）指出，具有典型性的案例通常能适应司法实践的需要，顺应司法运行的规律，突出类型化思维。[②] 由此不难发现，具有典型性的案例，融入了类型化思维的逻辑，可以被举一反三地反复适用于同类型案件，因而能很好地满足司法实践的需要。我国指导性案例的应用目的，是为了统一法律的适用，实现类案类判，而类案类判实际上贯穿着类型化思维的运用。因此，创制指导性案例，要想获得广泛的应用，较好地满足司法实践的需要，就应强调案件的典型性，使之具备类型化思维特性，以适应案例运用的类型化思维方式。这样，案件的遴选标准也就自然应重点关注典型性问题。

基于强化案件典型性的考量，应注意的是，上述最高人民法院规定的五类案件中的"社会广泛关注的"案件，往往是社会普遍关注的热点事件，但不一定就涉及疑难复杂的法律问题；这类案件考验的是法官的审判能力，需要法官在社会各种力量的关注下，保持司法独立性和中立性的精神，将抽象的法律规定准确适用到审判中作出公正的

---

① 王利明：《我国案例指导制度若干问题研究》，《法学》2012年第1期。
② ［德］亚图·考夫曼：《类推与"事物本质"——兼论类型理论》，吴从周译，（台北）学林事业文化有限公司1999年版，第114页。

判决，如曾在社会上一度成为法律热点事件的邓玉娇案、佘祥林案等，即是如此。此类案件曾引起社会广泛关注，主要是由于一些社会因素，且以后再度出现的可能性较小，不具有普遍性，也就缺乏典型性，难以在大范围内被反复适用，故在一般情况下不宜遴选为指导性案例。总之，社会关注度高的案件能否选作指导性案例，也有必要考虑案件所涉的法律问题是否具有典型性，是否能广泛地为类似后案的裁判提供参照和指引，进而由社会影响力转化为法治影响力。

笔者认为，典型性案例还可以进行细化，进一步划分出若干类型，以方便案例遴选，也助推法官援引与适用。考察德国法学家阿列克西（Robert Alexy）的相关研究成果，他将法律的局限性所造成的事实与规范之间的偏差引起的案件形式类型划分为六种，并分别对应六种外部证立的规则，即解释的规则，教义学论证的规则，判例适用的规则，漏洞规则，空白规则，特殊的法律论证规则。① 阿列克西有关外部证立的理论具有很强的借鉴意义和应用价值，可将其用于探究我国指导性案例的典型性类型和遴选标准，具体情况见表4－1。

表4－1　　　　根据阿列克西研究成果推导出的案例遴选标准

典型性案例的类型	外部证立的规则	功能选择标准	指导性案例举例
法律规范明晰型	解释的规则	释明法律	第40号
法律适用证立型	教义学论证的规则	补强理据	第2号
法律冲突排除型	判例适用的规则	选择适法	第23号
法律漏洞弥补型	漏洞填补规则	弥补漏洞	第61号
新型案件处理型	空白填补规则	填补空白	第91号
适用偏差矫正型	特殊的法律论证规则	澄清误会	第24号

① ［德］罗伯特·阿列克西：《法律论证理论——作为法律证立理论的理性论辩理论》，舒国滢译，中国法制出版社2002年版，第286—351页。

表4-1在借鉴吸收阿列克西相关研究成果的基础上，结合案例所发挥的功能与作用，将我国具有典型性的指导性案例划分为六种类型，并由此究及案例遴选标准问题，旨在进一步细化和明晰"典型性"指导性案例遴选标准的实质性内涵，从而为遴选和创制出富有典型性的案例提供一些参考。

附带提及的是，除了上述由常见的法律论证规则推导出来的遴选标准之外，我国目前指导性案例的遴选标准实际上还涉及宣教类案例。这类案例的主要功能是普及法律知识、宣传法治精神等，[①] 故其遴选标准自然重在案件之法治宣传教育的价值、作用及案件社会影响力等方面。从司法实践来看，宣教类的案例在化解纠纷方面，或者在给法官裁判案件树立新的规则方面，效果较弱，因而此类案例的援引率较低，平均每个案例被引1.5次。[②] 有鉴于此，如果强化案例遴选标准对典型性的要求，则不能仅以案件宣教功能的强弱、社会影响力的大小为判断标准，还应着重根据司法实践的需求情况来确定判断标准，也就是从能否释明法律规范、弥补法律空缺、提供规则指引、产生司法效能等方面综合考量案件选择标准问题，以求较好地解决法律规范与案件事实之间不完全对称或者涵摄的问题。[③] 司法实践本身的需求是最现实、最客观的，适应这种需求的遴选标准才是最合理、最重要的。

从案例指导实践来看，不断优化指导性案例的遴选标准，强化对案件典型性的要求，以助力指导性案例创制生成的优化，则有利于促进案例贴近和满足司法实践的实际需求。下面列举两例加以说明。

第1例：第22号指导性案例"魏某高、陈某志诉来安县人民政府

---

① 石磊：《人民法院司法案例体系与类型》，《法律适用》（司法案例）2018年第6期。

② 张华：《指导性案例的生成技术优化——基于指导性案例司法应用的实证分析》，载陈金钊、谢晖主编《法律方法》第25卷，中国法制出版社2018年版。

③ 孙光宁：《司法实践需要何种指导性案例——以指导性案例24号为分析对象》，《法律科学》（西北政法大学学报）2018年第4期。

收回土地使用权批复案"。

该案例在2013年11月由最高人民法院发布。检索中国裁判文书网可知,截至2023年1月,该案例已被全国范围内近百起行政案件的裁判文书以明示援引的方式引用,援引率在所有行政指导案例中位居前列。这表明该案例在司法裁判实践中发挥了重要的示范、指引作用,是一个成功的案例。其成功的关键在于所选案件具有典型性。

该案例的基本案情是,2010年8月,安徽省来安县国土资源和房产管理局向县人民政府报送请示,请求收回该县某地块的国有土地使用权。县人民政府作出同意收回的批复后,县国土资源和房产管理局未依法制作并向原土地使用权人送达收回土地使用权决定,而是直接根据该批复实施拆迁补偿安置。魏某高、陈某志的房屋位于被收回使用权的土地范围内,其对县人民政府批复不服,提起行政复议。2011年9月,滁州市人民政府作出行政复议决定,维持县人民政府的批复。魏某高、陈某志不服,提起诉讼,被滁州市中级人民法院驳回;其仍不服,上诉至安徽省高级人民法院,该院于2012年9月作出行政裁定,撤销滁州市中级人民法院的行政裁定,指令其继续审理本案。

上述案件涉及内部行政行为外部化后的可诉性问题。最高人民法院将其选作指导性案例,在遴选标准上兼顾了相类案件频发而相关法律规定抽象的现实情况,强化了典型性的要求。该案例有利于缓解司法需求与法律供给之间的矛盾,且能对现有法律的相关规定进行补充和完善,实现法律规则的创新,以助类似后案的裁判获得确切的规则指引。众所周知,因内部行政行为外部化而产生的纠纷,在当下较为多见,具有典型性。而此类纠纷是否在人民法院行政诉讼的受案范围呢?据现行《行政诉讼法》第12条及第13条对能否提起行政诉讼的情形的规定,均难获得明确的答案。司法实践中,法院一般是以内部行政行为不具可诉性为由拒绝受理,行政相对人的权益救济途径因之受阻。有鉴于此，最高人民法院将上述安徽省的行政纠纷案遴选制作成第 22 号指导性案例，并提炼出如下裁判要点：地方人民政府对其所属行政管理部门的请示作出的批复，虽然一般属于内部行政行为，不具可诉性，"但行政管理部门直接将该批复付诸实施并对行政相对人的权利义务产生了实际影响，行政相对人对该批复不服提起诉讼的，人民法院应当依法受理"。由是观之，在现行法律对前述行政诉讼是否应当受理缺乏明确规定的情形下，第 22 号指导性案例的创制者在深入了解案件主要事实的基础上，依循法理，明确了内部行政行为的可诉情形，将实际影响相对人权益的内部行政行为列入行政诉讼的受案范围，确立了内部行政行为外部化具有可诉性的裁判规则。案例所创立的这一新规则，具有较强的普适性，能为大量类似后案的审理提供规则上的明确指引。

总之，第 22 号指导性案例被广泛适用而产生较大影响，获得创制上的成功，根本在于其能选择典型案件、创新法律规则，回应了司法实践的广泛需求。

第 2 例：第 24 号指导性案例 "荣某英诉王某、永诚财产保险股份有限公司江阴支公司机动车交通事故责任纠纷案"。

该案例是目前司法实践中被引用频次最高的案例。据统计，2021年 "法官明示援引最多的仍是指导案例 24 号，明示援引应用案例共计1188 例，包括法官主动援引的 906 例和被动援引的 282 例"[1]；至 2022年，"指导案例 24 号法官明示援引共计 1329 例"[2]。这说明，该案例在司法实践中得到了广泛应用，对统一法律适用、实现类案类判起到了

---

① 郭叶、孙妹：《最高人民法院指导性案例 2021 年度司法应用报告》，《中国应用法学》2022 年第 4 期。

② 郭叶、孙妹：《最高人民法院指导性案例 2022 年度司法应用报告》，《中国应用法学》2023 年第 4 期。

积极的推助作用，是一个非常成功的案例。

上述案例中被告王某驾驶轿车与原告荣某英发生刮擦，致原告伤残，被告永诚财产保险股份有限公司江阴支公司因原告伤残鉴定意见结论中载明"损伤参与度评定为75%，其个人体质的因素占25%"，故提出残疾赔偿金的计算应按损伤参与度系数作相应扣减。该案由江苏省无锡市滨湖区人民法院于2013年2月8日作出初审判决，原告不服，上诉至江苏省无锡市中级人民法院，该院于2013年6月21日作出(2013)锡民终字第497号民事判决。2014年1月26日发布的第24号指导性案例，将其裁判要点概括为："交通事故的受害人没有过错，其体质状况对损害后果的影响不属于可以减轻侵权人责任的法定情形。"

探析上述案例获得成功的因素，是多方面的，而在案例遴选上注重典型性是其成功因素之一。像该案这样因机动车交通事故牵涉特殊体质与侵权责任关系的纠纷在现实生活中十分常见，因其他各种事故牵涉特殊体质与侵权责任关系的纠纷也屡见不鲜。也就是说，该案的法律事实具有很大的普遍性；但规制此类法律事实的法律规范又存在供给不足的问题，导致大量相类案件的处理亟须寻求合适的裁判规则，而该案的裁判正可满足司法实践中的这种现实需求，提供裁判规则上的参照指引，因而该案在法律适用方面具有代表性、示范性。一言以蔽之，该案具有突出的典型性。这正如论者所说："指导性案例24号所针对的问题在司法实践中具有普遍性，而且在立法上没有明确规定……而侵权案件的发生又非常频繁，牵涉其中的被害者也是相当多样的，具有特殊体质者也不在少数。这一现实情况意味着法官需要经常面对这一棘手问题。质言之，在特殊体质影响侵权责任范围问题上出现了法律漏洞。……随着我国私家车保有数量的激增，城市内出现的交通事故在数量上也大大增加，推动了相应的纠纷以案件的形式涌向法院，也增大了此类案件的规则需求，法官面对其中出现的法律漏洞时，急需专门的规则供给，由此指导性案例 24 号便受到了极大欢迎。"① 这其实也道出了第 24 号指导性案例创制成功的一个秘诀，即案件遴选注重典型性。

2. 在案件裁判上强化权威性

被遴选为指导性案例的生效裁判，应在实质要件和形式要件上同时具备一定的权威性，以达到实质正义与程序正义的有机统一。强化和凸显案例遴选标准对权威性的要求，应关注和落实如下主要事项。

（1）案件裁判已产生法律效力

选作指导性案例的案件，必须是裁判结果已经发生法律效力的案件。案件裁判发生法律效力，表明它是一个完整履行法定程序后作出的司法决定，已成为一个具有法律约束力的认定结果，因而更容易得到司法工作者乃至社会公众的认同，也更能彰显法律的权威性。

（2）裁判规则具有正当性和合理性

裁判规则是法律规范的细则化，是司法理性精神和价值的彰显，是社会公平正义理念的体现，事关当事人之间的利益平衡，以及对公平正义的价值追求。因而案件的审理应以实现裁判规则的正当性、合理性为追求目标，以其为灵魂和生命。遴选指导性案例，更应关注裁判规则的正当性、合理性，这样，选作指导性案例的案件才有可能产生权威性。英国著名大法官乔治·杰塞尔（George Jessel）曾言："判例的权威性就在于其中所含原则的可靠性。"② 日本比较法学家望月礼二郎曾指出："判例的权威性和约束力源于其提供了一种公平正义的司法统一尺度。"③ 我国的指导性案例与域外国家的判例虽然不无差异，

---

① 孙光宁：《司法实践需要何种指导性案例——以指导性案例 24 号为分析对象》，《法律科学》（西北政法大学学报）2018 年第 4 期。

② ［英］C. K. Allen, *Law in the Making*, 7th ed, Clarendon Press, 1964, p. 285.

③ ［日］望月礼二郎：《英美法》，郭建、王仲涛译，商务印书馆 2005 年版，第 152 页。

但在权威性形成和确立的路径上是相通的，都主要源自案件裁判规则的正当合理性；易言之，案件裁判规则既符合立法精神，又能满足公平正义的要求，从而有效地沟通立法理性和司法理性，是其权威性得以树立的根本所在。选作指导性案例的案件，其裁判规则只有充分具备正当性和合理性，并因之而产生权威性，才能在审判实践中为类似后案的处理提供正确的方向引导，或带来优质的法律解决方案，从而充分发挥案例在统一裁判尺度、维护社会公平正义方面的作用。

（3）说理论证具有信服力和可接受性

遴选指导性案例，应关注案件裁判理由的论证和说明，因为"必要的说理论证是形成、展现裁判规则的司法理性和正当性，使其获得规范性、权威性的必要条件"[①]；"制作经典裁判文书最重要的部分是裁判理由"，尤其是在"事实认定困难、法律规定模糊或缺失时，裁判说理是否充分关系到裁判依据是否权威、裁判结论是否可信"[②]。这也就是说，案件裁判的说理论证充分有力，具有信服力和可接受性，是其权威性生成的重要力量源泉。因此，强化指导性案例遴选标准对权威性的要求，则应强调案件裁判说理论证的力度和质量，比如，立足事理，兼顾情理、法理和学理，善用文理，充分阐明裁判的正当性理由，达到说理准确、精当而透彻，足以使裁判结论获得当事人认可、同行认同、社会认许；换言之，即要求法官在案件事实认定清楚、证据完整充分、法律适用准确的基础上，能够运用科学合理的法律推理方法与法律逻辑对裁判理由进行充分的论证和明确的阐释，令人心悦诚服。

（4）综合考察裁判的审级、时间、反响等情况

除了上文所述的选择标准外，还可设置一些程式化的考察内容，

---

① 张骐：《论案例裁判规则的表达与运用》，《现代法学》2020 年第 5 期。

② 武静：《裁判说理——适用指导性案例的理论与实践皈依》，《河北法学》2017 年第 1 期。

作为案例遴选标准的组成部分，以保障所选择的案件裁判具有权威性。具体言之，可作如下程式化考察。

其一，考察裁判的审级。在同时同类的案件裁判中选择审级最高的裁判。在同一时间段内，如果级别较高的法院和级别较低的法院对同一类型的案件作出了生效裁判，一般应选择级别较高的法院作出的裁判转化为指导性案例。

其二，考察裁判的生效时间。在同类案件中选择生效时间居后的裁判。两个（或多个）案件都属于同一类型，比如都是环境行政公益诉讼的案件，只是案件裁判生效时间不同，一般应选择生效裁判在后的案件转化为指导性案例。这主要是考虑到生效时间在后的裁判从质量上讲一般会后出转精，特别是随着法律制度的不断发展和优化，裁判生效时间在后的案件会对以前同类案件的裁判规则进行修正或完善，这有利于保证案件裁判的权威性。

其三，考察裁判的被认可度。裁判结果生效后，未引起异议和负面评价，经得起社会公众的监督和检验，且通过一段时间的沉淀，还经得起业内专家的专业性审查，则表明案件裁判能得到较为广泛的认可，具有一定的权威性与公信力，可以选作指导性案例。

下面，仍以上文提及的第24号指导性案例"荣某英诉王某、永诚财产保险股份有限公司江阴支公司机动车交通事故责任纠纷案"为例，简要阐述遴选案例应注意案件裁判的权威性问题。

如前所述，第24号指导性案例援引率甚高，是一个很成功、优秀的案例。将案件裁判的权威性作为遴选标准的重要内容，也是其成功因素之一。这主要体现在如下几个方面。

第一，该案的判决已发生法律效力，且为高一级人民法院的终审判决，其已成为一个具有法律权威性和法律约束力的认定结果。

第二，该案的裁判规则公正合理。该案判决所体现的裁判规则是：

"交通事故的受害人没有过错，其体质状况对损害后果的影响不属于可以减轻侵权人责任的法定情形。"此裁判规则于法有据、于理合宜、于情相容，很好地实现了法律公平正义的要求，具有良好的价值导向作用。它既符合我国《侵权责任法》第6条第1款"行为人因过错侵害他人民事权益，应当承担侵权责任"之规定的精神，又相契于域外国家司法实践中广泛运用的"蛋壳脑袋规则"，即受害人的特殊体质和损害的发生不具有因果关系，充分彰显了保护弱势群体合法权益的司法理念。此对过去司法裁判中考量受害人特殊体质因素的不合理做法有所矫正。

第三，该案裁判说理论证充分，令人信服。该案裁判认定受害人不应对特殊体质在伤残中存有参与度而负担相应责任，并就此多维度、多层次地展开了较为充分细致的说理论证：从分析和解释《道路交通安全法》的相关规定入手，论证受害人个人体质原因不能认定为受害人的过错，其不构成过错相抵；从交通事故受害人发生损伤及造成损害后果的因果关系的角度进行考察论析，证明受害人的损害后果与加害人的行为之间符合相当因果关系；从我国《侵权责任法》立法的目的和原则的层面进行论证，说明由加害人承担全部责任符合该法的原则精神；等等。其说理论证有理有据、深入透彻、逻辑自洽，增强了裁判结论的说服力和公正感。

第四，该案裁判不仅没有引发相关争议和负面反馈，反而具有良好的示范价值以及广泛的可接受性。这从该案作为案例发布后所产生的法律效应和社会效果可略窥一斑。有学者指出："引用频率最高的是第24号指导性案例……对引导办案法官统一裁判标准，实施类案指导，规范司法行为产生了积极作用。"[①] 还有学者说："让其（按指受

---

① 匡爱民、严杨：《增列"以案例为指导"司法审判原则的思考》，《江西社会科学》2018年第6期。

害人）承担部分责任在道德上会引发较大争议。为了解决这个道德难题，最高人民法院发布了第 24 号指导性案例，明确了受害人的特殊体质不构成过错，不得以此减轻侵权人的责任。该案确立的裁判要点被各级法院援引和参照两千余次，改变了以往按照受害人特殊体质参与度扣减责任的做法，统一了裁判尺度，解决了道德争议。"①

第五，经专家学者审查评议，该案裁判被认定为有示范参照的价值。该案经江苏省高级法院审判委员会讨论，被认为符合最高人民法院《关于案例指导工作的规定》的要求，对指导类似案件的审判以及保护被侵权人合法权益等方面有一定意义；经最高人民法院案例指导工作办公室集体讨论通过后，又征求了最高人民法院民一庭的意见，该庭专家审查认为，本案裁判说理清晰，结论正确，有利于澄清实践中的不当认识，具有一定示范意义。② 如此审查意见，其实认可了该案裁判的权威性。

从以上几个方面来看，将"荣某英诉王某、永诚财产保险股份有限公司江阴支公司机动车交通事故责任纠纷案"选定为指导性案例，是将案件裁判的权威性作为一个重要的遴选标准。这种做法是值得肯定的。要实现指导性案例创制的优化，就应当不断强化遴选标准中的权威性要求。对此案作如上考察分析，意在说明重视案件裁判权威性的必要性，并为遴选权威性案件提供一个具有推广意义的样本，以促使更多更好的类似案件被发现、被选用。

二 构建有利于优质案例产生的遴选程序

指导性案例的创制主体扩大至高级人民法院、中级人民法院，那

---

① 孙海波：《中国司法回应道德的法理与路径选择》，《法制与社会发展》2023 年第 5 期。
② 参见最高人民法院案例指导工作办公室《〈荣宝英诉王阳、永诚财产保险股份有限公司江阴支公司机动车交通事故责任纠纷案〉的理解与参照——个人体质特殊不属于减轻侵权人责任的情形》，《人民司法》2015 年第 12 期。

么，指导性案例的遴选、编制、发布、清理等事务的责任主体就应当包括高级人民法院、中级人民法院，而不只是最高人民法院。最高人民法院除了自为创制主体之外，还应在全国各地法院的指导性案例创制过程中起统筹协调、审查把关的作用。在此格局下，指导性案例遴选程序的设计和优化，应注意如下两个方面。

1. 创新遴选程序，拓宽案例发现的渠道

受限于最高人民法院《关于案例指导工作的规定》第 4 条对案例遴选程序的规定，目前指导性案例需要在法院系统内部"逐级把关、层报推荐"中产生，案例发现的渠道还较为狭窄、单一，因而有必要优化案例的遴选程序，拓宽渠道，发现有价值的指导性案例素材。

（1）疏通案例发现的内部渠道

最高人民法院、高级人民法院和中级人民法院在案例遴选阶段可以发挥主观能动性，注意在各自所承办的案件中发现和培育具有指导性案例潜质的案件，注意从各自审理且已发生法律效力的案件中发掘出有可能转化成指导性案例的案件，注意发动所辖下级法院的法官推荐报送有价值的案件。此外，要特别注意深度挖掘与分析在司法实践中当事人普遍关注、经常提及的案件，考察其转为指导性案例的可能性；此类案件被人关注、反复提及，说明其所涉及的问题在司法实践中已成为普遍性问题，同时也可能是法律规定不明确或有漏洞的问题。及时发现此类具有典型意义的案件，并将其转化为指导性案例，会极大地发挥指导性案例的指引作用。例如，最高人民法院的（2017）最高法行再 95 号判决书，[①] 在后续类似案件中经常被人提及；就笔者查

---

① 《黄玉卿、黄健信城乡建设行政管理：房屋登记管理（房屋登记）再审行政判决书》，（2017）最高法行再 95 号。

阅所见，至少有 14 个行政案件的当事人、[①] 1 个民事案件的当事人曾引用该案件[②]。（2017）最高法行再 95 号判决针对"撤销房屋登记的阻却事由"，明确了如下裁判规则：已设定有合法抵押权的房屋，如果符合善意取得的事实构成要件，即构成对撤销房屋登记的阻却事由。但由于该案非指导性案例，当事人援引其判决未获得法院支持，如（2019）川 13 行终 158 号房屋登记管理纠纷案，上诉人市房管局举示（2017）最高法行再 95 号判决，提出该"判决虽然不是指导案例，但最高人民法院对'如果房屋抵押权符合善意取得的事实构成要件要素，则该善意取得亦可以构成对撤销房屋登记的阻却事由'的裁判理念应当是司法裁判的共识"，但法院在裁判文书中还是认定（2017）最高法行再 95 号案件"并非最高人民法院发布的指导性案例，对本案的裁判不具有拘束力"。又如，最高人民法院（2015）行提字第 39 号案件为行政诉讼案，在行政诉讼活动中经常被当事人提及或援引（见本书第二章第四节所述）。像此类案件，可考虑将其作为指导性案例素材的一个来源渠道，从中发现符合指导性案例条件的案件，并将其转化为案例。寻检和发现此类案件，也不是十分困难，只需对近些年来的裁判文书进行相关统计分析，即可获得一些有价值的线索。

综上所述，在指导性案例创制主体扩大后，各创制法院在案例遴选程序上要不断优化和完善，不能只是被动等待下级法院层层报送或社会各界提议推荐，而可利用自己的审判实践活动去主动寻求与发现被社会公众广泛关注、当事人经常引述的案件。这样，会发掘出一些更具针对性、实用性的案例素材，使案例遴选和创制更有效地适应司

---

① 参见（2019）川 13 行终 158 号、（2019）豫 04 行终 2 号、（2019）豫 01 行终 290 号、（2019）豫 0103 行初 98 号、（2019）豫 0103 行初 97 号、（2020）鲁行再 65 号、（2020）浙行申 15 号、（2020）湘 1021 行初 247 号、（2020）琼 9003 行初 15 号等。

② 参见（2019）鄂 01 民终 9024 号。

法工作的实际需要，有利于解决司法实践中具有普遍性、在立法上缺乏明确规定的问题；变被动等待为上述主动发现，除了能让指导性案例的遴选程序焕发出活力，觅得优质案例素材，还可以减少不同法院为了回应、解释当事人所引同一案件的适用问题而进行的重复性劳动，有节约司法资源之效。此外，主动发现和选取案例，也有助于避免过去层报推荐案例所带来的行政化因素的干扰。

关于疏通案例发现的内部渠道问题，笔者在较早之时就有一个构想，即着力从最高人民法院审结的案件中发现指导性案例素材，并简化其审结案件转化为指导性案例的程序，从而大幅度提升其审结案件在指导性案例中的比重。最高人民法院每年都要受理和审结大量各种类型的案件，仅以最近两年最高人民法院工作报告公布的数据来看，最高人民法院 2021 年受理案件 33602 件，审结 28720 件；2022 年受理案件 18547 件，审结 13785 件。数量如此之大的案件，从来源上看，覆盖全国各地；从类型上看，涉及各种各样的法律领域；从审理过程看，往往先后经历了不同级别法院的反复审理（比如经由基层法院一审、中级法院二审、高级法院再审直至最高人民法院提审或再审），其基本事实、争议焦点、法律适用等方面的问题经过不断质证论辩而愈来愈明晰；从裁判结果看，事实认定更加实质化，法律适用更加精准有效，结论也更加公平正义……因此，充分利用最高人民法院审结的案件，最容易发现有价值的指导性案例素材，也最容易创制出具有典型性、权威性、示范性的指导性案例。基于此，在疏通和拓展案例发现的内部渠道时无疑应当高度关注最高人民法院审理和裁决的案件，将其作为案例素材的重要来源渠道，并构建起使其案件转化为指导性案例的简便可行的程序机制，以促进高质量的指导性案例源源不断地生成面世。如是而行，那么每年产生为数众多的指导性案例将不再是困难之事，指导性案例供给不足的窘况也将会大大纾解。可喜的是，目前相关主管部门已注意到了这一点。2021 年 6 月，中央司法体制改革领导小组印发了《关于完善四级法院审级职能定位的改革方案》，提出"完善将最高人民法院裁判转化为指导性案例工作机制"；2021 年 12 月，最高人民法院印发了《关于推进案例指导工作高质量发展的若干意见》，明确指出："注重将大法官裁判、最高人民法院裁判转化为指导性案例。充分发挥大法官裁判、最高人民法院裁判指导审判作用，按照关于完善四级法院审级职能定位改革的有关要求，建立和完善将大法官裁判、最高人民法院裁判转化为指导性案例的工作机制。最高人民法院、高级人民法院审判委员会审议案件时，设置审议案件能否转化为指导性案例的审议事项，明确相应审查发布程序。"笔者认为，这一思想理念、工作思路是切实可行的，可谓找到了破解指导性案例供给不足这一难题的一个重要突破口；目前的关键问题是，如何建立起便捷高效的相关遴选、审查程序，以使上述思想理念、工作思路尽快付诸案例创制实践。就最高人民法院裁判遴选为指导性案例的程序而言，笔者认为，最高人民法院大法官审结的案件，可以直接提交最高人民法院审判委员会审议，如无明显不合适的情形，一般都转化为指导性案例。最高人民法院各审判业务部门审结的案件，经部门筛选、推荐，提交最高人民法院审判委员会审议，通过后转化为指导性案例；要尽量减少部门内部筛选、推荐的程序环节，使之简便易行。审议案件能否转化为指导性案例，主要考察备选案例与已有指导性案例及相关法律规定是否存在相互龃龉、彼此重合等情形。

最后，想结合具体案例的产生过程，附带谈谈着力从最高人民法院审结的案件中发现指导性案例素材的必要性和有利性。在笔者看来，关注最高人民法院审理和裁决的案件，将其作为案例素材的重要来源渠道，可以优化遴选程序，减省推荐递报过程中的一些中间环节，使生效裁判转化为指导性案例的周期大大缩短，有利于疏通和拓宽案例的内部发现渠道。举两个案例来进行说明。先看第 84 号指导性案例"某某公司诉常州某某制药有限公司侵害发明专利权纠纷案"，原案由江苏省高级人民法院一审，最高人民法院二审，于 2016 年 6 月 16 日公开宣判。经最高人民法院民三庭审判长联席会议讨论，建议推荐为指导性案例。2016 年 10 月 28 日，最高人民法院案例指导工作办公室收到该案例后，对其进行初审、修改。2017 年 1 月 22 日，最高人民法院研究室室务会经讨论，原则同意推荐该案例；2 月 21 日，该案例经最高人民法院民专会第 261 次会议讨论原则通过，民专会提出调整裁判要点、缩减文字篇幅等修改意见。此案例经民三庭、研究室修改后报经院领导审核签发。2017 年 3 月 6 日，最高人民法院以法〔2017〕53 号文件将该案例列在第 16 批指导案例予以发布。[①] 可见，该案例的原案审结的法院为最高人民法院，审级层次高，可以省去推荐递报的某些中间环节，故将其生效裁判转化为指导性案例，耗时不多，约 7 个月。再看第 102 号指导性案例"付某豪、黄某超破坏计算机信息系统案"，原案由上海市浦东新区人民法院于 2015 年 5 月 20 日作出判决，二被告人均未上诉。上海市浦东新区人民法院审判委员会于 2016 年第 9 次会议（2016 年 8 月 18 日）讨论决定，将该案作为备选指导性案例提交上海市高级人民法院审判委员会讨论。上海市高级人民法院审判委员会于 2016 年第 10 次会议（2016 年 10 月 8 日）讨论，同意将该案作为备选指导性案例向最高人民法院案例指导工作办公室推荐。2018 年 4 月 19 日，最高人民法院研究室室务会经过讨论，同意推荐，并要求征求相关部门意见。最高人民法院刑三庭、研究室刑事处以及最高人民检察院研究室、公安部法制局均回复同意推荐。12 月 4 日，最高

---

① 参见吴蓉、石磊《〈礼来公司诉常州华生制药有限公司侵害发明专利权纠纷案〉的理解与参照——被诉侵权药品制备工艺的技术事实查明及确定》，《人民司法》2021 年第 17 期。

人民法院刑专会第 326 次会议讨论通过该案例。2018 年 12 月 25 日，最高人民法院以法〔2018〕347 号文件将该案例列在第 20 批指导性案例予以发布。① 可见，该案由其裁判生效到转化为指导性案例，周期甚长，历时三年多，其根本原因在于原案审理的法院层级较低，通过层层推荐递报要多一些环节，费一些时间。将以上两个审级层次不同的案件转化为案例的过程进行比较，可以明显地看到，最高人民法院审结的案件转化为指导性案例，因中间环节相对较少，相比基层人民法院审结的案件缩短了不少时间。因此，疏通、拓展案例发现的内部渠道，十分有必要关注最高人民法院审理和裁决的案件，将其作为一个重要的来源渠道，这样会及时快速地发现一些有价值的案例素材，有利于创制出数量更多、质量更好的指导性案例。

（2）开辟案例发现的外部渠道

案例的发现和选用除了要对内挖掘潜力之外，还应向外拓展，开辟外部发现的渠道。《关于案例指导工作的规定》第 5 条规定："人大代表、政协委员、专家学者、律师，以及其他关心人民法院审判、执行工作的社会各界人士对人民法院已经发生法律效力的裁判，认为符合本规定第 2 条规定的，可以向作出生效裁判的原审人民法院推荐。"此处指出了借助外部社会力量发掘案例素材的一些途径。当然，这种由社会力量参与指导性案例创制工作的机制，在实践中也会遭遇一些挑战和难题。有学者指出，由于受社会认知度、裁判文书公开度等因素的制约，指导性案例生成过程中的社会推荐模式目前遇到严重瓶颈：各社会主体的推荐意愿虽然非常高，但实践中参与推荐案例的情况极为罕见，使这一社会参与推荐指导性案例的机制沦为虚置装置；此外，社会推荐模式的功能发挥还可能会因社会主体的不同心理期待及能力

---

① 参见李俊、白艳利、石磊《〈付宣豪、黄子超破坏计算机信息系统案〉的理解与参照——DNS 劫持型流量劫持行为的刑事司法认定》，《人民司法》2021 年第 17 期。

产生畸变。① 笔者认为，将案例推荐主体扩大至所有社会各界人士，广泛动员法院系统之外的其他社会群体参与案例推荐工作，这样，社会公众的诉求可借此传递给人民法院，人民法院可从中吸纳有益的意见，形成双向良性互动，有利于拓宽案例的发现渠道，发掘出更多具有价值的案例素材；目前案例的社会推荐机制尚不完善，以致实际运行面临一些困境，这是暂时现象，只要我们不懈探索，对相关机制不断调整和优化，是可以实现案例社会推荐的预期目标的。

在实践中，要不断构建和完善案例社会推荐的相关机制：进一步畅通社会群体推荐案例的渠道，如开设专用邮箱、微信公众号、热线电话等，尽量给社会各界人士推荐案例提供便利；允许社会各界人士以不同形式向作出生效裁判的原审法院推荐，或直接向原审法院的上级法院案例指导工作办公室推荐；实现社会推荐案例的有效管理与高效反馈，保证每个推荐案例都有登记、有审查、有回应，特别是在收到推荐意见后决定是否予以采用，应及时以书面形式（包括手书信函、电子邮件、手机短信等）给推荐人明确答复，并附以简要的理由；建立案例社会推荐的激励机制，对案例推荐表现突出者给予一定的物质或精神奖励，以调动社会公众参与推荐的积极性。

从最高人民法院已经发布的指导性案例来看，目前尚无来自人大代表、政协委员、专家学者、律师等社会群体推荐的案例。② 因此，案例创制主体扩大后应在这方面多做工作，以求拓展和畅通案例发现的外部渠道。笔者认为，各案例创制法院要做的一个重要工作是，对社会公众进行案例推荐方面的宣传和引导，使其明晓案例推荐的意义、标准、流程等。这种宣传引导，可以采取讲座、培训、展览等方式进

---

① 段陆平：《指导性案例社会推荐模式初论——以〈最高人民法院关于案例指导工作的规定〉为例》，《社会科学研究》2012 年第 5 期。

② 杨放：《人民法院案例指导制度的实践样态与优化路径》，《重庆行政》2022 年第 3 期。

行，甚至可纳入普法宣传教育的规划体系和年度计划之中。

2. 规范遴选程序，减少行政因素的影响

指导性案例的遴选程序，应立足于审级制度及司法实践，减少司法程序之外的其他力量的干预，而使之与裁判活动保持紧密的联系。扩大案例创制主体的范围，使高级人民法院、中级人民法院进入其中，有权直接遴选指导性案例，这减少了中间推荐报送的环节，在一定程度上可避免不同层级法院行政化因素的干扰。但在此基础上，还有必要采取一些有效的措施，使案例遴选程序得到进一步规范，以降低行政化因素的影响。具体说来如下。

各案例创制法院的案例指导工作办公室定期组织本院的案例申报、审查工作。首先，案件主审法官提出富有典型性、权威性、指导性的案件，由其所在的业务庭进行讨论，通过后报案例指导工作办公室；然后，案例指导工作办公室组织主审法官、院内审判业务部门人员、案例指导工作专家委员会、有经验的法官等对各业务庭所报的案件进行审查、预选，预选确定的案件由主审法官按照规定的体例撰写案例文本初稿；初稿完成后，由案例指导工作办公室组织相关专家、业务人员、主审法官等进行分析、讨论与解读，听取各方的意见，推出备选的指导性案例；确定为备选的案例，再由主审法官吸收各方意见，对案例文本作进一步修改，完成后由案例指导工作办公室提交本院审判委员会讨论、审议；审议通过后的备选案例，在院内进行公示，并广泛征求意见。公示无异议后，呈报最高人民法院审查。其后续审查等事宜，见本书第三章第一节所述，兹不赘言。上述遴选程序设计的核心内容和目标是，让原案主审法官参与案例创制工作，以求案例文本能真实反映原审裁判情况；由熟悉审判业务的法官和专家进行评议、筛选，把住案例质量关；以内部公示的形式征求意见，吸收更多合理化建议，并实施监督，从而在一定程度上避免行政权力的介入，使遴选的行政化逻辑转变为公开透明的制度逻辑，令一些真正优秀的案例在平等公正的遴选环境下脱颖而出。

三　不断提升案例文本编辑质量

我国的指导性案例不同于英美法系国家的判例，后者在判决作出后即能自动生成，不需另行编写加工；而我国的指导性案例文本短时间内无法实现自动生成，需要经过法官对原始裁判文书进行重新剪辑加工方能发布。不过，这种剪辑加工是有限度的，应避免文本垄断，防止因剪辑加工而失去原始裁判文书的本意，影响司法的公正性；剪辑加工还应注意浓缩信息，提取精华，便于阅读理解、参照利用。

1. 由主审法官编写案例文本

编制指导性案例文本，需要对原始裁判文书进行改写加工，且要做到简明准确，忠实于原文，不能遗漏或扭曲原始裁判文书中的重要信息。为此，案例文本的编制工作一般情况下应由原案主审法官来担纲。原案主审法官对案件情况已有全面深入的了解，对原始裁判文书的内容也十分熟稔，所以让其负责案例文本的编写工作，其能准确把握裁判文书的内在逻辑结构、关键内容、裁判理由等，故在裁剪加工原始裁判文书时自然驾轻就熟，能兼顾案例的完整性、系统性，容易做到文字简约而不失原始裁判文书的真意，从而保障指导性案例文本的客观性、缜密性和权威性，保证案例文本的编辑质量。这是由其他人代替原案主审法官编写案例文本而难以企及的。

扩大案例创制主体，使中级人民法院与高级人民法院成为指导性案例的创制主体，有利于这两级法院的主审法官发挥其编写指导性案例文本的优势。其一，这两级法院的法官一般具有较强的审判能力，在司法审判实践中积累了丰富的审判经验，不少法官还获得了法学硕士或法学博士学位，^① 有深厚的法学功底。其二，这两级法院的法官熟悉辖区的社会经济、风俗习惯等情况，更了解当地司法实践需要何种案例，因而创制出的案例更能适应本地区的司法实践需求。其三，这两级法院对众多的案件具有事实上的司法确认权，很多生效的案件裁判文书是由这两级法院的法官作出的，当其中的一些案件转化为指导性案例时由他们编写案例文本，基于对案情的了解和裁判文书的熟悉，会又快又好地完成编写工作，从而缩减指导性案例产出的时间，及时地反映司法实践中出现的新问题、新情况，克服指导性案例供给的滞后性。

2. 裁判要点的编写应言简旨深

裁判要点是案例亮点的概要表述文字，是类案参照适用的规则和标准，对同类案件的裁判具有指导意义。裁判要点本身不出现在原始的裁判文书中，而是案例文本编写者从中提炼总结出来的，其以概括的方式归纳原裁判文书中具有指导性意义的主要内容，言简旨深，对法官办理类似案件具有重要的参照、指引价值。不过，有学者提出不必过度关注裁判要点，否则，会使人们忽视指导性案例的裁判理由，并使指导性案例变成另一种形式的司法解释或成文法；^② 还有学者指出，目前有些指导性案例的裁判要点与司法解释有实质内容上的重复，使人怀疑其独立存在的价值；^③ 甚至有学者建议取消裁判要点，或借鉴日本的做法将其定位为判例的索引。^④

笔者认为，指导性案例的裁判要点有其存在的合理性，不必废除，

---

① 骆旭旭：《建构"网络分权"模式的案例指导制度——以制度经济学为视角》，《华侨大学学报》（哲学社会科学版）2009 年第 4 期。

② 张骐：《再论指导性案例效力的性质与保证》，《法制与社会发展》2013 年第 1 期。

③ 陈兴良主编：《中国案例指导制度研究》，北京大学出版社 2014 年版，第 67 页。

④ 邵新：《规范化案例指导制度的法理与技术——一个实践刑法学视野的回应》，《法治现代化研究》2019 年第 2 期。

且应予以重视。我国各级法院普遍面临着"案多人少"的司法困境，节约人力资源是势之所趋、事之必然，而裁判要点能够帮助法官快速锁定指导性案例的内容，节省法官的时间精力，提高参照应用指导性案例的效率。随着案例指导制度的不断发展，案例数量不断增多，法官利用人工智能辅助司法更需要借助于裁判要点，进行案例的搜索、检读等。指导性案例裁判要点的编写应当朝着精细化的方向发展，不断提高编写质量，概括、抽绎出案例中所含的法律规则、裁判方法等，以指引法官的审判工作。编写裁判要点要想做到言简旨深，实现案例文本编辑质量的提升，应注意以下几点。

（1）精准地提炼概括

编写指导性案例裁判要点，要立足于案情，忠实于原生效裁判，对原案的事实认定、法律适用等问题进行精准的提炼概括。其归纳概括不能过于抽象而脱离案件的重要事实，也不能背离原案事实任意发挥而臆造新的规则。[①] 编写裁判要点，应基于原裁判文书的信息内容，围绕案件的主要争议点，进行发掘梳理、提炼概括，尽力提供可行的审查判断标准和法律解决方法；要点的概括、表述应兼顾抽象性与具体性，恰切适当，做到精练准确、简明深刻。就一些广为司法界关注、援引率较高的指导性案例来看，其裁判要点的编写往往能达到上述要求。如第 22 号指导性案例"魏某高、陈某志诉来安县人民政府收回土地使用权批复案"的裁判要点编写即是其例。原裁判文书（2012）皖行终字第 14 号对来安县人民政府作出《关于同意收回永阳东路与塔山中路部分地块国有土地使用权的批复》这一行为的属性未作明确的界定，而第 22 号指导性案例的裁判要点立足于原裁判文书所述基本事实，深入挖掘阐发，精确提炼，将其行为确切地定性为"内

---

① 吴建斌：《指导性案例裁判要点不能背离原案事实——对最高人民法院指导案例 67 号的评论与展望》，《政治与法律》2017 年第 10 期。

部行政行为",为焦点问题的辨析和裁判理由的证立奠定了基础。又如,该案中来安县国土资源和房产管理局在收到县人民政府的批复后,没有依法制作并向原土地使用权人送达收回土地使用权决定,而直接收回了两被告的土地使用权。对此事实,第 22 号案例裁判要点所作的归纳概括是"行政管理部门直接将该批复付诸实施并对行政相对人的权利义务产生了实际影响",这一精准的概括深刻地揭示了上述事实的本质特性——批复的法律效力外部化。这样,内部行政行为外部化具有可诉性的认定也就顺理成章地得以成立。再看一个例子,即前文提及的第 24 号指导性案例"荣某英诉王某、永诚财产保险股份有限公司江阴支公司机动车交通事故责任纠纷案",其裁判要点是:"交通事故的受害人没有过错,其体质状况对损害后果的影响不属于可以减轻侵权人责任的法定情形。"这一要点的归纳概括十分精准到位,堪称典范。有学者评价说:"裁判要旨的概括既不能过于抽象,漫无边际,也不能过于具体,就案论案,难以让类似案件参照。……指导性案例 24 号的裁判要点非常简洁、清晰和明确,无需借助于自由裁量即可作出裁判,这种一刀切式的特点是其获得高频次引用的明显优势","这种清晰的表述对于法官来说是一种直接而明确的指示。从法律解释方法的角度而言,指导性案例 24 号的裁判要点只需要运用文义解释方法就能够判断法律规范与相应案件事实之间的关系,无需运用其他解释方法来考察规范之外的因素。"[1]

(2) 努力创新法律规则

编写指导性案例裁判要点,要致力于创新法律规则,为同类后案的裁判提供确切具体的规则指引,并促进法律制度的构建与完善。指导性案例的功能之一是填补现有法律法规、司法解释的漏洞或空白,

---

[1] 孙光宁:《司法实践需要何种指导性案例——以指导性案例 24 号为分析对象》,《法律科学》(西北政法大学学报) 2018 年第 4 期。

所以归纳、编写案例的裁判要点应当发挥创新精神，在深入了解案件主要事实的基础上，准确把握现有相关法律法规和司法解释的精神及其得失，深入挖掘案件的内涵，对现有法律法规或司法解释的相关规定进行延展、补充和完善。以第22号指导性案例为例，其在裁判要点的归纳和编写上富有创新精神，值得关注和取法。该案例对魏某高、陈某志诉来安县人民政府收回土地使用权批复案进行了深度发掘，归纳概括裁判要点时能根据立法目的和立法原义，对现有相关法律规范进行适当延展、补充，能在法律规定模糊之处为相类后案的裁判提供特定规则上的指引。该案例的裁判要点确立了"内部行政行为外部化后具有可诉性"的新裁判规则，扩大了行政诉讼的受案范围，是对"内部行政行为不可诉"的传统观念的突破和重构，是对现行法律规范的弥补与完善。该案例不为现有的法律规范所囿，而依据现代法治理念和精神，创造性地总结和提出新的裁判规则，以提升案例文本编辑质量，这可谓是其获得成功的重要因素。

（3）关注司法实践效果

编写指导性案例裁判要点，要关注司法实践效果，使案例所确立的裁判规则能适应法治建设、社会发展的需要。在编写指导性案例裁判要点、设计裁判规则的过程中，对其可能产生的法律效果、社会效果等要进行前瞻性预测，充分考虑案例发布后对类似案件事实认定与法律适用可能产生的影响，防止指导性案例冲击现有的法律制度，造成法律体系的混乱；避免指导性案例对社会公平正义产生负面效应；等等。前述第22号指导性案例的编写创制，对上述问题有充分的考量。其裁判要点指出，内部行政行为外部化后对行政相对人的权利义务产生实际影响的，具有可诉性。如此要点所确立的裁判规则，从司法实践来看，一方面能畅通行政相对人权利救济的途径，为权益受损的行政相对人提供司法保护；另一方面，可以限制行政机关行政权的行使，防止公权力的行使给行政相对人合法的权利义务带来实际影响，监督与促进行政机关依法行政。因此，上述裁判规则的创设与确立，相契于当下行政诉讼法在受案范围上的立法意图、立法目的和价值取向，具有理据性和适时性。2014年新修订的《行政诉讼法》将过去的"具体行政行为"均改作"行政行为"，2015年发布实施的《最高人民法院关于适用〈中华人民共和国行政诉讼法〉若干问题的解释》第3条在规定不属于立案范围的情形时，将"法释〔2000〕8号"中的"对公民、法人或者其他组织权利义务不产生实际影响的行为"改作"对其合法权益明显不产生实际影响的"。这都表明，现行行政诉讼法在立法上是有意拓宽受案范围的，降低行政相对人进入诉讼的门槛，其目的明显在于畅通行政相对人权益的救济渠道，强化对行政相对人权益的司法保护，同时也使行政权力的运行得到有效的规范和制约。第22号指导性案例裁判要点所确立的裁判规则，不将内部行政行为一概排除在受案范围之外，以拓展相对人的权益救济路径，这与上述行政诉讼法立法的意图、目的和取向十分契合，体现了当下行政诉讼法的先进理念，顺应了行政法治发展的时代走向。

3. 裁判理由的阐述要充分有力

裁判理由部分"是指导案例裁判要点的来源和基础，是联系基本案情和裁判结果的纽带"①，是案例文本中的重要组成部分，在案例指导实践中能为法官提升案件裁判的正当性和公信力提供有效的指导。其在编写、阐述上应注意在原裁判文书释法说理的基础上进一步升华和完善，做到析理精当透彻，论证充分有力，逻辑严谨顺畅，以增强裁判结论的说服力和可接受性，从而优化案例文本的编

---

① 胡云腾、吴光侠：《指导性案例的体例与编写》，《人民法院报》2012年4月11日第8版。

辑质量。具体言之，裁判理由的编写、阐述要重视和处理好如下主要事项。

(1) 紧扣裁判要点与相关法条

案例文本的裁判理由部分是对裁判结论的作出及其法律的适用进行说理论证，以确证其正当性；裁判要点部分是对案件裁判规则或方法所作的提炼概括；相关法条部分是作出案件裁判的主要法律依据。这样，裁判理由的阐述紧扣裁判要点展开，有助于证成裁判规则的正当性、合理性；裁判理由的阐述紧扣相关法条来展开，则其理由的证立可以获得坚实的法律基础。因此，裁判理由的论述以裁判要点、相关法条为中心，与其紧密关联，可以保障和增强案例文本说理论证的信服力和可接受性。相反，裁判理由如果疏离裁判要点、相关法条，其说理论证的权威性、公信力会大为减弱，甚至可能引发质疑和争议。对此，不妨以第 67 号指导性案例"汤某龙诉周某海股权转让纠纷案"为例略作阐述。该案例的裁判要点为："有限责任公司的股权分期支付转让款中发生股权受让人延迟或者拒付等违约情形，股权转让人要求解除双方签订的股权转让合同的，不适用《中华人民共和国合同法》第 167 条关于分期付款买卖中出卖人在买受人未支付到期价款的金额达到合同全部价款的五分之一时即可解除合同的规定。"其裁判理由的第四点是："从维护交易安全的角度，一项有限责任公司的股权交易，关涉诸多方面，如其他股东对受让人汤某龙的接受和信任（过半数同意股权转让），记载到股东名册和在工商部门登记股权，社会成本和影响已经倾注其中。本案中，汤某龙受让股权后已实际参与公司经营管理、股权也已过户登记到其名下，如果不是汤某龙有根本违约行为，动辄撤销合同可能对公司经营管理的稳定产生不利影响。"自该案例于 2016 年 9 月发布以来，"分期付款股权转让合同的解除问题引发了学界的激烈讨论，也得到了司法实践的回应……学界对于指导案例 67 号的讨论主要集中于对其裁判理由和裁判规则的分析"①，且对其中第四点裁判理由的讨论最多，批评质疑也尤为突出而强烈，说明案例的说理论证未达预期目标。究其原因，在很大程度上是因为第四点裁判理由没有围绕裁判要点以及《合同法》第 167 条展开充分论证。第四点裁判理由是从维护交易安全的角度讨论合同解除权行使问题，而这一点不是原裁判文书所有，系案例编制者所增加，说明交易安全并非法院裁判所关注的重点，亦自非案例裁判要点所涉之事。再者，第四点裁判理由对其拒绝适用《合同法》第 167 条也未作充分的论证，不仅令人难以信服、接受，反且给人不合立法目的之嫌。所以，有学者指出："指导案例 67 号引入法律原则的考量因素，无疑将具体法律规范纳入了价值评价的范围，动摇了具体法律规范的适用法地位……维护交易安全是公司经营管理活动应当遵循的主要的法律原则，而维护社会经济秩序也是公司法的立法目的，但究竟如何看待解除股权转让合同对公司经营管理的稳定所产生的不利影响，值得研究。"② 甚至还有学者提出了严厉批评："第四个裁判理由也没有从维护交易安全的角度展开深入论述……其拒绝参照适用《合同法》第 167 条的理由看起来并不充分甚至漏洞百出，像是为了达到不解除合同的目的强行拼凑而成，引发了结果导向、利益衡量前置等质疑。"③ 由此可见，案例裁判理由的论述，十分有必要紧扣裁判要点和相关法条展开，以使案例的说理论证充分有力，避免遭受质疑。

---

① 张平华、于惠：《分期付款股权转让合同解除制度之漏洞填补——以最高人民法院第 67 号指导性案例为切入点》，《经贸法律评论》2021 年第 4 期。

② 钱玉林：《解除股权转让合同的司法克制与问题讨论》，《法学杂志》2020 年第 6 期。

③ 张平华、于惠：《分期付款股权转让合同解除制度之漏洞填补——以最高人民法院第 67 号指导性案例为切入点》，《经贸法律评论》2021 年第 4 期。

（2）多维度、多层面展开说理论证

案例的裁判理由部分应注意根据案件事实、法律规范、法治政策、法学原理等，多管齐下，从法理、事理、情理等不同的维度或层面，对法院裁判的公正性、合理性进行充分论证，达到以理服人。从实践来看，一些优秀的案例往往能做到这一点。例如，第 72 号指导性案例"汤某、刘某龙、马某太、王某刚诉新疆鄂尔多斯彦海房地产开发有限公司商品房买卖合同纠纷案"，是一个成功的案例，援引率在所有的指导性案例中排名居于前列，应用案例数量达到 600 例以上。① 该案例的裁判要点为："借款合同双方当事人经协商一致，终止借款合同关系，建立商品房买卖合同关系，将借款本金及利息转化为已付购房款并经对账清算的，不属于《中华人民共和国物权法》第 186 条规定禁止的情形，该商品房买卖合同的订立目的，亦不属于《最高人民法院关于审理民间借贷案件适用法律若干问题的规定》第 24 条规定的'作为民间借贷合同的担保'。在不存在《中华人民共和国合同法》第 52 条规定情形的情况下，该商品房买卖合同具有法律效力。"为了证明裁判要点中所立规则的正当性以及本案裁判结论的正确性，案例裁判理由部分作了详明的说理论证，现节录其文如下："民事法律关系的产生、变更、消灭，除基于法律特别规定，需要通过法律关系参与主体的意思表示一致形成。民事交易活动中，当事人意思表示发生变化并不鲜见，该意思表示的变化，除为法律特别规定所禁止外，均应予以准许。本案双方经协商一致终止借款合同关系，建立商品房买卖合同关系，并非为双方之间的借款合同履行提供担保，而是借款合同到期彦海公司难以清偿债务时，通过将彦海公司所有的商品房出售给汤某等四位债权人的方式，实现双方权利义务平衡的一种交易安排。该交易安排并

---

① 郭叶、孙妹：《最高人民法院指导性案例 2022 年度司法应用报告》，《中国应用法学》2023 年第 4 期。

未违反法律、行政法规的强制性规定……尊重当事人嗣后形成的变更法律关系性质的一致意思表示，是贯彻合同自由原则的题中应有之意。彦海公司所持本案商品房买卖合同无效的主张，不予采信。"如此辨法析理，是从多维度、多层面进行的，实现了法理、事理、情理的有机结合与统一，具有很强的以理服人的力量。

（3）在尊重原裁判说理的基础上进行完善

案例文本的裁判理由来源于原生效裁判的说理，不能弃置原案裁判文书的析理论证而任意发挥，但又不能与之完全相同，因为案例文本设置裁判理由板块，主要目的在于证成裁判要点的正当性和合理性，以助法官精准深刻地把握裁判要点，并正确地加以适用，从而统一裁判尺度，所以还有必要对原案裁判文书的说理文字进行剪辑加工，并予以凝练和升华。例如，第79号指导性案例"吴某秦诉陕西广电网络传媒（集团）股份有限公司捆绑交易纠纷案"的裁判理由，在精神实质上与原案裁判文书保持了一致，但在提炼表达上又作了进一步优化，如将原案裁判文书论证的三个问题（本案诉争行为是否违反了反垄断法第17条第1款第5项之规定；一审法院适用反垄断法是否适当；二审法院开庭后是否更换合议庭成员）整合成两个问题，即"关于本案诉争行为是否违反了反垄断法第17条第5项之规定""关于一审法院适用反垄断法是否适当"，进行了更为明晰有力的说理，其中也凝聚着案例编制者的创造性劳动。总之，"裁判理由应沿袭生效判决的说理……又不能完全同于生效裁判的说理。这样既有利于保持裁判理由与生效判决理由一致，也有利于实现裁判理由的使命——解释裁判要点"①。

---

① 鲁小江、周哲斯：《商事指导案例"裁判理由"的规范化》，《中国应用法学》2017年第4期。

4. 保证裁判结果的客观真实性

指导性案例文本的编辑加工，要注意保证指导性案例的客观性、真实性，不能随意删削或扩充原裁判文书的内容，特别是裁判结果部分。裁判结果是人民法院依据查明的事实和法律规定对案件作出处理的结论，也是原裁判文书的精华所在以及具有独特性的地方，不宜删减与更改；否则，就可能影响到指导性案例的真实性和权威性，故编写时应注意保留原裁判文书裁判结果的基本面貌。这也是保障案例文本编辑质量的一个重要方面。案件裁判结果如果存在瑕疵或重大错误，则应谨慎从事。首先，应该慎重考虑该案件是否适合选作指导性案例，因为存在瑕疵或错误的案件一旦转化为案例，对其他类似案件的裁判就不具有参考指导意义，反而会形成误导；其次，如果发现原裁判结果的确存在瑕疵或错误，就应该启动再审程序进行修正，待其裁判结果得到校正后再转入案例文本的编辑，而不能在案例文本编写时直接、轻率地对原有裁判结果作出更改。

第二节　指导性案例隐性援引的拨正

对指导性案例的隐性援引，已然成为一种较普遍的现象。有些法官在法律适用过程中，为了逃避说理论证的负担，便省去对比、讨论指导性案例之重要事实、射程范围等涉及"先例参照对比"的步骤，并在自我保护的心理作用下，将其援引案例的事实进行遮蔽，并省略说理论证的过程。这种隐性援引的方式，与司法公正、司法透明的法治理念是背道而驰的，应当予以拨正。指导性案例的援引适用，十分有必要实现从隐性援引的畸形适用到明示援引的规范化适用的根本性转变，最终形成规范化援引适用的常态化。在当下，应在司法观念改变、实务技术改进等方面作出努力，让法官在司法裁判实践中不断矫正隐性援引案例的行为，力克隐性援引之弊，逐步养成正确规范地适用指导性案例的习惯。欲达此目标，可依循如下路径而行。

一　加强法官教育培训工作

从目前的情况看，有些在审判一线的法官对案例指导制度及指导性案例还知之甚少。有学者做过问卷调查（回收有效问卷631份），其统计数据显示，有23%的调查对象不了解指导性案例，有22%的法官没有学习过指导性案例，甚至有13%的法官从未听说过指导性案例。[①]我们知道，只有在对案例指导制度及指导性案例有充分了解与清晰认知的情况下，法官才可能自觉地应用指导性案例，规范地援引指导性案例；如果不甚了解，就很难谈得上合理、规范地应用指导性案例，出现隐性援引之类的不规范情形也就自然无法避免。因此，目前还有必要加大教育培训的力度，提升广大法官的思想认识，增强其正确规范应用指导性案例的技能。有学者呼吁："当前急需加强法官应用指导性案例的培训工作。虽然最高法院很重视案例指导工作，但是要在实践中引用，必须对法官进行培训，重点加强法官对指导性案例的识别。"[②]2021年，最高人民法院在《关于推进案例指导工作高质量发展的若干意见》中也指出："加强指导性案例的学习和教育培训工作。各级人民法院在业务培训时应将指导性案例作为重要培训内容，引导法官正确把握指导性案例的裁判规则和裁判方法，不断提高司法水平。"笔者认为，为了引导法官规范地适用指导性案例，避免隐性援引的陋习，相关教育培训工作中应融贯和突出如下两个方面的内容。

---

① 赵瑞罡、耿协阳：《指导性案例"适用难"的实证研究——以261份裁判文书为分析样本》，《法学杂志》2016年第3期。
② 刘作翔：《案例指导制度："人民群众"都关心些什么？——关于指导性案例的问与答》，《法学评论》2017年第2期。

第一，坚持明示援引而力克隐性援引之弊的必要性。即通过教育培训，深化法官对明示援引的认知，真正领会明示援引指导性案例的如下意义。

有利于强化裁判文书的说理论证。后案法官如果在裁判文书中明示参照类似指导性案例而作出裁判，需对比、讨论指导性案例的重要事实、射程范围等，而后进行说理论证，这对裁判文书的说理会有所强化，使裁判的说服力和可接受性得到提升，且有利于裁判文书以透明与开放的方式接受社会公众的监督，避免司法裁判沦为"黑箱"，促进法官与当事人、社会公众的有效良性互动。

有利于避免案例成为达成某种目的的工具，防止司法虚饰现象的产生。目前司法裁判中"用其实而不用其名"或"用其名而不用其实"之类的援引方式，其实是把指导性案例当作实现特定目的的一种工具，而把裁判根据的理由有意隐藏起来，这极易导致司法虚饰的陋象，违背了诚信裁判的原则，也难以保障裁判结果的合理性、公正性。

有利于保障案例在司法实践中正确适用、精准发力，从而促进案例指导制度贯彻落实、健康发展，不断提升影响力。

第二，正确援引适用指导性案例所应遵循的规范和所应掌握的方法。比如，最高人民法院的相关规定精神，如"检索到的类案为指导性案例的，人民法院应当参照作出裁判""各级人民法院审理类似案件参照指导性案例的，应当将指导性案例作为裁判理由引述""引述相关指导性案例的，应在裁判理由部分引述指导性案例的编号和裁判要点"等。又如，类似案件的检索技术，类似案件的识别技术（特别是判断待决案件与指导案例之间相似性的方法），援用案例作出裁判的说理论证技巧，等等。在教育培训中融入这些内容，对法官开展类案检索，准确地比较待决案件和指导案例之间基本事实、争议焦点、法律关系等方面的异同，掌握案例应用的正确方法，均能起到重要的帮助和支持作用，有助于法官在审判活动中以明示援引的方式准确适用相关指导性案例。从司法实践来看，一些法官之所以采用隐性的方式援用案例，很大程度上是因为对指导性案例的相关情况及准确适用指导性案例的方法缺乏了解和掌握，在裁判过程中对明示援引不免心存顾虑，担心以明示的方式援用案例会出现瑕疵或错误，由此引发质疑乃至遭受追责。这样，在教育培训中有针对性地加入有关案例适用规范和方法的内容，使法官掌握相关技能，便有助于消除其心理顾虑，提振明示援引的自信心。

至于教育培训工作的具体开展，方式及形式可以多种多样，不拘一格：既可以"请进来"地进行专业指导，也可以"走出去"地进行学习交流；既可以是专家的专题讲座、同行的经验分享，也可以是疑难案件的分析研讨、现场实际操作的观摩；既可采用法律职业共同体同堂培训的模式，亦可采用跨区域联合培训的模式；既可以是线上课程资源的观看，又可以是线下面对面的互动交流。总之，教育培训的方式和手段可以丰富多样，且应不断创新，以助培养提升法官正确规范地应用指导性案例的意识和能力。据报载，2022 年 3 月至 9 月，江苏省检察院举行首轮"指导性案例基层巡讲"活动，组织送课到 13 个设区市的 21 个基层院，巡讲 51 课次，听课人数达 2800 多人，其中半数巡讲是公安干警、检察官、法官和律师共同参加的同堂培训。通过答疑解惑、教授方法技巧，激发了基层办案人员把普通案件办成精品案件、办成指导性案例的精气神。① 对检察机关的此类培训方式，法院系统其实也可予以借鉴，并结合本系统的实际进行创新。无论采取何种方式和手段进行教育培训，只要有助于增强法官规范适用案例的意识和能力，相信明示援引率会大幅度提升，而隐性援引的现象会得到

---

① 卢志坚、秦颖：《"指导性案例基层巡讲"着力提升办案质量》，《检察日报》2022 年 12 月 16 日第 5 版。

有效拨正。

二　补强裁判说理性以吸引法官明引

我国内地法院对案件裁判的说理性重视不够，实证研究的数据显示，其裁判理由仅占判决书总字数的 28.9%；而我国香港特别行政区的法院普遍重视裁判说理，其裁判理由的占比可以达到 50.36%。[①] 前者之所以如此，是法官"说理难"引起的，法官因"累"无暇说理，因"怕"不敢说理，造成说理不全、不透，或者干脆不说理。[②] 而已发布的指导性案例中也有一些案例存在说理性不强的问题，影响其应用。在此情势下，应注重增强指导性案例的裁判说理性，一方面为法官强化裁判说理提供指引与示范，另一方面为法官理解、学习和应用案例提供助力与动力，吸引和促使广大法官明示援引指导性案例。从司法实践来看，那些裁判说理性强的指导性案例往往受到法官的关注、青睐，并常被法官以明示援引的方式引用，这对拨正隐性援引的现象其实也起到了积极作用。因此，指导性案例应注重对原生效裁判文书的说理论证文字进行合理有效的编辑加工，补强其说理性。那么如何补强呢？笔者认为可从如下几个方面入手。

1. 补强裁判说理的合理性

说理的合理性是就说理的内容而言，总体要求是正当正确、可靠可信，具有实质性说服力。具体言之，阐述案件事实认定的理由、法律解释的理由、将案件事实与法律规范（或法律原则）相连接的理由等，能符合法律法规、司法解释的规定精神，遵循社会生活经验的逻

---

① 王培光：《香港与内地判决书法律语言的比较研究》，《语言教学与研究》2006 年第 2 期。

② 庄绪龙：《裁判文书"说理难"的现实语境与制度理性》，《法律适用》2015 年第 11 期。

辑，做到合法合规、通情达理。如果原生效裁判文书在这方面有所欠缺，应在其说理论证的基础上进行优化。下面举一个例子加以说明。

第 143 号指导性案例"北京兰世达光电科技有限公司、黄某兰诉赵某名誉权纠纷案"，是据（2018）03 民终×25 号生效裁判文书编写而成。该案的判决结果是，被告赵某向原告黄某兰、兰世达光电科技有限公司赔礼道歉，并分别向被告赔偿精神损害抚慰金和经济损失。该案的争议焦点是，被告赵某在微信群中针对原告黄某兰、兰世达光电科技有限公司的言论是否构成名誉权侵权。对此争议焦点，原生效裁判文书给予了回应，进行了说理，大致如下。

赵某在与黄某兰发生纠纷后，分别在"糖友开心群"和"方糖365 便利群"发布的信息中使用了"××""臭××""精神分裂""装疯卖傻"等明显带有侮辱性的言论，并使用了黄某兰的照片作为配图，已使上述言论被两个微信群中的其他成员所知晓。上述两个微信群人数众多，该侮辱性言论及图片导致黄某兰及兰世达公司的社会评价降低，赵某的损害行为与黄某兰、兰世达公司名誉受损之间存在因果关系，故赵某的行为已经侵犯了黄某兰、兰世达公司的名誉权。一审法院认定赵某侵害了黄某兰、兰世达公司名誉权正确，赵某的该项上诉理由不能成立，不予支持。

上述说理的内容主要涉及事实认定的理由，具有一定的合理性，但总体上还不够充足、理想。第 143 号指导性案例的编制者在其说理的基础上进行拓展深化，补强了其合理性。现节引其文如下。

传统名誉权侵权有四个构成要件，即受害人确有名誉被损害的事实、行为人行为违法、违法行为与损害后果之间有因果关系、行为人主观上有过错。对于微信群中的言论是否侵犯他人名誉权的认定，要符合传统名誉权侵权的全部构成要件，还应当考虑信息网络传播的特点并结合侵权主体、传播范围、损害程度等具体因素进行综合判断。……

赵某在与黄某兰发生纠纷后，通过微信号在双方共同居住的小区两个业主微信群发布的信息中使用了"傻×""臭傻×""精神分裂""装疯卖傻"等明显带有侮辱性的言论，并使用了黄某兰的照片作为配图，而对于兰世达公司的"美容师不正规""讹诈客户""破仪器""技术和产品都不灵"等贬损性言辞，赵某未提交证据证明其所发表言论的客观真实性；退一步讲，即使有相关事实发生，其亦应通过合法途径解决。赵某将上述不当言论发至有众多该小区住户的两个微信群，其主观过错明显，从微信群的成员组成、对其他成员的询问情况，以及网络信息传播的便利、广泛、快捷等特点来看，涉案言论确易引发对黄某兰、兰世达公司经营的美容店的猜测和误解，损害小区公众对兰世达公司的信赖，对二者产生负面认识并造成黄某兰个人及兰世达公司产品或服务的社会评价降低，赵某的损害行为与黄某兰、兰世达公司名誉受损之间存在因果关系，故赵某的行为符合侵犯名誉权的要件，已构成侵权。行为人因过错侵害他人民事权益，应当承担侵权责任。不特定关系人组成的微信群具有公共空间属性，公民在此类微信群中发布侮辱、诽谤、污蔑或贬损他人的言论构成名誉权侵权，应当依法承担法律责任。

以上说理文字围绕案件焦点问题，从名誉权侵权的四个构成要件着手，综合考量信息网络传播的特点等具体因素，论证了认定赵某的言论构成名誉权侵权的理由。其认定的理由，能对证据与事实进行深入的实质性分析，融法理、事理、情理于一体，充分体现了法律价值的公正性，足以使受众认同和接受，较之原生效裁判的说理内容增强了合理性和公信力。该案例发布于 2020 年 10 月，仅在 2021 年就被法官明示援引 14 次①，取得了较好的效果，这与其说理具备较强的合理

---

① 郭叶、孙妹：《最高人民法院指导性案例 2021 年度司法应用报告》，《中国应用法学》2022 年第 4 期。

性有很大关系。

2. 补强裁判说理的充分性

案例文本对作出裁判结论的理由，应围绕案件焦点问题，从证据采信、事实认定、法律适用等方面进行深入而详尽的论证说明，以增强其充分性和可接受性。比如，第71号指导性案例"毛某文拒不执行判决、裁定案"，其争议的焦点问题是，拒不执行判决、裁定罪中规定的"有能力执行而拒不执行"的行为起算时间如何认定，即被告人毛某文拒不执行判决的行为是从相关民事判决发生法律效力时起算，还是从执行立案时起算。对此，平阳县人民法院认为，生效法律文书进入强制执行程序并不是构成拒不执行判决、裁定罪的要件和前提，毛某文拒不执行判决的行为应从相关民事判决于2013年1月6日发生法律效力时起算。原审法院裁判对此起算时间认定的理由，未作详细的阐述。第71号指导性案例的编制者在秉承其基本精神的基础上进行了充分的论证和说明，指出前述认定的理由有三：第一，符合《刑法》条文的立法原意；第二，与民事诉讼法及其司法解释的规定协调一致；第三，符合拒不执行判决、裁定罪的立法目的。案例文本用1000字左右的篇幅，主要从法律适用规则层面上对此三点理由进行了具体阐发，释法析理十分周详到位，显示了说理的充分性，具有很强的说服力。该案例自2016年12月发布以来，有不少法官以明示援引的方式加以应用。

3. 补强裁判说理的逻辑性

案例文本的说理论证应讲求逻辑的严谨性，遵循基本的逻辑规律，运用条理清晰的思维表达方式，在法律事实、法律规范（或法律原则）、裁判结论等事项之间进行有效的勾连衔接，使之建立起环环相扣的严密逻辑关系。在这一点上，如果原生效裁判文书有所不足，案例文本则应注意强化。例如，前文提及的第 22 号指导性案例是目前行政指导性案例中援引率较高的案例，且多是明示援引，这在一定程度上归因于案例注重补强说理的逻辑性。先看原生效裁判文书所阐述的裁判理由。

根据《安徽省国有土地储备办法》第 11 条规定的以收回方式储备国有土地应当遵循的程序，来安县国土资源行政主管部门在来安县人民政府作出批准收回国有土地使用权方案批复后，应当下达收回土地使用权通知，该通知系对外发生法律效力的文书。鉴于来安县国土资源行政主管部门没有向土地使用权人下达土地使用权收回通知，而是直接将来安县人民政府的批复付诸实施，且该批复已经过复议程序，因此，魏某高、陈某志对该批复不服提起诉讼，人民法院应当依法受理。

对上述说理文字，第 22 号案例文本没有原样照搬，而是基于其原有信息进行深度发掘、合理加工，充分说理释法，阐明了如下裁判理由。

来安县人民政府的批复属于内部行政行为，不向相对人送达，对相对人的权利义务尚未产生实际影响，一般不属于行政诉讼的受案范围。但本案中，来安县人民政府作出批复后，来安县国土资源行政主管部门没有制作并送达对外发生效力的法律文书，即直接交来安县土地储备中心根据该批复实施拆迁补偿安置行为，对原土地使用权人的权利义务产生了实际影响；原土地使用权人也通过申请政府信息公开知道了该批复的内容，并对该批复提起了行政复议，复议机关作出复议决定时也告知了诉权，该批复已实际执行并外化为对外发生法律效力的具体行政行为。因此，对该批复不服提起行政诉讼的，人民法院应当依法受理。

将上引说理文字两相对比，可以看出，案例文本在说理论证的逻辑性上较之原生效裁判文书有所增强。案例文本紧紧围绕本案的争议焦点（内部行政行为是否具有可诉性，即是否属于行政诉讼受案范围）展开讨论，论证了内部行政行为外部化并对行政相对人的权利义务产生实际影响者具有可诉性，呈现出较强的逻辑说服力。其说理论证的逻辑路径可以作如下概括：内部行政行为如果对行政相对人的权利义务尚未产生实际影响，不具有可诉性——内部行政行为如果外化为对外发生法律效力的具体行政行为，并对行政相对人的权利义务产生实际影响，则具有可诉性（因为相对人合法权益被侵害与外化的内部行政行为之间具有因果关联性）——来安县人民政府的批复在拆迁补偿安置中得到实施，且对行政相对人的权利义务产生实际影响，故其外化的内部行政行为具有可诉性。可见，案例文本的说理论证从正反两个方面展开，前后相因，正反相生，脉络清晰，实现了逻辑上的连贯和自洽，彰显了裁判结论的合法性、合理性。

以上，从补强说理的合理性、充分性和逻辑性三个方面论述了强化和提升案例裁判说理性的方式和途径。当然，此类方式和途径还有其他一些次要的，在此就略而不论。

补强案例裁判的说理性，有助于促进案例的明示援引，拨正隐性援引的不规范现象。其原因主要在如下两个方面。

一是补强说理性可助激发法官明示援引的心理动力。补强案例裁判的说理性，有利于增强整个案例的说服力和可接受性，也有利于法官理解和掌握案例的内在精神，并对案例的内容信而不疑，因而更容易引起法官的关注和重视，法官在裁判实践中也就有动力、有兴趣以明示援引的方式引用案例，以增强其裁判的说理性和公信力。上文举例提及的一些补强说理性的案例，拥有较高的明示援引率，正可印证这一点。

二是补强说理性可助消解法官隐性援引的心理动因。众所周知，很多法官之所以选择隐性的方式应用案例，而"不以明示的方式将指导性案例的适用过程及细节展示于众，主要是出于规避风险或责任的考虑。复杂的案例适用过程，任何一个细节出现问题或稍有操作不当便很容易出现错误，法官贸然公开地适用案例，很可能会导致'好心办坏事'的结果，而错案错判又会进一步牵引出司法责任。由此，本着'不求有功、但求无过'的心理，法官通常就更不太愿意公开援用指导性案例了"①。也就是说，有些法官对正确适用案例没有把握，担心出错，便选择隐性的方式应用案例，以求免除外界对自己参照适用案例的合理性的质疑，规避一些不必要的风险或责任。在此情势下，补强案例裁判的说理性，则可助法官充分理解、准确把握案例的内涵和精髓，特别是准确地领会和把握案例的裁判规则，进而正确地判断和确定案例与待决案件之间的相似性或关联关系。这样，法官就会底气十足、信心百倍地以明示的方式适用案例，而无引致质疑乃至担责的后顾之忧。质言之，补强案例裁判的说理性，在一定程度上可帮助法官消解自己采用隐性方式援引案例的心理动因。

三　昭示案件比较点以消除法官的顾虑

如前所述，法官在司法实践中采用隐性援引方式，很多时候是为了规避一些麻烦和风险。法官如果选择明示援引的方式适用指导性案例，则一方面要将待决案件与案例进行相似性的比对，并作相关论证说理，工作难度较大，另一方面还要承担被指为错误援引的可能性风险。这样，一些法官在案例的明示援引上往往心存顾虑，望而却步，要么干脆放弃案例援引，要么采取隐性援引的方式。因此，推动指导性案例援引由"隐性援引"向"明示援引"转变，一个较有效的办法是，创制指导性案例时引入类案识别机制，在案例文本上明晰地呈现

---

① 孙海波：《指导性案例的隐性适用及其矫正》，《环球法律评论》2018 年第 2 期。

类案识别的比较点。这样，法官依照案例文本所昭示的类案比较点，一方面可以快捷地完成待决案件与指导性案例之间相似性的比对，省时省力；另一方面，以案例文本所昭示的比较点作依据，一般情况下也不用担心案件比对出错而导致误判，可以消除心中的顾虑，进而乐意采用明示援引的方式适用案例。

"类似案件类似审判"是提升指导性案例实践效果的一把钥匙。① 德国哲学家莱布尼茨曾言"世界上没有完全相同的两片树叶"，而世界上也没有完全相同的两个案件，类案类判只能在比较点的相似性上进行。德国法学家考夫曼说："世界上没有什么事物是完全相同的，而通常只是在一些作为比较点的标准下所呈现出来的一种或多或少的（不）相似性。"② 我国学者曾从不同的角度分析了案例指导制度背景下类案识别的比对要点，具体情况见表 4 - 2。

表 4 - 2　　　　　我国学者对案件相似性之比对要点的看法

学者	主要观点
王利明	案件事实、法律关系、案件的争议点、案例所争议的法律问题③
陈焘、刘宇琼	法律性质、诉讼争点、基本事实等方面的具有类属的一致性④
刘作翔、徐景和	案件事实、当事人争议以及需要法院判断的主要问题⑤
雷槟硕	最终的价值判断、案件争点，到底是何种事实⑥

---

① 陈兴良主编：《中国案例指导制度研究》，北京大学出版社 2014 年版，第 537 页。

② ［德］阿图尔·考夫曼：《法律哲学》，刘幸义等译，法律出版社 2004 年版，第 232 页。

③ 王利明：《成文法传统中的创新》，《人民法院报》2012 年 2 月 20 日第 2 版。

④ 陈焘、刘宇琼：《"同案同判"的涵摄与超越——兼论区域法律统一适用与司法协同治理》，《山东社会科学》2020 年第 3 期。

⑤ 刘作翔、徐景和：《案例指导制度中的案例适用问题》，《湘潭大学学报》（哲学社会科学版）2008 年第 2 期。

⑥ 雷槟硕：《指导性案例适用的阿基米德支点——事实要点相似性判断研究》，《法制与社会发展》2018 年第 2 期。

学者	主要观点
孟祥磊、徐平	对比案件基本事实、法律关系、案件背景等基本属性具有相似性①
张志铭	以案件事实的法律特性为线索，来确定两个案件的事实在整体上是不是涉及相同的法律问题②
刘加良	在后的对比性判断理应以在前的"查清事实"为参照基点③

由表4-2可知，学者们探讨案件相似性的比对问题，其观点虽有所差异，但有一点是共同的，即把案件的事实作为类案判断的比较点。事实比对是案件比较中最为简便、普遍的方法，历来为法学理论界和实务界所重视，最高人民法院《〈关于案例指导工作的规定〉实施细则》《关于统一法律适用加强类案检索的指导意见（试行）》均将"基本事实"作为分析判断类案的一个比较点。一项问卷调查显示，赞同以"基本事实"作为案件相似性判断标准的比例逾六成。④ 笔者认为，案件事实的确应成为法官进行案件之间相似性比对判断的一个重要比较点，而且进行比较的案件事实应以其关键事实（或曰重要事实）为重点，因为这是与案件争议点直接相关的事实，有助于明确案件的法律适用规则，也有利于判断和确定案件之间的相似性。

笔者认为，除了将案件事实（特别是关键事实）作为类案判断的比较点之外，还应将案件的争议点作为一个比较点。案件的争议点既包括事实争点，又包括法律争点，涉及案件重要的事实问题和法律问题，是案件的核心内容，也是法官裁判要着力解决的问题，对判断案

---

① 孟祥磊、徐平：《论类比推理在案例指导制度中的适用》，《法律适用》2015年第8期。
② 张志铭：《司法判例制度构建的法理基础》，《清华法学》2013年第6期。
③ 刘加良：《民事案件同案同判的审级控制》，《当代法学》2012年第5期。
④ 四川省高级人民法院、四川大学联合课题组：《中国特色案例指导制度的发展与完善》，《中国法学》2013年第3期。

件之间是否存在相似性具有重要意义。

基于以上所述，指导性案例文本如果能昭示类案识别的比较点，即明确厘定和明晰表述案件事实（特别是关键事实）、案件争议点，那么法官据此进行待决案件与指导性案例之间相似性的比对，并作出判断，就会又快又准；像这样的案例，法官自然是乐于明示援引参照，而一般不会因怕麻烦、怕出错而心存顾虑。从司法实践来看，指导性案例文本如果昭示比较点，明确地厘定和陈述案件的事实及争议点，则颇受法官关注，易被明示援引或参照。下面举一例加以说明。

第15号指导性案例"徐工集团工程机械股份有限公司诉成都川交工贸有限责任公司等买卖合同纠纷案"，是目前援引率甚高的案例，近600次，且大部分是明示援引。其裁判要点有二：其一，关联公司的人员、业务、财务等方面交叉或混同，导致各自财产无法区分，丧失独立人格的，构成人格混同；其二，关联公司人格混同，严重损害债权人利益的，关联公司相互之间对外部债务承担连带责任。该案例能被广大法官以明示援引的方式应用，拥有相当高的援引率，一个重要因素在于案例文本对案件的关键事实、争议焦点进行了明确的厘定和陈述，昭示了类案识别的比较点，便于法官比对和识别案件之间的相似性。其裁判要点中有"关联公司的人员、业务、财务等方面交叉或混同""构成人格混同"等语句，其裁判理由中有"三个公司人员混同……三个公司业务混同……三个公司使用共同账户""争议焦点为川交机械公司、瑞路公司与川交工贸公司是否人格混同"等语句，其关键词为"民事""关联公司""人格混同""连带责任"，它们共同构成了对案件关键事实、争议焦点的明确厘定和明晰表达，昭显了案件比较点所包含的具体内容，法官据此将该案例与待决案件的关键事实、争议焦点进行比对分析，就能很容易、很准确地判断和确定它们之间是否具有相似性，进而能底气十足、有把握地选择适用案例或排除适用案例，一般不会有案例应用不当的顾虑。这样，弃隐性适用而取明示援引，便成为情理之中的事情。此从第 15 号指导性案例的两个应用案件可略见一斑。

（2018）湘 08 民初 52 号裁判文书："本案争议焦点为：（1）本案所涉债权金额的问题；（2）潞安亚晋公司与亚晋公司是否存在人格混同，应否对亚晋公司的债务承担连带清偿责任……根据本案现有证据，潞安亚晋公司与亚晋公司虽然在工商登记部门登记为彼此独立的企业法人，但在实际经营、管理过程当中，存在人员混同、财务混同、业务相同，已经构成人格混同，导致法人独立人格丧失。……本案与最高人民法院指导案例 15 号《徐工集团工程机械股份有限公司诉成都川交工贸有限责任公司等买卖合同纠纷案》类似……依照《最高人民法院关于案例指导工作的规定》第七条'最高人民法院发布的指导性案例，各级人民法院在审判类似案件时应当参照'的规定，本案应当予以参照。"

（2021）最高法民申 7224 号裁判文书："邦兆公司以吉泰公司与祥泰公司作为关联公司构成人格混同为由提起本案诉讼"，本院经审查认为，"邦兆公司的申请再审事由不成立。理由如下：指导案例 15 号的裁判要点为，关联公司的人员、业务、财务等方面交叉或混同，导致各自财产无法区分，丧失独立人格的，构成人格混同……首先，在人员方面，根据吉泰公司与祥泰公司《企业信用信息公示报告》显示，两公司之间股东并不一致，公司董事、监事、高级管理人员也未出现严重交叉任职情形，财务、出纳工作人员也不一致……其次，吉泰公司与祥泰公司的经营范围中均有项目投资，但两公司的经营地址分属两地，故在业务受众上可作区分……最后，在财务或者财产方面，吉泰公司与祥泰公司的债权转让行为先于邦兆公司受让取得本案债权，且经两公司的股东会决议通过并足额支付了约定对价，转账凭证中两公司的账号也属于各自独立的账户，并不存在两公司账簿、账户混同或财产混同的现象。综合考虑上述因素，参照指导案例 15 号的裁判要点，原审法院关于邦兆公司提交的证据不足以证明两公司存在人格混同的认定并无不当。"

从以上两个应用案件可以看到，二者都涉及第 15 号指导性案例的参照问题，法官无论是选择适用该案例还是排除适用该案例，均明确地标注了"指导案例 15 号"字样，且都主要从关键事实（同时兼及争议焦点）的比较点上将待决案件与第 15 号指导性案例进行比对分析，然后据其是否具有相似性而作出是否参照案例的决定。因为第 15 号指导性案例较好地昭示了比较点的具体内容（人员混同、业务混同、财务混同、是否人格混同等），便于操作，所以法官按图索骥，能又快又好地完成待决案件与案例之间相似性的比对分析，提高了比对的便捷性和精准度，法官也因而有意愿、无顾虑地以明示方式应用案例。

既然案例文本应当昭示类案识别的比较点，明确厘定和明晰表述案件事实、案件争议点，那么应如何昭示呢？笔者认为，应在案例文本的关键词、裁判要点、裁判理由三个部分做文章、下功夫，深入梳理、精心提炼，以高度凝练、精准、明晰的语言，在这三部分中将案件事实的关键要素、根本特征等凸显出来，在裁判理由中将案件争议焦点的核心、实质等呈现出来。前述第 15 号指导性案例在这方面作出了较好的示范，可以取法。在此要提及的是，目前发布的指导性案例中，有的在裁判理由部分明确地表述了案件争议焦点，如第 183 号指导案例"房某诉中美联泰大都会人寿保险有限公司劳动合同纠纷案"："本案的争议焦点系用人单位以客观情况发生重大变化为依据解除劳动合同，导致劳动者不符合员工手册规定的年终奖发放条件时，劳动者是否可以获得相应的年终奖。"第 193 号指导性案例"闻某等侵犯公民个人信息案"："本案争议焦点在于涉案居民身份证信息是否属于《解释》第 5 条第 1 款第 4 项中'其他可能影响人身、财产安全的公民个人信息'。"但也有一部分案例未明示案件争议焦点，如指导性案例 180 号"孙某锋诉淮安西区人力资源开发有限公司劳动合同纠纷案"、第 198 号指导性案例"中国工商银行股份有限公司岳阳分行与刘某良申请撤销仲裁裁决案"等。在笔者看来，要想更好地昭示类案识别的比较点，以助法官便捷、准确地应用案例，进而避免隐性援引，案例文本应尽可能地载明案件争议焦点。

总而言之，在案例指导实践中，将待决案件与案例进行比对识别，其比较点的关键内容是案件的事实和争议焦点。如果案例文本能很好地昭示比较点，则有助于法官准确识别类案，正确适用案例，减少案件裁判失误的概率，因而也容易被法官以明示援引的方式适用参照，对于拨正隐性援引之弊有所助益。

四　建立激励机制与约束机制

在当下"案多人少"的状况下，法院的法官面临着绩效考核等方面的压力，在指导性案例的援引上往往抱持多一事不如少一事的消极态度，尽量减少说理论证过程中可能出现的错误；在趋利避害、减少麻烦的心理驱使下，便采用隐性适用的方式来处理，省去待决案件与指导性案例之间的识别、比对和参照环节，避免明言案例引用而被认定为援引错误的风险。即使案件审理过程中检察人员建议或诉讼参与人请求法官参照指导性案例进行裁判，而多数法官最终也不会在裁判文书中对此进行回应，仍进行隐性援引。例如，第 23 号指导性案例"孙某山诉南京某超市有限公司江宁店买卖合同纠纷案"，曾有学者考察其司法应用情况，发现"在 60 个进行比对的案件中，适用该指导案例进行裁判的有 13 个……绝大多数为隐性适用。当事人提及应参照指导性案例 23 号，法院未在判决书中回应，但判决结果与案例保持一致"①。笔者于 2021 年走访了某市人民法院的法官，约40% 的人表示不愿明引案例，认为明示援引案例会增添论证负担，增加工作量。鉴于此情，有必要建立起相关的激励机制和约束机制，采用"软硬兼施"的制度手段来鼓励、督促法官明示援引指导性案例，达到逐步减少隐性援引的目的，同时也实现指导性案例援引率的提升。

1. 建立激励机制

关于指导性案例应用的表彰奖励，最高人民法院迄今还没有文件明确予以规定。2015 年，最高人民法院发布的《〈关于案例指导工作的规定〉实施细则》第 14 条规定："各级人民法院对于案例指导工作中做出突出成绩的单位和个人，应当依照《中华人民共和国法官法》等规定给予奖励。"此类规定是否包括对案例应用的奖励，尚不明确；其中所谓"案例指导工作中做出突出成绩"，最高人民法院的法官在《人民司法》上发表的文章将其"做出突出成绩"理解为"总结审判实践经验成果突出"的情形，将奖励的事项限定于"法官所承办的案件被总结、提炼"，② 并没有提及积极、准确地应用指导性案例的法官。上述《实施细则》出台后，一些省级人民法院的规章所规定的奖励也多是针对发现、编写、推荐案例的个人或部门，③ 其激励机制未曾覆盖

① 杨磊：《案例指导制度的司法实践透视——以 23 号指导性案例的适用分析为切入点》，《绥化学院学报》2022 年第 8 期。

② 郭锋、吴光侠、李兵：《〈〈关于案例指导工作的规定〉实施细则〉的理解与适用》，《人民司法》2015 年第 17 期。

③ 参见《北京市高级人民法院关于北京法院参阅案例工作的规定（试行）》《陕西省高级人民法院参阅案例发布制度》《辽宁省高级人民法院关于加强参考性案例工作的意见（试行）》等。

法官对指导性案例的援引。虽然也有法官提出"将案例应用情况纳入部门、法官业绩考核"①，并与经济奖励相挂钩，奖励那些指导性案例应用上成绩突出的法官，但这在实际操作中也没有形成一种持续、稳定的激励机制。2021 年 12 月，最高人民法院印发《关于推进案例指导工作高质量发展的若干意见》指出："各级人民法院应当结合各地案例工作实际，建立和完善案例指导工作激励机制，可以将案例报送和采用情况纳入部门和个人绩效考评范围，并依据法官法等规定，对案例指导工作成绩突出的单位和个人予以相应奖励。"此规定中提及的"案例采用情况"，似乎也不包括指导性案例的引用，而是指推荐的备选案例被采用，此由相关学术论文中的论述可得知："上级法院定期通报下级法院候选案例的报送和采用情况。同时，将通报的案例报送和采用情况纳入上级法院对下级法院的年终评比、各级法院对审判业务部门的岗位目标考核。"②

综上可见，关于指导性案例应用的表彰奖励，一直没有明确的制度安排和相应的政策。因此，在司法实践中法官是否应用指导性案例，对法官不会产生实质性影响，法官即使积极、规范地援引指导性案例也难以得到正面肯定。

笔者认为，为了调动广大法官援引指导性案例的积极性，并使隐性援引的不规范情形得到根本改变，最高人民法院有必要建立切实可行、合理有效的激励制度，并将其纳入《人民法院奖励暂行规定》之类的制度规范体系之中，而各地各级人民法院可依据相关规定精神，结合本地区本单位的实际，就指导性案例应用的表彰奖励制定具体措

---

① 四川省高级人民法院课题组：《指导性案例的应用障碍及克服——四川法院案例应用试点工作的初步分析》，《法律适用》2012 年第 5 期。

② 李涛、范玉：《刑事指导性案例的生成、适用障碍以及制度突破》，《法律适用》（司法案例）2017 年第 4 期。

施。构建相关激励机制，应明确如下事项：法官在办案中援引案例所应达到的数量要求；所应达到的质量要求，如内容正确、形式规范等；奖励的形式，如晋职晋级、评优评先、发放奖金等。建立和实施案例应用的激励机制，相信既可以引导法官大量适用指导性案例，提高其援引率，又可以激励法官以明示援引的方式应用指导性案例。这对于拨正隐性援引之类的不规范现象，会起到推助作用。

2. 建立约束机制

有学者指出，指导性案例"在效力上不能太软，应当赋予一定的强制性和权威性"①。此说较为有理。最高人民法院《关于案例指导工作的规定》第7条已规定法官审判类似案件时"应当参照"案例，赋予了指导性案例一定的约束力，但司法实践中有些法官仍然对指导性案例视而不见，或者以隐性援引的不规范方式适用指导性案例，使得目前指导性案例仅止步于"软约束力"，难以由"纸面上的法律"转化为"行动中的法律"。造成这种局面的原因较多，其中之一便是指导性案例的效力较软，且缺少参照适用方面的刚性约束机制。因为此类机制缺位，法官漠视指导性案例的存在自然可以不需付出任何代价，隐性援引指导性案例也自然可以安然无虞。

马丁·克里利（Martin Kriele）在其著作《法制理论：关于宪法解释问题的发展》中提出，法官不能武断、背离司法实践地作出与先前判例不同的判决，如果作出不遵循先例的判决，法官必须为其偏离的判决作出"谨慎小心且令人信服"（besonderssorgfältig und überzeugen）的合理解释；这不仅适用于上级法院与下级法院的判决之间的法律关系，也适用于最高法院本身作出的初次判决形成的先例。② 我国指导性

---

① 胡云腾：《关于参照指导性案例的几个问题》，《人民法院报》2018年8月1日第5版。

② Martin Kriele, Theorie der Rechtsgewinnung: entwickeltam Problem der Verfassungsinter-pretation, Berlin: Duncker & Humblot, 1976, p. 247.

案例的适用与此相似，法官在裁判案件时首先应当查检和对比指导性案例，在确定具有相似性时应明示参照案例；如果待决案件与指导性案例相似，而法官作出判决时不参照指导性案例，则应当给予充分而合理的解释。最高人民法院《〈关于案例指导工作的规定〉实施细则》第 11 条就规定了法官的"被动回复"义务："公诉机关、案件当事人及其辩护人、诉讼代理人引述指导性案例作为控（诉）辩理由的，案件承办人员应当在裁判理由中回应是否参照了该指导性案例并说明理由。"此与马丁·克里利所谓必须作出"谨慎小心且令人信服"的解释的说法较为相符。此《实施细则》中规定为"应当"，表明只要诉讼参与人请求参照适用指导性案例的，法官不论是作出适用案例的决定还是作出不适用案例的决定，都应在裁判文书中予以回应，申述作出决定的理由。遗憾的是，在司法实践中，由于缺乏刚性的约束机制，很多法官在裁判文书的裁判理由中并未作被动回复。例如，（2018）京01 民终 406 号裁判文书所引上诉人（原审原告）陈某某的上诉理由称："陈某某在一审时提交了最高人民法院指导案例 60 号判决，但原判对该指导案例只字未提，也未写明不予参照的理由。"（2020）苏 03 民终7626 号裁判文书所引上诉人的上诉理由称："上诉人在原审中提供的中华人民共和国最高人民法院指导案例第 72 号案件中的事实与理由和上诉人在本案中主张的以物抵债的事实与理由完全相同……一审没有参照上述最高人民法院的案例，没有说明不予参照的理由。"

总之，由于缺乏刚性约束机制，法官在司法实践中往往漠视指导性案例的存在，或者以隐性援引的方式应用指导性案例，甚至怠于履行"被动回复"的义务而置指导性案例于不顾，均对案例指导制度的持续健康发展造成了不利影响。鉴于此情，笔者认为人民法院应当构建相应的刚性约束机制。比如，规定案件承办法官对指导性案例有强制性的注意义务，在待决案件有相类的指导性案例存在时必须以明示援引的方式予以参照适用；上级法院可以通过改判、发回重审等方式对应当明示适用指导性案例而未明示适用的裁判进行规范和纠正，并给予提醒或警示，督促法官研习指导性案例；对于应当明示援引指导性案例而未引的，或者排除明示参照案例而不作具体解释的，可设立具体的处治办法予以追究，令承办法官承担一定的责任；对于不明示参照指导性案例且导致裁判结果不公的错案，可与法官的绩效业绩考核等方面进行关联，并适用错案责任追究制……只有这样，才能发挥指导性案例的作用，案例指导制度也有望真正落到实处。

有学者提出，不应由于法官"没有注意到指导性案例""没有遵从指导性案例"而对其采取任何惩戒措施；① 还有学者表示，不赞成用"追究责任"的威胁来强迫法官适用指导性案例。② 此类看法虽有理，但也不无可商之处。我国不是判例法国家，没有援引和遵循先例的习惯，故开展案例指导工作应有一定的约束机制加以引导和规制。案例虽然都具有一种说服意义上的效力，③ 但其参照适用仍应得到相关约束机制的保障。将指导性案例的效力仅仅定位于其自身的说服力，而寄希望于只凭案例本身的合理性与权威性完成类案审判指导的使命，是较为困难的；没有形成长效机制，则难以获得持续发展；不采取任何约束手段，缺乏外部监督与保障措施，指导性案例的拘束力则难以实现，这样，无强制性保障的指导性案例很容易被架空，隐性援引或援引率过低的现象将会长久地延续下去，致使指导性案例无法发挥其应有的作用。

---

① 张骐：《试论指导性案例的"指导性"》，《法制与社会发展》2007 年第 6 期。
② 吴英姿：《案例指导制度能走多远？》，《苏州大学学报》（哲学社会科学版）2011 年第 4 期。
③ 张娜：《判例：比较研究与中国模式》，《人民法院报》2011 年 10 月 19 日第 5 版。

第五章　基于人工智能的案例指导优化

人工智能在法律领域已显示出了强大的能量和优势，能给我国案例指导制度的运行带来全新、强大的技术支撑，为该制度的发展提供广阔的空间。将人工智能引入案例指导领域，能为化解本书第二章提及的案例供给不足、案例生成行政化、案例援引率不高等问题提供助力，从而促进案例指导工作的优化。

在国外，人工智能与法律的结合较早，且不断深入。1958 年，法国人卢西恩·梅尔（Lucien Mehl）提出将人工智能技术应用于法律信息归类、检索和法律咨询。1970 年，美国学者布坎南（Buchanan）和海德里克（Headrick）在《斯坦福法律评论》上发表《关于人工智能和法律推理若干问题的考察》一文，开启了人工智能与法律这一全新领域的研究[①]。1977 年，美国拉特格斯大学利用逻辑推理的方式分析公司税务法，建立了 TAXMAN 系统，能针对人们提出的复杂案情查询资料、作出分析，并给予案件处理的建议。1987 年，美国东北大学举办了首届国际人工智能与法律会议。1995 年澳大利亚开发的 Split－Up 用于处理离婚案件的财产分割；2005 年贝叶斯网络被用于法庭调查中

---

① 周兀、熊明辉：《如何进行法律论证逻辑建模》，《哲学动态》2015 年第 4 期。

评估火灾事故的证据；2010 年荷兰学者帕肯（Prakken）使用严格推理和可废止推理建立计算机模型分析真实的案例（Popov 诉 Hayashi 案）。① 总之，法律人工智能在域外一些国家早已成为人工智能应用与研究的一个分支领域，"主要涉及人工智能在法律信息问题中的应用以及对这些问题的原创性研究"②。

人工智能介入司法领域，能取得较好的成效。比如，智能化的检索系统，可助法官高效率、高质量地检索查询法律信息，节省不少时间精力；法律专家系统、司法裁量模型之类的法律人工智能系统，能够模拟法律专业人士的思维进行法律推理，据已有的法律知识提出解决新问题的方案，以供法官参考。

为了促进司法公正，提升司法效率，我国也像世界其他国家一样，努力将人工智能引入司法领域。近年来，我国出台了一系列政策法规，以助力智慧法院的发展。2016 年 12 月发布的《"十三五"国家信息化规划》明确指出，支持智慧法院建设，推行电子诉讼，建设完善公正司法信息化工程。2017 年 4 月，最高人民法院印发《关于加快建设智慧法院的意见》指出："深挖法律知识资源潜力，提高海量案件案情理解深度学习能力，基于案件事实、争议焦点、法律适用类脑智能推理，满足办案人员对法律、案例、专业知识的精准化需求，促进法官类案同判和量刑规范化。"③ 2017 年 7 月，国务院发布《新一代人工智能发展规划》，更是将人工智能提升到国家发展规划的战略高度，并细化了智慧法院建设的具体内容。这些政策法规的颁行，旨在推进人工智能在司法领域的应用，提高司法决策的科学性，推动司法改革朝着高效、

---

① 张妮、蒲亦非：《计算法学导论》，四川大学出版社 2015 年版，第 105—118 页。

② 熊明辉：《法律人工智能的前世今生》，《中国社会科学报》2018 年 10 月 10 日第 5 版。

③ 国务院法制办公室编：《中华人民共和国新法规汇编》（2017 年第 12 辑，总第 250 辑），中国法制出版社 2017 年版，第 362 页。

公正的方向发展，让人民群众在每一个司法案件中感受到公平正义。

在实践领域，各级法院也在积极探索，纷纷将人工智能引入司法裁判的各项具体工作之中。例如，北京法院推出了智能研判系统"睿法官"，它可以提取一审案件信息和上诉状信息，实现案件自动立案，对案情初步"画像"，在庭审准备阶段还可以自动梳理出待审事实，生成庭审提纲，并推送到庭审系统中。① 河北省研发了"智审 1.0 系统"，具有自动生成电子卷宗，自动关联与当事人相关的案件，智能推送辅助信息，自动生成与辅助制作各类文书，智能分析裁量标准的五大功能。② 经过不断探索和建设，目前智慧法院已实现从 1.0 到 4.0 的迭代升级，实现从信息基础设施全面覆盖到网络化、阳光化、智能化应用全面发展。

总之，随着科技的突飞猛进以及国家政策的大力支持，近些年来人工智能在我国司法裁判领域的各种应用场景中逐步落地，出现了方兴未艾的良好态势，并向更为广阔的空间发展。可以说，智慧法治表征着法治发展的未来方向。③ 在此情势下，我们应当将人工智能引入案例指导实践中，实现两者的有机融合，促进司法能力的现代化。

第一节　人工智能介入案例指导的现实基础

任何一项司法制度要想持续有效地运行下去，需要顺应社会的发展和时代的要求，不断改革、创新；在当今的大数据时代，更要与时俱进，充分吸收和利用现代科技发展的成果。正如习近平总书记对司

---

① 徐隽：《"睿法官"辅助审案还远吗》，《人民日报》2017 年 1 月 4 日第 19 版。

② 罗书臻：《建立"互联网＋"时代下的智能庭审》，《人民法院报》2016 年 11 月 18 日第 2 版。

③ 雷磊：《中国特色社会主义智慧法治建设论纲》，《中共中央党校（国家行政学院）学报》2020 年第 1 期。

法体制改革作出的重要指示所说："要遵循司法规律，把深化司法体制改革和现代科技应用结合起来，不断完善和发展中国特色社会主义司法制度。"① 案例指导制度也应当如此。在司法体制改革与人工智能深度融合的大潮下，现有的案例指导制度要获得长远的发展和更有效的运用，需要借助于人工智能现有的发展成果，利用智能技术来推广司法的经验与智慧，正确理解与适用法律。

在推行案例指导制度的背景下，人工智能介入案例指导实践，既能获得技术供给上的支持，也存在现实必要性和现实需求，因而有其现实基础。

一 人工智能介入可获智能法律推理的支持

人工智能能够介入案例指导，根本在于它能模拟司法者的法律推理，因而拥有关键性的技术支持；也就是说，智能法律推理是人工智能介入案例指导的重要技术基础，能为其介入提供可行性依据。

1. 推理是一种重要的法律方法

法律推理是逻辑思维方法在法律领域中的具体运用，是法律方法的组成部分之一。"在法律方法论体系中，法律推理方法占据着重要位置。可以说，法律推理以外的其他法律方法，都是为法律推理做准备的活动……而法律推理则是方法论层面保障法治实现的最重要手段"②。法律推理存在于法律的整个实施过程中，包括司法过程，并有着悠久的历史和深厚的传统。

在我国古代，尽管人们不太重视法律方法论的研究，没有形成系

---

① 《习近平对司法体制改革作出重要指示强调　坚定不移推进司法体制改革　坚定不移走中国特色社会主义法治道路》，《人民法院报》2017年7月11日第1版。

② 陈金钊、焦宝乾：《法律方法论研究综述》，载陈金钊、谢晖主编《法律方法》第5卷，山东人民出版社2006年版。

统、严密的法律推理理论，但法律推理的方法在法律适用领域还是占有一席之地。比如，我国唐朝，司法实践中就采用了类推适用法律的方法。唐代《唐律·名例律》规定："诸断罪而无正条，其应出罪者，则举重以明轻；其应入罪者，则举轻以明重。"其中所谓"举重以明轻"及"举轻以明重"即为现代意义上的推理。我国明清时期，存在着与判例相似的成案制度，《大明律》《大清律例》皆有引律比附的规定。从现代法律方法论的角度看，"比附"其实相当于类比推理。因此，今有论者说："这有点类似判例制度，但不管它是一种什么性质的制度，它至少说明了我国古代司法采用了类比推理的思维方式。"①

从西方国家的情况来看，法律推理作为一种基本方法，在法学研究和司法实践中更是普遍受到重视和运用。其在西方起源甚早，"作为一种知识体系的法律推理方法大致萌芽于初世纪"②。及至近现代，法律推理逐渐被制度化，广为运用，特别是在"英美法系中，类比推理起着非常重要的作用，几乎成了最主要的法律方法"③。下面，不妨以英美法系中惯用的判例区别技术为例来加以说明。

"区别技术"是英美法系在判例法传统下形成的一个概念，英文写作 distinguishing technique，其原意是指"将引作判例的案件和正在审理的案件之间在事实和法律要点上的区别予以指明的一种技巧"④，也就是"将先例与待决案件在案件事实和法律适用上进行区别，即否认二者的相似性。在普通法的司法实践中，区别技术还包括相反的情形，即认定二者的相似性并遵循先例。从内容上来说，普通法中的区别技

---

① 汪习根主编：《司法权论——当代中国司法权运行的目标模式、方法与技巧》，武汉大学出版社 2006 年版，第 166 页。

② 张保生：《法律推理活动和学说的历史考察》，《烟台大学学报》（哲学社会科学版）1999 年第 2 期。

③ 陈锐：《法律推理论》，山东人民出版社 2006 年版，第 58 页。

④ 薛波主编：《元照英美法词典》，法律出版社 2003 年版，第 424 页。

术还包括对先例中的判决理由和附带意见的区分"①，法官由此决定要么遵从"前例"，要么推翻"前例"。在英美法系国家中，法官审理、裁决案件而运用区别技术，很多时候需要遵循先例，将待审案件与判例进行比较，识别出二者在案件事实、法律适用上的异同之处，进而追求类似的案件获得类似的判决结果。英美法系中判例区别技术的运用，在很大程度上是依赖于类比推理。所以，不少学者认为案件区别技术的实质是法律推理的司法适用。如姚小林说："英美法系中的类比法则主要体现为判例法传统特有的先例区别技术，是司法能动主义的重要表现，它为确立判例法的基本法源地位提供了必要的裁判推理工具。"②

由上面简要的考论，不难看出，古今中外的法律实践之中都存在着法律推理的运用，推理是一种重要的法律方法；特别是"在现代法学方法论中，法官如何依靠法律（或者在没有法律的情况下）获得个案裁判的'正当性'，始终是一个中心问题。法律推理就是主要方法之一。"③

我国目前实施的案例指导制度，是新时期司法改革的一大举措，其实际运行所涉及的法律方法之中就有推理的方法，特别是类比推理。我们知道，"在存在指导性案例的情形中，法官只要确定待决案件与指导性案例的事实存在相似性，就可以参照指导性案例中的判决"④；也就是说，法官通过对指导性案例与待决案件进行事实属性的对比，判断二者之间存在相似性，就可将指导性案例中的法律适用规则、裁判方法等导入待决案件之中，作出判决。这个过程，其实就融贯着法律推理的方法，而且主要是类比推理。因此，有论者说："从方法论视角

---

① 孙光宁：《区别技术在参照指导性案例之司法实践中的应用及其改进——以指导性案例第 24 号为分析对象》，《法学家》2019 年第 4 期。

② 姚小林：《法律的逻辑与方法研究》，中国政法大学出版社 2015 年版，第 123 页。

③ 葛洪义主编：《法理学》，中国政法大学出版社 2007 年版，第 252 页。

④ 王利明：《我国案例指导制度若干问题研究》，《法学》2012 年第 1 期。

审视我国案例指导制度……归纳推理、类比推理和演绎推理共同保障指导性案例适用的科学性和合理性。"①

2. 人工智能可以模拟司法者的法律推理

既然法律推理是一种重要的法律方法，在司法实践中扮演着重要的角色，而我国案例指导制度的运行也要依靠法律推理的方法，那么人工智能是否能够模拟法官的思维进行法律推理，从而被引入我国的案例指导领域呢？从人工智能技术发展的现状和前景来看，答案是肯定的。

我们知道，人工智能是"通过计算机研究模拟人的某些思维过程和逻辑过程，使得计算机能够像人类一样学习、推理、思考等等"②。具有推理功能的人工智能系统早已被开发出来。例如，1980年美国卡内基梅隆大学"为数字设备公司设计了一套名为 XCON 的'专家系统'。这是一种采用人工智能程序的系统，可以简单地理解为'知识库 + 推理机'的组合"③。又如，20世纪80年代问世、目前仍在很多领域广泛应用的贝叶斯网络（Bayesian network），是人工智能领域处理不确定知识表达和推理最有效的模型之一，它不仅具有强大的建模功能，而且具有上佳的推理机制："提供了人类大脑建模和推理过程的一种图模型……（其）利用先验知识和样本数据对未来样本进行估计，而网络结构和概率是先验信息和样本数据在贝叶斯网络中的表现形式，这样使得不确定知识表示和推理在逻辑上非常清晰而且易于理解。"④

---

① 陆旭、王雪鹏：《案例指导制度的方法论审视》，《南华大学学报》（社会科学版）2016年第5期。

② 杨正泽、李向东编著：《高档数控机床和机器人》，山东科学技术出版社2018年版，第128页。

③ 李凤麟：《计算机算法的实际运用与实践研究》，武汉大学出版社2018年版，第181页。

④ 赵建喆、谭振华：《大数据背景下不确定性人工智能中的知识表达、知识获取及推理》，东北大学出版社2016年版，第2页。

人工智能也能够模拟司法者的思维进行法律推理，相关技术也较为成熟。张妮等人介绍国外法律人工智能的发展情况说："法律推理（legal reasoning）基于同案同判（stare decisis）假定，通过访问知识库中过去同类问题的求解从而获得当前问题解决方案的方法……应用于司法案例，计算机模拟法官的裁量思维，通过比对案例与之前案例在案例事实和相关法律的异同，利用人工智能模型的自学习功能，建立裁量系统（decision making）或专家系统（Expert System），预测出新案例的裁量结果。法律推理大多基于实际案例（case - based）建立推理系统……也有部分建立在法律法规的基础上（rule - based）的推理系统。"[①] 基于案例所建立的推理系统，如美国学者 Bench 于 2003 年建立的法律裁量模型，是一个人工智能裁量系统，其将案例的推理看作一个建立、评估和使用理论的过程，关注案例之间的关联性；Dung 于 2003 年建立的法律裁量模型，通过设立一组关于合作方的信仰、知识、常识等诉讼方的事实信息，建立推理模型，以助法官作出判决。基于法律法规所建立的推理系统，如英国 20 世纪 80 年代至 90 年代针对救济法的专家系统即是。

基于以上所述，不难看出，科学技术的进步与发展为人工智能算法模拟司法者的法律推理提供了必要的技术条件；因此，在我国推行案例指导制度的背景下，将人工智能引入案例指导实践，通过智能推理的辅助，判断和确认指导性案例与待决案件之间的相似性，是具有现实基础的，存在着可行性。

3. 人工智能推理在司法实践中已见成效

在域外一些国家的法律人工智能研究和应用领域，法律逻辑、法

---

① 张妮、杨遂全、蒲亦非：《国外人工智能与法律研究进展述评》，载陈金钊、谢晖主编《法律方法》第 16 卷，山东人民出版社 2014 年版。

律推理和法律裁量模型一直是学者们关注的重点，一些基于规则和案例推理的法律智能系统被研发出来，并运用于司法实践。例如，"2008年 Riesen 以受害人的特点为视角，用贝叶斯信念网络分析美国刑事案件，提高自动分析的效率。各国开发了不少专家系统或裁量模型，如HYPO、CATO、IBP、CABARET、GREBE、SCALIR 和 PROLEXS 等系统，有的系统具有连续性和承继性，有的已用于司法实践之中"①。举例来说，在美国刑事诉讼程序中，人工智能算法已被大量运用于预测被告是否会再次犯罪、是否会在开庭日出庭等方面，进而影响到有关保释、量刑和假释的决定；美国有一半以上的州法院利用 COMPAS、PSA、LSI－R 等风险评估软件来辅助量刑。澳大利亚开发了处理工人事故补偿问题的智能系统 IKBALSI，在司法实践中被广泛使用。马来西亚一地方法院于 2020 年 2 月宣布，将在一宗刑事案裁决中采用人工智能系统。② 就实际应用情况来看，人工智能系统能较好地执行法律推理，显示出了较高的智能水平。据报道，美国学者于 2014 年推出的法律大数据分析与智能预测平台 LexPredict，用以预测美国最高法院的判决，预测准确率达到 70%。2016 年，由英国伦敦大学、谢菲尔德大学和美国宾夕法尼亚大学的科学家组成的研究团队，利用其开发的法律人工智能系统分析、预测数百例欧洲人权法院的案件审判结果，其中近 80% 的预测审判结果和当时的法庭判决相同。③ 由此可见，实际应用中人工智能能够对一些法律问题进行较好的分析和预测，在较大程度上达到对法律推理任务的有效执行。因此，有论者说："如今人工智

① 张妮、杨遂全、蒲亦非：《国外人工智能与法律研究进展述评》，载陈金钊、谢晖主编《法律方法》第 16 卷，山东人民出版社 2014 年版。

② 曹奕阳：《域外人工智能在司法领域的应用》，《人民法院报》2021 年 9 月 10 日第 8 版。

③ 曾钰婷、刘洋：《AI 将代替法官？成功预测数百例人权案审判结果准确率达 8 成》，《科学与现代化》2017 年第 1 期。

能算法在许多国家司法领域的应用趋势日益强化……使得西方法学者如今的观点与20世纪70、80年代相比也有了较大的改观，学术讨论的焦点从对'智能技术在司法上运用'和'智能算法在一定程度上辅助法官'的质疑，发展到认为'能够执行复杂计划和法律推理的计算机系统肯定会是未来几十年法律实践的一场革命'。"①

就目前的情况来看，我国也很重视人工智能技术在司法领域的应用，研发了一些能执行法律推理等任务的计算机智能系统，用以介入司法裁判等具体工作，收效甚著。比如，在目前人工智能辅助司法的实践中，很注重智慧法院的建设，推出了一些案件偏离度预警系统，如上海、贵州、江苏、浙江等地都有包含案件的偏离预警功能的司法辅助系统。② 此类系统是根据数据库中的已决案件，特别是经过筛选的指导性案例，将这类案件作为统一的裁判标尺，衡量待决案件的判决准确度，据此警示同类的案件出现不相同或不相类似的裁判结果，防止案件的判决结果偏离已决案件的裁判标准。现阶段人工智能的偏离预警功能主要运用于刑事案件的量刑参考方面，其能针对未决的个案，在已决案例的数据库中寻找到事实要件和法律要件与之类似的案例，为法官提供量刑与裁判方面的参考意见。例如，江苏省高级人民法院建立的智能办案辅助系统"同案不同判预警平台"，依托全国法院裁判文书大数据，按照司法大数据高级技术路线所匹配的七大步骤"图谱构建→情节解析→权重排序→类案识别→模型训练→量刑预测→偏离预警"进行整合构建，具有相似案例推荐、法律知识推送、量刑智能辅助、文书智能纠错、量刑偏离预警等五大功能模块；其智能系统通过深入学习数据库中的样本，建立量刑预测模型，形成量刑的算法，对高偏离度的

---

① 周慕涵：《证明力评判方式新论——基于算法的视角》，《法律科学》（西北政法大学学报）2020年第1期。

② 王禄生：《司法大数据与人工智能开发的技术障碍》，《中国法律评论》2018年第2期。

案件自动预警，为法官判案提供统一、全面的审判规范和办案指引，可以起到规范量刑、减少量刑偏差和维护司法公正的作用。[①]

综上可见，司法过程中普遍存在着法律推理，我国案例指导制度的实行过程也离不开法律推理，而目前的人工智能技术可以模拟司法者的法律推理，达成对案件之间相似性、关联性的判断与识别，故其在案例指导制度背景下介入案例指导实践，是切实可行的，具备了方法论上的正当性和技术条件上的可行性。

二　人工智能介入可助案例指导进一步优化

在司法实践与人工智能相融合的大背景下，将案例指导制度的实施与人工智能技术的应用结合起来，使人工智能介入案例指导，能够取得良好的成效，可以满足案例指导实践中的一些现实需求。

1. 可助弱化案例生成的行政化色彩

从法理学的层面考察，指导性案例虽然不能等同于制定法，但高于一般生效判决的效力，应当赋予其介于法律约束力与事实约束力之间的一种效力，可称之为"准制度约束力"。目前，关于最高人民法院创制的指导性案例的效力，已明文规定为"应当参照"。指导性案例所具有的这种"准法"性质，更要求案例具有公平正义的价值典范性。人工智能技术的运用，有助于生成具有这种价值典范性的优秀案例。譬如在人工智能介入下减少案例创制生成过程中行政化因素的注入，就是一个重要的体现。

本书第二章说到，目前案例指导制度的行政化倾向较为明显，特别是指导性案例在创制生成过程中受行政化因素的影响较大。比如，

---

① 沈明磊、张龑：《司法大数据的功能——以"套路贷"虚假诉讼智能预警系统的应用为视角》，《法治现代化研究》2022年第1期。

案例遴选在一定程度上受到了行政化逻辑的制约与支配，较为强调社会宣教功能，而忽视案例的法律价值，由此影响了案例创制的质量以及案例指导制度运行的客观效果。欲行改革与优化，则有必要在遴选案例时从实质要件上实现"去行政化"，关注和凸显案例的典型性、权威性，以便遴选出法律适用上确有参考示范价值的各种类型案例，从而使案例与司法实践需求相对接。这样，将人工智能引入案例遴选环节，以其智能化手段替代人类的某些操作，发挥其特有的优势，以减少过多人为干预所带来的负面影响，在一定程度上可助弱化案例创制生成的行政化色彩。具体言之，在案例遴选过程中，充分发挥人工智能的智能化类比推理的优势，将其作为识别与遴选特定类案的重要工具，在相关法院审结的案件中进行比对识别，筛选出真正具有法律价值、足可转化为指导性案例的各类典型性、权威性案件，如法律规范明晰型案件、法律空白弥补型案件、法律适用证立型案件、法律冲突排除型案件等。像这样借助人工智能技术来识别和筛选案件，较之仅靠人工评估与筛选，更具有全面性和客观性，可减少个人主观意志的干预，使行政化因素的影响降到最低。

笔者在本书第三章中提出，案例创制主体扩大后，案例的遴选、确定主要在各级创制法院完成。此设想如果能付诸实施，也可在人工智能的介入下实现案例遴选、确定的"去行政化"目标。各级创制法院在推荐、筛选、审查、确认备选案例等环节中可引入人工智能，用人工智能系统进行全流程的留痕式管理，并适当参考人工智能系统给出的判断和建议，从而使案例的遴选程序、遴选过程智能化、规范化、科学化、公开化。这样，自然能减少各种行政化因素的渗透与干扰，让优秀的案例在公正平等的遴选环境下脱颖而出。

此外，在指导性案例文本的编辑加工环节也可引进和利用人工智能技术，将剪辑编写成的案例文本与原裁判文书进行智能比对，用智能化的规范手段予以校验、纠偏，防止过度编辑后的案例文本违背、偏离原裁判文书的本意，也避免编写人员的主观意志羼入其中，最终达到弱化行政化色彩的目的。

2. 可助指导性案例检索

自我国案例指导制度正式实施以来，指导性案例在司法实践中的应用受到了关注，在一定程度上发挥了统一法律适用、保障司法公正的独特功能。但从总体上看，指导性案例的适用效果还不够理想，法官主动适用指导性案例的比重不是很大。有学者做过统计："截至 2022 年 12 月 31 日，最高人民法院发布了 37 批 211 例指导性案例，有 149 例已被应用，较 2021 年新增 20 例。应用案例累计 10343 例，较 2021 年（9023 例）新增 1320 例，应用案例累计总数首次破万。应用案例中，法官明示援引、隐性援引分别为 4440 例和 5860 例，总占比分别约为 42.9% 和 56.7%。"①从以上数据统计来看，指导性案例在司法裁判中的应用数量是偏低的。据最高人民法院的年度工作报告，2022 年最高人民法院审结案件 18547 件，地方各级法院审结、执结案件 3370.4 万件。这说明，全国各级法院每年审理的案件总数是以千万件计算。相比如此庞大的审理案件的基数，前述应用指导性案例的案件数量明显是区区小数。这说明指导性案例的适用效果欠佳，与当初制度设计的预期相去较远。本书第二章所述指导案例援引率不高，也反映了这种情况。

上述适用效果欠佳的情形出现，究其原因，与指导性案例检索的智能化水平不高有一定的关系，以致一些与待决案件具有相似性的指导案例难以被法官发现和援引。因此，实施案例指导制度，还有必要进一步发展和丰富人工智能的技术手段，增强类案的智能识别能力，

---

① 郭叶、孙妹：《最高人民法院指导性案例 2022 年度司法应用报告》，《中国应用法学》2023 年第 4 期。

提高检索的智能化水平。

我们知道，"智能信息检索是在传统信息检索的基础上，运用人工智能技术，对所检索的内容分析、理解、推理、决策等，并以良好的形式展现给用户。它除了提供传统的快速检索、相关度排序等功能，还提供用户角色登记、用户兴趣自动识别、内容的语义理解、智能化信息过滤和推送等功能。"① 司法人工智能信息检索也是这样。譬如，美国的智能案例检索工具 Westlaw（万律法律文库），是一个比较全面的以检索美国判例为主的大数据法律案例检索分析系统，可以根据案例的案件号、审理法官的姓名、关键词、当事人双方的名字或公司名称等进行检索。Westlaw 还独创了智能检索方式，如以钥匙码（west key number）来限制主题范围，将每个判例中的重要争议点和法律适用加以提炼概括，以精简的标题名称指明与之对应的钥匙码，而相关判例及其适用的法律随之得到系统的编排与分类；也就是说，它对类案能进行专业化、精准化识别和智能化推送，便于用户检索与查询。

基于以上所述，我国在实施案例指导制度的过程中，如果将案例指导与人工智能结合起来，以人工智能的技术手段服务于案件检索，那么无疑有利于提升案件检索的质量，提高案件的查全率和查准率。目前，人工智能在我国司法领域的应用水平整体上不高，其对指导性案例检索的助推作用还没有充分展现出来；但就已有的相关智能系统来看，人工智能技术的应用的确有助于提高指导性案例检索的效率。譬如，目前在智慧法院建设过程中出现的一些智能系统，对已发布的指导性案例，在文本体例上设置了案例的代码、关键词、适用的相关法条等，这些设置结合人工智能的系统编排与分类，方便法官检索；法官只需要掌握案例数据库的检索方法，不需经过复杂的检索程序，就

---

① 宋文宾、铁兴华、刘鹏：《智能信息检索应用技术研究》，《舰船电子工程》2015 年第 7 期。

能进行较高效率的检索。此外，指导性案例还设置了裁判要点，对案例的精华内容进行概括，便于法官抓住整个案例的核心问题；不同案例的裁判要点经智能化提炼与对比，也便于法官掌握。这样，法官在案例的查找、对比与研读上可以节省不少时间。

目前指导性案例的数量尚不多，检索的难度问题还不突出，但伴随着该制度的日趋完善，案例数量会逐渐增多，法官要想快速而准确地检索案例，更非容易之事。因此，将人工智能引入案例指导，以先进的人工智能技术为指导性案例的检索、引用提供服务和保障，是势之所趋，事之所需，可以取得良好的成效。

3. 可助指导性案例援引与推广

我国不是判例法国家，法官在裁判案件时不太习惯援引案例，加之指导性案例在我国司法实践的效力与地位仍不够明确，以致案例指导制度的运行效果欠佳，案例的援引率普遍较低（本书第二章对此已有论述），其所起的作用受限，故需采取措施，改变这一现状。将案例与人工智能结合，以扩大案例的影响力，便是一条可行的路径。域外判例法国家已有类似的做法。

域外一些判例法国家有着"援引先例"的传统，故随着大数据时代的到来，它们更是将判例与人工智能深度融合，构建出各种各样以法律推理、法律论证为核心的人工智能模型，其中就有基于实际案例所构建的专家系统，能将待决案件与大量的先例进行比较，识别并推送出最类似的先例。例如，加德纳程序是美国普通法领域的人工智能模型，在识别类案时，它能把互相矛盾的判例选择进行比较，"检查一个是否优于另一个"[1]。又如，1989 年，美国人里士兰和阿什利基于案

---

[1]　[荷兰] 亨利·帕肯：《建模法律论证的逻辑工具：法律可废止推理研究》，熊明辉译，中国政法大学出版社 2015 年版，第 71 页。

例所构建的法律人工智能系统——海波系统（HYPO），当用户输入法律争议问题后，该系统开始在数据库中比较相关案件，并选择出最类似的案例，使用户可以在法律论证中援引它们。[①] 此类人工智能模型具有很高的应用价值，可以帮助法官、律师快速高效地从存储案例的数据库中发现类似案例。这样，一方面为法官、律师援引先例（或判例）提供了便利，克服了过去先例（或判例）识别效率低、难度大等缺陷，另一方面能使先例（或判例）得到充分有效的利用，彰显其作用和价值。

我国的案例指导制度虽然与判例制度有着明显的差别，具有中国特色，但与判例制度也有相似之处，都注重吸收先前判决的司法智慧，遵循在先的判决结果。因此，我国案例指导制度的运行可以借鉴判例法国家的做法，引入人工智能的前沿技术成果，使案例指导与人工智能相融合，如采用新一代搜索引擎、知识图谱、深度学习等人工智能技术，构建案例库；在兼容吸收指导性案例的裁判经验和逻辑构架的基础上编写人工智能的算法，等等，从而令指导性案例借助人工智能的技术优势高效地服务于司法工作者。由此，相信会增强广大司法工作者对指导性案例的认同度，扩大指导性案例的影响力，也会改变一些法官对指导性案例的偏见与看法，使指导性案例得到更多的援引和更大范围的推广，从而改变目前案例在实践中"遇冷"、援引率不高的窘境。

4. 可助实现案例指导下的裁判尺度统一

统一司法裁判尺度，类案类判，是实现司法公正的重要途径之一，一直备受司法机关乃至国家最高决策层的高度重视。实施案例指导制

---

① 杜文静、蔡会明：《法律论证的人工智能模型》，《上海政法学院学报》（法治论丛）2019 年第 1 期。

度，就是司法机关为了促进司法公正而推出的重要举措，其宗旨目标在于统一司法裁判尺度和法律适用，规范法官自由裁量权，解决"同案不同判"问题。然则，如何规范裁判尺度、统一法律适用，达到类案类判呢？路径有很多，而以法律人工智能技术辅助案例指导工作，不失为一条行之有效的路径。

人工智能可以模拟司法人员的裁量思维，执行法律推理之类的任务，识别出具有相似性的一些案例，实现裁判规则、裁判结果的类推与迁移，从而提供类案预判、类案检索、类案推送、偏离预警等智能服务（此详上文所论）。因此，人工智能技术在辅助法官完成类案类判的过程中能起到拓宽裁判思路、管控办案质量的作用，使相同或相似的案件在裁判处理上保持前后的一致性，因而有助于统一司法适用，避免司法裁判不公，维护法的确定性、公正性。

从实际应用的层面来看，人工智能的确有助于法官类案类判，实现统一裁判标准、维护司法公正的目标。例如，最高人民法院于2018年1月正式上线运行的"类案智能推送系统"，是以海量的司法大数据资源为基础，采用全新的知识图谱、深度学习等人工智能技术构建出的类案推送系统，能实现案件的智能认知和分析，具有类案识别智能化、类案剖析专业化、推送结果精准化等功能特性。法官借助该系统来处理司法裁判事务，的确能够快捷、准确地获取并适用相类案例（包括相类的指导性案例），作出量刑决策等，实现类案类判、尺度统一。此外，一些地方法院也推出了类似的人工智能系统，如贵州省高级人民法院利用司法大数据系统，建立了类案类判标准数据库，结合待决案件的要素精确匹配案例库中的案例，同时提供相似案例的判决结果的统计数据给法官参考。安徽省高级人民法院与安徽富驰信息技术有限公司合作开发了"类案指引项目"，该平台为法官提供多维度、多案件的分析场景，具备自动检索、类案推送、统计分析等功能，还能够对异常案件进行自动预警提醒。这说明，人工智能的介入，能对裁判结果进行预判，有利于及时发现案件审判中存在的问题，并予纠正，从而促使相同或相似的案件得到相同或类似的裁判结果，确保法律适用的统一与公正。

从以上分析来看，将案例指导与人工智能相结合，有利于案例指导制度最终实现统一法律适用、类案类判、提升审判质效的目标。

5. 可助实现案例指导下的裁判高效化、精准化

人工智能是高端的前沿技术，将其引入案例指导实践，它能够释放出巨大的"技术红利"。法官可以利用人工智能来识别类似的案例，辅助分析复杂的案件，识别和总结相关证据，调取相关法条，校验证据、判断的合法性，等等；而人工智能可以给法官推送案情统计分析、匹配数据库中全国相似的案例，实现类案推送，还可为办案法官提供量刑参考，自动生成标准化的司法文书，等等。所有这些，能把法官从烦琐的事务性工作中解放出来，节省法官的很多时间、精力，大大提高司法裁判的效率，缓解法院人力资源需求与供给之间的矛盾。例如，苏州市中级人民法院在建设智慧法院的过程中，将人工智能引进案例指导和司法审判工作，形成了具有地方特色的"苏州模式"，其智慧系统有"案例文献自动推送""同案同判数据监测"等；通过运用智慧审判系统，庭审时间大为缩短，案件平均审判效率提高30%左右，法官事务性工作剥离约40%，书记员事务性工作减少约50%。① 像这样提升审判工作效率，无疑可以优化法院内部的资源配置，缓解法院人力不足的压力。

笔者在本书第三章中提到，为了解决目前案例供给不足、案例援引率不高等问题，应当扩大指导性案例创制主体资格的范围，将其创

---

① 胡佳：《人工智能辅助刑事审判的限度》，《政法学刊》2022 年第 3 期。

制主体扩展至高级人民法院和中级人民法院。如果依此而行的话，那么高级人民法院、中级人民法院的工作人员的工作量无疑会有所增加，甚至可能会在这个公众诉讼权利意识不断强化的时代加剧"案多人少"的矛盾。这样，将人工智能引入案例指导实践，便显得尤为必要和重要。对于这两级法院的工作人员来说，引进人工智能，得其辅助，会有较好的成效：一方面，在案例创制上可以方便快捷地获取创制指导性案例所需的相关信息、资料等，进而创制出与社会经济发展相适应、特色鲜明、质量上佳的新案例；另一方面，在案件裁判上利用人工智能的强大功能进行案件事实的认定、法律适用的选择等，便可提升裁判工作的效率，减轻工作压力。

2017 年 7 月，国务院发布的《新一代人工智能发展规划》对智慧法院建设问题作了明确规定："建设集审判、人员、数据应用、司法公开和动态监控于一体的智慧法庭数据平台，促进人工智能在证据收集、案例分析、法律文件阅读与分析中的应用，实现法院审判体系和审判能力智能化。"[①] 由此可见，以人工智能辅助司法审判，已成为我国司法改革的一个重要目标。在此背景下，将人工智能引入案例指导之中，可以提升人工智能在辅助司法审判上的精准性、有效性，因而有着较为重要的现实意义和实践价值。

以人工智能辅助案例指导、司法裁判，其精准性、有效性可以得到大幅提高。目前与案件裁判相关的智能系统，通过自主深度学习，一般能够从海量的司法数据资源中抽引出可靠可行的司法经验、审判规则等，建立起案件裁判模型，形成案件裁量的算法，识别具体案件的特点，并以案情要素描述案件全貌；智能系统还能运用数据挖掘技术，对法官待决案件的事实和争议焦点等重要信息进行智能提取，作

---

① 司法部编：《中华人民共和国法规汇编》（2017 年 1—12 月），中国法制出版社 2018 年版，第 352 页。

出对应性关联，并针对识别到的案件要素，自动向法官推送相类似的案例以及有关法律法规，供其参考。此外，智能系统又能通过数据的综合分析，给出案件裁判偏离度、同判度等数据，为法官提供预警服务。这样，在案例指导实践中，以人工智能辅助司法裁判，自然能提高法官裁判的精准度和实效性。笔者曾实地考察调研了贵州省高级人民法院，该院的工作人员介绍说，利用人工智能服务法官办案，特别是将人工智能应用于案例指导下的审判工作，能使法官对裁判的尺度把握得更准，对所作出的裁判更加自信。

第二节　人工智能介入下的案例指导优化路径

目前，将人工智能引入案例指导领域，以人工智能辅助司法裁判工作，已成为司法领域颇受关注的一项实践尝试，取得了一定的成效，且有较大的发展前景。但就当前案例指导制度运行的实际情况来看，人工智能介入下的案例指导工作也面临着一些困难，存在着一些问题。因此，应寻求摆脱困境的对策，探索解决问题的路径，不断开拓创新，从而促进案例指导与人工智能的深度融合，让人工智能最大限度地发挥其作用，也使案例指导工作得到进一步完善、优化，朝着良好的方向发展。

一　建设统一完备的司法数据库

将人工智能应用于案例指导工作，以提升案例指导的实效，需要有强大、完善的司法数据库平台来支撑。此司法数据库中不仅要较为齐备地收集各类指导案例、法律法规等，还要大量地收集各地法院司法裁判文书（智能系统需要借此进行深度学习训练，法官需要借此了解同类案件在不同法院的裁判结果）。但目前相关司法数据库还不够理想，需要努力打造和建设，并将其作为优化案例指导的一项关键性工作，进一步提升数据赋能司法实践的能力和实效。

1. 目前司法数据库的缺陷

我国目前司法数据库建设还有不尽如人意的地方，存在着一些障碍性因素，如数据库的数据总量偏低，数据信息不齐全、种类较少；数据精准度不高，反映裁判过程的决策信息缺略；智能检索功能不够完善，等等。这些都不利于人工智能广泛深入地介入案例指导工作。

由于案例指导制度的运行处在起步阶段，指导性案例供给不足，以致数据库中的案例数据体量明显不足，且种类过少，数据来源不广。运用北大法宝等数据库检索可以发现，截至 2023 年 1 月，最高人民法院发布的 37 批指导性案例，共有 211 个，其中民事类 98 个，刑事类 36 个，行政类 30 个，知识产权类 27 个，执行类 15 个，国家赔偿类 5 个。其中的 36 个刑事类案例，涉及受贿罪 1 例，故意杀人罪 2 例，贪污罪 1 例，非法买卖储存危险物质罪 1 例，抢劫罪 1 例，盗窃罪、诈骗罪 1 例，合同诈骗罪 1 例，拒不支付劳动报酬罪 1 例，危险驾驶罪 1 例，利用未公开信息交易罪 1 例，生产销售有毒有害食品罪 1 例，拒不执行判决裁定罪 1 例，假冒注册商标罪 1 例，故意伤害罪 1 例，非法经营罪 1 例，破坏计算机信息系统罪 3 例，开设赌场罪 3 例，非法控制计算机信息系统罪 1 例，故意损毁名胜古迹罪 1 例，滥伐林木罪 1 例，组织、领导、参加黑社会性质组织罪 2 例，敲诈勒索罪、抢劫罪、故意伤害罪 1 例，侵犯公民个人信息罪 4 例，污染环境罪 2 例，对被申请人强制医疗的特殊人员刑事责任认定 1 例，正当防卫不负刑事责任认定 1 例。这些刑事类指导性案例所涉的罪名数为 25 个，约占《刑法》罪名总数的 6%，绝大多数罪名未曾涉及。从指导性案例的来源地来看，全国各省级行政区域之间存在着很大差异。目前最高人民法院公布的 211 个指导性案例中，来源于江苏、上海的多达 20 余例，来源于甘肃、黑龙江等地的各只 1 例，有的地区甚至出现空白。可见，指导性案例的来源明显存在着地域分布的差异。综观以上，能从数据库中检索到的指导性案例的数量尚未规模化，明显偏少，种类亦不齐备，地域分布也不均衡。这自然会影响到指导性案例的实际应用效果，致使其指导性、典型性的作用被削弱。这一点，也有一些学者撰文论及，如周少华说："迄今为止，最高司法机关发布的指导性案例的数量还极为有限，还远远达不到全面'指导'所有案件的程度。"① 陈华丽说："'指导性案例'无论是在数量上还是在所涉种类上都非常有限，远不能满足知识产权审判的需要。"②

人工智能介入案例指导，以促进类案类判、法律适用统一，需要依托中国裁判文书网、北大法宝之类的法律数据库。但此类数据库也存在数据信息不完整、不充分、不准确等问题，不利于人工智能深度学习和训练，会影响相关司法算法模型的精确构建，致使在类案的检索推送、裁判偏离的预防、办案质效的管控等方面遭遇精确性难题。以中国裁判文书网来说，其始建于 2013 年，此后的裁判文书才集中上传于该网，而 2013 年以前的裁判文书鲜少实现文本的电子化，可供参考的历史数据较为有限；③ 2013 年以后，有一段时间（2014—2018 年）法院裁判文书每年的上网率呈现上升趋势，逐渐从 50% 上升至 70% 左右，④ 但近些年又出现下滑的态势，如"2021 年，全国法院公布行政裁判文书量下降 79.6%，刑事裁判文书量下降 58.7%，民事裁判文书

---

① 周少华：《刑事案件的差异化判决及其合理性》，《中国法学》2019 年第 4 期。
② 陈华丽：《中国特色知识产权案例指导制度中的核心争议探讨》，《知识产权》2018 年第 8 期。
③ 曹奕阳：《人工智能时代司法裁判的机遇、挑战及应对》，《法治论坛》2019 年第 3 期。
④ 杨金晶、覃慧、何海波：《裁判文书上网公开的中国实践——进展、问题与完善》，《中国法律评论》2019 年第 6 期。

量下降47.1%，刑事和行政文书的公示数量比2014年该网站全面运行之初还要低"①。再者，全国各省级行政区域的裁判文书上网率存在较大差异，就2016年来说，排前五位的省市是吉林（103.9%）②、天津（70.8%）、湖南（68.1%）、安徽（66.9%）、陕西（63.6%），排后五位的省份是海南（16%）、新疆（17.8%）、贵州（27.8%）、云南（29.8%）、广东（30.9%），③ 说明数据来源的地域差别较大。此外，裁判文书网上公开的裁判文书只有主文，没有附录讨论、决策等过程信息。上述诸种情形的存在，令法律人工智能系统对数据规模及质量的需求难以得到很好的满足，故有论者认为，"近年来，中国裁判文书网、北大法宝网等司法数据公开网站为智慧法院建设提供了极大支持，但智能化审判系统的数据采集距离理想样本量还有很大距离……导致智能化审判的数据采集难以全面准确，采用的数据只是截取的某一部分，系统运作也只会以这一部分作为样本"④，不利于智能化系统充分发挥其自主学习、分析和决策的功能。

除上所述，数据检索算法上的缺陷，有时会导致案件数据信息的精准度不高。比如，"裁判文书网的检索算法并不完全准确，一些数据甚至难以自圆其说。例如，在裁判文书网检索设定法院层级为'基层法院'，审判程序为'二审'，仍可获得数千件案件的检索结果；在裁判文书网民事案件类别下检索'信息公开'，也可以获得相当数量的检索结果。"⑤

---

① 曹建军：《"元宇宙"司法与纠纷解决的智能化》，《政法论丛》2022年第2期。

② 上网率超过100%，是由于部分同一案件需要两个案号、往年文书下一年上传等原因造成。

③ 唐应茂：《领导意愿、机构能力和司法公开——北京、上海、广东裁判文书上网率的初步研究》，《中国法律评论》2018年第6期。

④ 李梦珂：《新时代智能化审判的困境及优化》，《九江学院学报》（社会科学版）2022年第2期。

⑤ 马超、于晓虹、何海波：《大数据分析：中国司法裁判文书上网公开报告》，《中国法律评论》2016年第4期。

又如，有些裁判文书，在中国裁判文书网上以案件名称、当事人姓名为关键字能够查到，但通过案号检索却无法查到。

司法数据库中数据信息的数量和种类偏少，时空分布上不平衡，算法有时不准确，等等，都会导致人工智能所依赖的法律数据资源出现局限性，直接影响到人工智能的学习训练、运算分析和决策支持，也直接制约着人工智能介入案例指导所发挥的作用，以致难以很好地进行类案的检索推送、案件裁判结果的预测等，进而令案例指导工作的质效大打折扣。

2. 优化路径

为了克服当前智能数据库存在的缺陷，相关部门应注重加强建设统一、完备的司法数据库，尽可能较为齐备地将全国范围内司法案例、裁判文书以及其他有关司法审判的信息数据（如法律法规、司法解释等）收入司法数据库中，特别要注意将那些具有典型性、代表性、指导性、权威性的指导性案例和参考案例悉数收入其中，使案例所包含的审判规则、审判经验等能够较好地适用于其他案件，以满足人工智能辅助司法对于存储信息数据之广度、精度的需求，从而达到正确、精准地辅助司法的目的。因此，有论者呼吁"建设指导性案例库与案例检索辅助系统。建议最高法院清理现有的案例发布平台，推进指导性案例库建设，搭建全国统一、便利的案例检索技术平台；改进法律数据库建设"①。

人工智能领域有一个重要的理论命题："GARBAGE IN GARBAGE OUT"（输入计算机程序的是垃圾，输出计算机系统的也便是垃圾）②，

---

① 四川省高级人民法院、四川大学联合课题组：《中国特色案例指导制度的发展与完善》，《中国法学》2013 年第 3 期。

② Seland, Darryl. GARBAGE IN: GARBAGE OUT. (FROM THE EDITOR), Quality, 2018, Vol. 57 (5), p. 6 (1).

说明人工智能系统的数据输入应讲求质量。人工智能介入案例指导，能否充分发挥其作用，在一定程度上取决于司法数据库的质量。为此，司法数据库的构建与完善应在如下几个方面加大力度。

首先，不断充实数据库中的指导性案例数据，并丰富其种类。要做到这一点，无疑应在指导性案例的创制和发布上持续用力，大幅度提升案例创制的数量，缩短案例发布的周期，并力争案例类型丰富全面，使之能涵盖民事、刑事、行政等领域主要的案由种类。上述这些，都需要通过扩大指导性案例供应渠道、增强指导性案例创制能力的途径来实现；而欲扩大供应渠道、增强创制能力，就目前的情况看，最为有效、可行的办法就是扩大指导性案例创制主体的范围。对此，本书在第三章中有所阐论，兹不赘述。

其次，提高裁判文书的上网率及质量。进一步完善裁判文书上网制度，建立健全裁判文书网上公开的保障机制。由此，不断提升裁判文书的上网率和公开率，尽力满足法律人工智能系统对海量数据信息的需求，助推案例指导下的类案类判，同时促进司法裁判的公开、透明。为了提升和保障上网文书的质量，应注意增强法官的责任意识、严格把控文书上网公布的审核程序、构建相关奖惩机制等。目前，有些地方法院在这方面做了一些工作，出台了一些文件，如江苏省南通市中级人民法院出台《关于裁判文书公开的实施方案》，要求全市人民法院除不宜上网公布的四种情形外，所有文书必须全部上网公开；该院还注重严把上网裁判文书的质量关，其在 2014 年上网裁判文书质量通报中，公布了 46 份裁判文书存在的质量瑕疵。①

再次，不断推动司法数据库建设朝着优质化方向发展。在数据库建设上，除了要全面及时地收集和整理各类司法数据资源，不断充实

---

① 陈向东、顾建兵：《南通中级法院通报 46 份瑕疵裁判文书》，《江苏法制报》2014 年 10 月 14 日第 1 版。

数据库的数据信息（如上文所述充实指导案例、裁判文书数据）之外，同时还要及时更换过时的数据、校订错误的数据，确保数据的活力，从而持续提升数据库数据信息的准确性、完整性、有效性。在数据库技术层面，要不断优化和完善相关技术方法和技术流程，使数据的分类、编辑、存储、管理、获取等更加科学合理、高效便利，以持续提升数据库的信息调用能力，更好地服务于类案检索、裁判实务等。在数据库建设队伍上，要注意提高相关工作人员的整体素质和专业能力，为提高数据库建设质效奠定坚实的基础。司法数据库建设过程中数据的处理、传输、维护、利用等，归根结底要靠相关工作人员进行具体操作，故其拥有良好的思想素养、职业道德、专业技能等，是建设高质量司法数据库的重要保障。因此，有必要通过培训教育等方式提高相关工作人员的思想认识，让他们深刻意识到司法智能化建设的必要性和重要性，从而发挥主观能动性，努力为高质量建设统一完备的司法数据库做出贡献；此外，相关工作人员还要通过培训学习、学术交流等方式不断获取法律人工智能方面的新知识、新技能，以便高质高效地建设司法数据库。

最后，给经济落后地区的人民法院配置相应的硬件设备，保障各级人民法院都能上网提交裁判文书，检索指导性案例，以此丰富司法数据库中的数据，并提高指导性案例的知晓率和援引率。

就目前的情况看，"全国立法与司法两大系统已经各自开发使用本系统版本的大数据库。大量立法、执法和司法线下工作已线上化、电子化、数据化，并着手使用云计算"①。2022 年 10 月 13 日，最高人民法院举行新闻发布会，介绍人民法院智慧法院建设工作成效，宣布已经建成了全世界最大，覆盖审判执行、司法人事、司法研究、司法政

---

① 陈儒丹：《建立全国法律大数据库前瞻》，《检察风云》2021 年第 16 期。

务、信息化管理和外部数据六大类数据的国家司法审判信息资源库。该库能对"全国法院所有案件信息实时、自动汇聚，每 5 分钟自动更新，已累计汇聚案件信息超过 2.8 亿件"。[①] 上述司法信息化工程建设，为建设体量巨大、统一完善的国家级司法数据库提供了坚实基础和便利条件，只要我们齐心协力，不断整合资源，是可以建好此类司法数据库的，从而更好地服务于人工智能介入下的案例指导工作。

二　推进算法规范化透明化发展

将人工智能引入案例指导实践，以其辅助司法裁判，要注意避免算法偏见对司法公正的侵蚀。这也是人工智能介入下的案例指导走向优化而应重视的事项。

1. 人工智能算法偏见影响司法公正

人工智能介入司法领域，特别是介入司法裁判活动，其运作要借助于人工智能算法；而人工智能算法的内部结构通常不透明，如同一个"黑箱"，具有隐秘性和不确定性，除了算法创制者（即数据服务商或计算机程序编写人员）之外，一般人只知道通过算法得出的结论，而不了解得出结论的过程。这就为算法创制者对司法的不当介入提供了可能性。算法创制者通常不具备相关的法学知识，在理解司法案例及相关法律条文时难免出现一些偏差，因而编写出来的程序和算法也难以保证都是科学、合理而有效的，不免存在被个人主观因素侵入的风险。再者，目前针对法律程序中算法的使用，缺乏相应规则或标准，[②] 故无法给予有效的监管。这样，结果可能会导致人工智能工具侵蚀法治，影响司法裁判结果的公正性。徐骏对人工智能在我国司法领

---

①　邹劭坤、刘奕群：《通用人工智能模型在司法场景中的应用展望》，《数字法治》2023 年第 4 期。

②　李本：《美国司法实践中的人工智能：问题与挑战》，《中国法律评论》2018 年第 2 期。

域的应用发表过这样的看法："算法是决定系统运算结果的关键所在，不同的算法生成的结果大相径庭。数据服务商总是倾向于更有利于自身利益的算法，更好地控制智能系统。最高法依托的天平司法大数据有限公司由人民法院信息技术服务中心、中国电子科技集团公司、江苏新视云科技股份有限公司、北京华宇信息技术有限公司四家股东发起设立，主导权掌握在法院和国企手中，这在很大程度上降低了数据服务商不当介入和影响司法的可能性，但只要是司法数据的控制人与司法主体不尽一致，这样的不确定性就依然存在。"① 这说明，要想彻底规避人工智能算法的价值偏向、利益算计等，确保司法公平公正，具有较大的难度。

其实，如何防止数据服务商通过人工智能算法而不当介入司法，也是一个世界性难题。巴斯大学计算机科学教授乔安娜·布莱森的一项研究强调，即使是最"复杂精明"的人工智能，也会继承创造者的种种偏见。② 譬如，美国法院和惩教部门（corrections departments）目前运用智能算法来预测被告的"风险"，涉及被告再犯率、出庭率，并通过算法输出有关保释、刑期和假释决定的报告，以助法官作出判决。对此算法，美国学者萨拉·L. 德马莱给予了这样的评价："政府机构和法院不直接编写人工智能算法，他们从科技公司购买设计好的算法，这意味着算法是专有的，或者类似于黑箱，只有其控制者或算法软件的购买者才能看到软件如何作出决策。然而实践操作中会形成知识与技术的壁垒，编辑算法的科技公司或软件开发的技术人员对司法审判流程和法律知识的掌握有限，司法审判人员又不擅长计算机算法的编

---

① 徐骏：《智慧法院的法理审思》，《法学》2017 年第 3 期。

② "Why using AI to sentence criminals is a dangerous idea"，http：//theconversation. com/why－using－ai－to－sentence－criminals－is－a－dangerous－idea－77734，Accessed Online：2019－04－03.

辑，妨碍着审判人员对人工智能算法的监督和综合分析。法院无法评估'如何确定风险评分或如何衡量这些因素'，数据评估公司难以在方法上保障算法的透明度，使监督变得困难，而算法的决策权可能最终落入开发软件的科技企业手中。"①

总之，法律人工智能系统的算法设计、算法目的、算法标准确定，都有可能带上数据服务商的价值偏向等；而算法偏见又具有隐秘性，造成司法机关对数据服务商难以进行有效的监管和约束，会导致带有算法偏见的智能辅助系统在运行中可能出现不确定性风险（比如类案推送不精准，提供错误的裁判参考意见），使案例指导制度下司法的可预测性难以得到保障，进而增加司法不公的可能性。

2. 优化路径

要想保障人工智能算法的公正合理，促进案例指导的优化，应在算法的构建与管理上着力用功，并做好如下具体工作。

首先，设立司法算法决策的测试规则和标准。司法算法的应用，涉及广泛的公民个人利益和社会公共利益，应当合法正当、合理可靠。因此，人工智能介入案例指导工作，应关注其算法决策模型设计、算法决策结果是否符合法律规范和社会价值观，是否符合类案类判的尺度，是否符合目的特定原则，又是否会带来其他负面作用，等等。这就亟须建立健全算法决策的测试规则和标准，以便对算法技术设计的合理性、算法技术使用的正义性等进行科学的审查、评估和认证，从而使算法的应用和治理在专门的制度框架体系下得到规制，逐步走向规范化、科学化。上述测试规则和标准的设立，应兼顾原则性与灵活

---

① Sarah L. Desmarais, Jay P. Singh. Risk Assessment Instruments Validated and Implemented in Correctional Settings in the United States. https：//csgjusticecenter. org/nrrc/publications/risk – assessment – instruments – validated – and – implemented – in – correctional – settings – in – the – united – states/, Accessed Online：2019 – 04 – 03.

性，要将人工智能的先进性与法律的特殊性相结合，做到既有规范要求又有创新空间。附带提及的是，近些年来，域外有些国家在立法实践中正尝试确立司法过程中的算法应用标准，以防止数据服务商利用人工智能算法而不当介入司法。例如，2019 年美国出台了《司法算法正义法》（Justice in Forensic Algorithms Act），规定美国国家标准与技术研究所建立司法算法软件的测试标准，执法机构只能使用符合其标准的软件。① 此类针对司法算法的规制举措，不乏借鉴意义。

其次，确保算法公开透明。2022 年，最高人民法院发布的《关于规范和加强人工智能司法应用的意见》确立了人工智能司法应用的原则，其中即有"透明可信原则"。算法决策，应注入透明、公开和责任理念，智能技术服务者有义务通过算法公开来揭示其背后的运作原理，并以可解释、可测试、可验证的方式接受相关部门的监管以及公众的监督。算法透明，可从一些基本要素的公开开始（如公开案例文本基本要素的标注方法、算法作出相关司法决策的依据等），逐步达到一些复杂要素的公开，让司法算法"暴露在阳光下"，尽力实现算法技术的祛魅，促进算法透明与公众信任之间的良性发展。

最后，加强算法应用的监督管理。可成立人工智能司法系统监督的专门机构，并构建有关人工智能算法审查、算法责任承担等方面的制度规范，由此对司法算法的合法性、正当性等实施全方位的审查与监管；在审查评估过程中，应强化中立第三方的介入作用。对违规的算法要进行及时有效的处理，并对相关责任人作出处罚。此外，还可利用智能系统算法本身所设置的预警机制进行监管，当智能系统发现实时运行状态与预设的标准不相一致，或者存在违规操作时，会发出预警报告，相关工作人员应予警觉，及时应对，不给暗箱操作留下机会。

---

① 王士博：《证据法视野下的算法规制》，《山东法官培训学院学报》2021 年第 5 期。

三 提升案例要素标识的精准度

我国过去的司法裁判，一般是采用"以案找法"的进路；当下案例指导制度下的司法裁判，则是依循"以案找案"的路径，丰富了过去的法律发现方式。在"以案找案"的过程中，须对案件之间的相似性进行比对和认定。因此，在案例指导制度背景下，要想通过人工智能的途径使指导性案例能被更多的司法工作者发现，并比对成功而得以适用，就应在案例的标识技术上做足功夫。

1. 智能系统的案例标识技术尚不完善

考察目前我国与案例指导相关的智能系统，案例标识的技术还存在着不足，主要表现为部分案例的要素提炼和标引不够理想，专业化水平不高，给案例的检索、利用带来不便。四川省高级人民法院、四川大学联合课题组的调查显示，"绝大部分调查对象认为目前的编写体例存在检索不方便或不够方便的问题"，"逾六成（63.35%）的调查对象在参照案例过程中曾遇到案例不易查找问题"[①]。

按照最高人民法院《关于编写报送指导性案例体例的意见》以及《指导性案例样式》的规定，指导性案例的基本要素主要包括关键词、裁判要点、基本案情、裁判结果、裁判理由等。人工智能司法辅助系统在识别待决案件与数据库中的指导性案例时，是将待决案件的主要案情、争议焦点等与指导性案例的基本要素按照程序员设计的算法进行自动匹配与识别。因此，识别待决案件与指导性案例之间的相似度，需要对指导性案例的基本要素进行标识。对指导性案例的基本要素的标识，直接关系着人工智能辅助司法系统的识别速度与准确性，应当

---

① 四川省高级人民法院、四川大学联合课题组：《中国特色案例指导制度的发展与完善》，《中国法学》2013年第3期。

做到客观、明晰、准确；如果标识的基本要素模糊不清甚至出现错误，自然会引起人工智能系统识别的错误。

考察目前被智能系统数据库收入的最高人民法院指导性案例，基本要素的标识还存在着一些问题。比如，裁判要点在概括方式上还有一定的缺陷，"由于裁判要旨的概括需要从具体案情中归纳出抽象规则，对其间程度把握的不准确是裁判要旨概括存在缺陷的基本表现，又可以细分为完全重复现有的法律规定、概括过于具体和过于抽象等类型"[1]；有的裁判要点"仅介绍背景、影响和裁判考虑的因素，或者指出法律问题，而缺乏明确的结论或解决办法，没有揭示出案例的主要裁判规则和亮点；有的对其他内容介绍过多，要点概括不简明，不醒目；还有的裁判要点与裁判文书相关表述脱节甚至矛盾，表述累赘或晦涩难懂"[2]。又如，案例的裁判理由，有的"论证过于简单，这无疑加大了执法人员准确理解、把握指导性案例的难度，对司法实务部门的指导意义大打折扣"[3]；"有的简单复制'本院认为'中的理由；有的把裁判理由写成学理的案例评析，甚至抛开裁判文书中的理由随意自由发挥"[4]。

下面，以直接关系到案例之检索和适用效果的关键词为例，谈谈目前已收入智能系统数据库的指导性案例在标识技术上存在的几个问题。

第一，关键词的提炼较为抽象，所指较为笼统，针对性与指向性不显明。我们知道，关键词的提取和标识如果准确恰当，会对案例的

---

[1] 孙光宁：《指导性案例裁判要旨概括方式之反思》，《法商研究》2016 年第 4 期。

[2] 胡云腾、吴光侠：《指导性案例的体例与编写》，《人民法院报》2012 年 4 月 11 日第 8 版。

[3] 秦宗文、严正华：《刑事案例指导运行实证研究》，《法制与社会发展》2015 年第 4 期。

[4] 胡云腾、吴光侠：《指导性案例的体例与编写》，《人民法院报》2012 年 4 月 11 日第 8 版。

内容起到提纲挈领的作用，揭示出整个案件的关键事实、核心争论点等。这样，司法工作者不用阅读完长篇大论的案件裁判文书，就能大概知晓案件的主要争议焦点是什么，案件调整什么法律关系，等等。指导性案例通常具有典型性与新颖性，其关键词所包含的信息更应该完整、准确而明晰，具有针对性、表征性，能够直接指向案件的核心性、争议性的话题，以便智能系统自动识别和司法工作者检索。然而，目前有些案例的关键词存在数量少、所指范围较宽泛等问题，区分能力不强，对案例识别的帮助不够大。例如，第9号指导性案例"上海某某贸易有限公司诉蒋某东、王某明等买卖合同纠纷案"，其设置的关键词为"民事""公司清算义务""连带清偿责任"，其裁判要点为"有限责任公司的股东、股份有限公司的董事和控股股东，应当依法在公司被吊销营业执照后履行清算义务，不能以其不是实际控制人或者未实际参加公司经营管理为由，免除清算义务"，其裁判理由部分中有"房某福、蒋某东和王某明怠于履行清算义务的行为，违反了公司法及其司法解释的相关规定，应当对某某公司的债务承担连带清偿责任"等文字，这说明该案纠纷是由负有连带清偿责任的有限公司股东因怠于履行公司清算义务而引发，且该案的争议点涉及怠于履行清算义务的理由是否合法正当的问题。由此反观第9号指导性案例所列的三个关键词，不仅数量过少，而且其所指范围整体上较宽泛，难以精确地概括和反映本案的实质性、关键性信息，故还有必要增列"怠于履行清算义务"之类的关键词加以限缩和明确。上述问题的存在，增加了通过关键词来识别和检索所需案例的难度。有论者说："智能裁判技术尚不成熟，许多案件的案情又较为复杂，案件关键词相对抽象，仅靠类案关键词检索确立判案依据，在实践中存在较大误差。"①

---

① 张晟炜、陈盈羽：《论建设中国式判例制度的司法价值与实现路径》，《连云港职业技术学院学报》2023年第1期。

第二，关键词的提炼过于具体，缺乏简明性、概括力。为了便于检索，关键词应当简洁明快，具有概括性，让人一目了然；过于冗长且概括性不强的关键词会给案例检索带来困难，甚至会降低案例的参照适用率。目前，有些指导性案例的关键词是长词长句，且为叙事性的词句，案例识别的效果不佳。比如，第 2 号指导性案例"吴某诉四川省眉山西城纸业有限公司买卖合同纠纷案"，其为民事买卖合同纠纷，被告对一审的判决不服提起了上诉，二审期间双方当事人达成了和解协议，并且撤回上诉，一方当事人不履行和解协议，另一方当事人申请执行和解协议。该案例的关键词为"民事诉讼""执行""和解""撤回上诉""不履行和解协议""申请执行一审判决"。可见，这六个关键词大致是依照上述案件的发展进程予以陈述，且其第六个关键词"申请执行一审判决"与第二个关键词"执行"有重复，说明其关键词的提炼和标识有所不当。又如，第 90 号指导性案例"贝某丰诉海宁市公安局交通警察大队道路交通管理行政处罚案"，关键词有四个，即"行政""行政处罚""机动车让行""正在通过人行横道"。显然，其中第四个关键词"正在通过人行横道"是一个短句，长度失宜，且内涵不具有适用的普遍性。指导性案例的关键词像这样冗长细碎，过于凸显案件的特殊性，反而不利于指导性案例与其他相类案件的比对与匹合，会降低指导性案例的检索率和援引参考率。案例关键词缺乏简明性、概括力，除上文所述情形外，还有一个较突出的表现，即关键词之间的语意交叉重合、相互包含。例如，第 11 号指导性案例"杨某虎等贪污案"，设置的关键词依次为"刑事""贪污罪""职务便利""骗取土地使用权"，其中"职务便利"的语意实际上被前面的"贪污罪"所包含，为冗余信息，现行《刑法》第 382 条第 1 款明确指出："国家工作人员利用职务上的便利，侵吞、窃取、骗取或者以其他手段非法占有公共财物的，是贪污罪。"总之，指导性案例应当追求适用的普遍化，期于在解决相类的共性问题时能广为援引参照，而不仅仅是追求个案裁判的公正，因此，其关键词的设置应讲究语言表述的概括性、周延性和有效性，具有普适性意义；关键词过分彰显个案的特性，或者信息具体而又冗余无效，会导致案例难以被识别引用、大面积推广。

由上可见，目前智能系统数据库中的案例在标识技术上还存在一定的缺陷，不便于查询与识别。

2. 优化路径

鉴于上文所述问题，目前案例数据的标识还有必要作进一步的技术性优化，以凸显案件的要素特征，准确而明确地反映案件的基本事实与相关法律规则。

将人工智能应用于案例指导，需要利用人工智能系统来比较待决案件与指导性案例之间的相似程度；而案件之间相似程度的确认需要比较、分析案件的基本要素。因此，对每个案件要素的提取和标识要做到精准明晰。唯其如此，人工智能系统通过抓取、分析案件要素，才能对待决案件与指导性案例之间的相似性进行快速搜索比对，并对它们之间的相似性进行准确有效的自动识别，智能系统的使用者在其指引下，也才能便捷地寻检到所需的案例。

有学者指出，在案例指导实践中，甄别、遴选裁判优秀的基点案例，并在同类案例中适用基点案例，其识别技术涉及三个模板：其一，案例要素提取模板，包括裁判文书读解、同类案例整合及"事实—结论"对应；其二，裁判要点解释模板，需要与法律规范、裁判规范与具体事实三个部分的内容进行联动解释；其三，同类案例适用模板，融基点案例归纳推理、同类案例类比推理与待判案件演绎推理为一体，概括、提炼出先例规则，并予具体运用。[①] 由此看来，对关键词、裁判

---

① 马俊彦：《论最高人民法院指导性案例的识别方法》，《财经法学》2018 年第 1 期。

要点、基本案情、裁判结果、裁判理由等案例文本要素数据的精准提取和标识，一切要以便于智能系统的自动识别和法律推理为前提。对案件各要素数据的提取和标识，要像给书籍增加书签一样，具有指向上的明确性与识别上的简便性。

以基本要素中的关键词为例，其作为案例的关键性要素数据，在提取和标识时应以方便案例的识别与检索为原则，言简意赅，没有语言上的重复，避免使用长词长句，还要强调语言的准确性，避免歧义，排列的顺序要合理恰当。关键词的提炼概括要适度，能反映出案件的争议焦点核心，既不能过于具体，又不能抽象；既不能由于关键词太少而不能反映案件的争议焦点，也不能由于关键词太多而代替了裁判要点的作用。其理想的状况是，法律工作者在检索相类案例时通过关键词的识别就可从司法数据库中匹配出所需的案例。

又如，基本案情涉及指导案例的事实部分，能为裁判理由和裁判结果提供法律事实的支撑。对基本案情的叙述，应准确而凝练，做到线索清晰、层次分明、简明扼要、重点突出、详略得当，既不遗漏与裁判要点相关的案情，又不照搬裁判文书的案件事实而流于琐细。

为了规范和统一指导性案例体例，最高人民法院曾颁发了《关于编写报送指导性案例体例的意见》《指导性案例样式》之类的技术规范性文件，对提升案例要素数据提取标识的精准度具有实际的指导作用。但笔者认为，此类文件所作的技术性规定，总体上还似嫌笼统，而应根据司法实践的实际需要不断细化、完善，甚至还可根据法律人工智能发展和应用的现状，制定并颁行适用于法律人工智能的技术规范。众所周知，法律语言具有较强的逻辑性与不可替代性，特别是"责任""义务""权利"之类的抽象的法律术语内涵抽象、不确定，极具灵活性，在转化为计算机语言过程中很容易失其本意，导致理解出现偏差。因此，对法律语言转化为计算机语言，国家司法管理部门有必要进行规范，出台相关文件，以助提升案例要素数据提取和标识的精准度。世界上有的国家已做过这方面的工作，可以借鉴。例如，"德国将指导性规范中的法律术语根据法律功能的不同进行了九种分类，即'责任''赔偿''许可''禁止''反对''附加条件''法律后果''定义''参考'，并运用这九种法律术语的功能分类来对法律条文和案例进行分类。情态动词是动词的标签，而动词表示活动，在定义语义类型时起着重要的作用，在德语中情态动词 dürfen/mögen（可以）、können（能够）、müssen（必须）、sollen（将）和 wollen（想要）被视为这一分类"①。如果像这样对应用于人工智能的法律语言作出具体的规定，相信会有助于提升案例要素数据标识的精准度。

四 给予人工智能合理的角色定位

案例指导下的司法裁判，虽然可以允许人工智能介入，但应当对这种介入进行合理、准确的角色定位。这对于案例指导工作的优化具有一定的意义。

1. 人工智能的角色定位困难

人工智能在司法裁判领域应该扮演怎样的角色？人工智能是否可以介入任何层次、任何环节的司法判断而无禁区？人工智能是否可以根据它从指导性案例中提炼出的裁判规则及其深度学习的类案审判经验来代替司法者进行案件审判？对于此类问题，人们有着不同的看法。比如，技术界的人士通常乐观地认为，只要技术能提供支撑，人工智能在司法领域的应用空间就可以无限扩大，无可限量。在他们看来，"人工智能是使用机器代替人类实现认知、识别、分析、决策等功能的

---

① Waltl, B., Bonczek, G., Scepankova, E. et al., "Semantic types of legal norms in German laws: classification and analysis using local linear explanations", Artif Intell Law, 2019, 27, p. 43.

技术，其本质是对人的意识与思维的信息过程的模拟；作为一种基础技术，人工智能的发展终究会处理司法判断中需要自由裁量、自由心证的问题，即替代司法官实现非规范判断"①；技术界的人士甚至自信满满地预言，计算法律和算法裁判，在未来会成为法律的终极形态，人工智能将会替代法官直接裁判案件。但也有学者认为，人工智能只能辅助或服务司法者办案，如由智能系统从海量数据中挖掘类案线索并向法官推送，通过标注案件的关键要素以助法官快速检索案例，而不可替代司法者直接作出司法裁决。左卫民明确指出，人工智能应"定位于做辅助法律人决策的助手与'参谋'角色"，而不可应用于核心的司法工作。② 徐骏从法理层面上审视人工智能对司法的介入，指出："坚持以人为本、技术中性的理念，坚持对司法公平正义的追求，应是对待智慧法院的理性态度"；"工具理性对司法意义的消解，智慧管理对司法自主的削弱，智慧应用对司法平等的分化以及服务外包对司法公信的威胁，是智慧法院存在的法理困境"，应尽力加以解决。③

在案例指导实践中，需要将待决案件与案例数据库中的已决案例进行比对、识别。在这方面，人工智能凭借其在分析、处理数据和信息检索等方面的优势，处理一些事实与规范之间具有一一对应关系的常规案件，一定比法官做得更快更好，比对、识别的效果会更佳；但是，对有些涉及法理、常识、情感等较为复杂的因素而需要自由心证、综合判断的案件，人工智能即使通过深度学习以及算法程序运行，也很难作出精准的比较和识别，至于进一步作出客观公正、合乎情理的裁判，就更是困难了。最高人民法院已经公布的一些案例，其关键词中包含有诸如"公序良俗""诚实信用原则""处分原则""紧急避险"

① 转引自黄京平《刑事司法人工智能的负面清单》，《探索与争鸣》2017 年第 10 期。
② 左卫民：《如何通过人工智能实现类案类判》，《中国法律评论》2018 年第 2 期。
③ 徐骏：《智慧法院的法理审思》，《法学》2017 年第 3 期。

等抽象复杂、需要主观判断的因素，是制定法规则之外的一些因素，很难利用人工智能的算法给予精确的数据表达，而需要法官结合以往判决案件的经验、常识以及公众对同类案件的情感进行判断、裁决。比如，第89号指导性案例，事由是张某（父）和吕某（母）在济南市公安局历下区分局燕山派出所为自己的女儿"北雁云依"办理户口登记时，该派出所不予上户口，理由是孩子姓氏必须随父姓或母姓，创设新姓氏的行为违法。该案例的关键词有"姓名权"和"公序良俗"，说明此案的承办法官作出判决，依据了公序良俗的原则。此外，还有很多民事案件的审理、判决，需要法官依据诚实信用原则、处分原则、辩论原则，并兼顾成文法法理、文化心理、社会风俗、价值判断、道德情感等因素，而这些因素显然难以用算法和参数精确计算。以上论述，自然引发出如下问题：既然在参照指导性案例裁判案件的司法活动中需要人工智能的介入，而人工智能技术又存在着一些局限性，那么其介入达到何种程度、多大范围才算是合理适度的呢？易言之，在司法裁判中人工智能究竟该扮演什么样的角色？拥有什么样的地位？此类问题都令人颇费思量而感到棘手。

　　总之，人工智能在案例指导下的司法裁判中如何定位，是一个无法回避而又不易解答的难题。如果凸显人工智能的主体地位，使司法裁判居于技术力量的支配之下，那么有可能产生一些负面效应，比如，导致司法者异化为没有灵魂的技术载体，司法裁判沦为缺乏人文精神的技术操作，等等；如果拒斥人工智能贯穿司法裁判全领域、全过程，以淡化其地位，那么人工智能在司法审判领域就只能停留于"弱人工智能时代"，无法实现对司法审判工作的综合性、全局性预判，进而进入"强人工智能"阶段。因此，其角色定位是一个难题，学界也有不同的看法。

2. 优化路径

受技术因素的制约，现阶段人工智能对案例指导下司法裁判的介入，应当定位于"辅助"。也就是说，人工智能仅作为一种重要的工具，用于辅助法官检索案例、匹配类案等，而主要的裁判工作仍由法官凭借自己的审判经验完成。

目前的人工智能虽然在有些领域实现了对人类智慧的模拟乃至超越，但并不真正拥有人类智能，也不会有自主意识和意志，仍处在"弱人工智能"阶段，只能作为人类从事特定活动所需的工具。就目前的法律人工智能而言，由于它还不能对人类情感、社会行为等作出准确的判断，也无法进行法理、法律政策等方面的考量，所以它即使掌握了丰富的法律知识、裁判规则，但在办案过程中还难以像人类法官那样凭借人类所具有的感觉、情感、意志、信念等，对证据真伪、案件事实、法律依据等进行综合分析和研判，进而独立作出公正合理的裁判。此外，考虑到人工智能应用可能带来的社会伦理挑战以及人类安全风险，并顾及立法成本及运行成本较高、法律责任难于分配等问题，[①] 现阶段人工智能介入案例指导，还不能让它完全代替人类法官完成司法审判工作。这有如王禄生所说："即使技术取得了重大突破，我们也必须充分意识到，司法有自身特殊的属性。这也决定了前沿技术与司法的融合需要遵循一定的限度，尤其要避免片面技术理性的误区。概括起来，'有所为、有所不为'应该成为推进司法大数据与人工智能技术应用的基本原则。"[②]

在现阶段，人工智能虽然不能独立判案，但可以辅助法官审理案

---

① 朱俊：《人工智能法律主体地位的赋予标准及其立法考量》，《四川轻化工大学学报》（社会科学版）2023 年第 4 期。

② 参见李卓谦《王禄生：司法大数据与人工智能开发需反思片面技术理性思潮》，《民主与法制时报》2018 年 6 月 3 日第 6 版。

件。法官可以发挥人工智能在信息传输、数据挖掘等方面的优势，由其进行案情统计分析，匹配数据库中的相似案例，完成类案推送；可以利用人工智能辅助分析复杂的案件，识别和总结相关证据，调取相关法条；可以让人工智能基于大数据分析，进行裁判结果预测，提供量刑参考；可以借助人工智能系统的裁判偏离预警，控制裁判偏离度，提升办案质量；等等。法官在办案过程中充分发挥人工智能的辅助作用，可以从烦琐的事务性工作中解放出来，提高司法裁判效率，同时也有利于保障裁判结果的公平公正。

综上所述，目前人工智能介入案例指导下的裁判工作，其重心应定位于"辅助"，而不是对法官的"替代"。当然，将其定位为"辅助"角色，也要注意不断拓展人工智能在案例指导裁判领域的发展空间，使之逐步进入"强人工智能"阶段，以推进法院审判体系和审判能力智能化，并扩大案例指导制度的影响力。

结　语

　　"如果说法治社会是一条大河，案例就是铺垫这条大河的河床；如果说法治社会是一条大路，案例就是人们踏出的脚印"①。案例在我国法治现代化进程中所发挥的"铺垫河床"的重要作用是有目共睹的，可谓是法治建设留下的生动印迹，是法治中国进程最为鲜活的注脚，而案例指导制度也可谓是新时代法治建设生动的成果体现、效果证明。随着我国全面推进依法治国战略的实施，案例指导制度受到了法学理论界及司法实务界的广泛关注，在司法实践中也产生了较大的影响，发挥了积极的作用，在一定程度上实现了"总结审判经验，统一法律适用，提高审判质量，维护司法公正"的目标。作为案例指导制度重要组成部分的指导性案例，是总结审判经验、诠释法律精神的重要载体，凝聚了法官的知识、智慧和经验，展示着看得见的实体正义和程序正义，能为类似案件的裁判提供鲜活、具体的参照范例，对于推动类案类判（同案同判），统一法律适用，起到了明显的促进作用，其在我国现有司法体制的框架下成为制定法的重要补充。

　　然而，任何制度的建设与完善都不可能一蹴而就，需要在大量的

---

① 胡云腾：《中国特色的案例指导制度与指导性案例》，《人民司法》2014 年第 6 期。

实践中不断探索和优化，我国的案例指导制度也是如此。它虽然取得了一些阶段性的成果，但在实际运行中也遭遇了一些难题和困境，尚有不尽如人意之处；"从现有的具体规定和实际效果来看，案例指导制度距离预期的理想状态，还存在着相当大的差距"①，仍需要不断探索和改革，逐步完善。笔者认为，对于目前案例指导实践中存在的问题，只要我们从现实出发，拓宽视野，锐意探索，积极寻求解决思路，是可以寻觅到纾解难题、走出困境的新对策、新路径的。比如，目前案例指导制度在运行中较突出的问题是，案例创制主体单一而致案例供给量无法满足司法需求，案例难以获得有效应用的保障。此类问题的存在，在一定程度上与案例指导制度同审级制度缺乏有机的关联、互动相关；而现行审级制度又一时难以进行全面的改革，所以，我们只能正视这一现实，在现有的制度框架内进行调整，除弊兴利，尽可能使案例指导制度与现行审级制度相衔接、相适应，尽量借其助力而推进。基于此，可以将指导性案例创制主体范围予以扩大，由最高人民法院扩展至高级人民法院、中级人民法院，以此与审级制度相衔接，并借助其力量来解决案例供给不足、案例应用状况不佳等问题。又如，目前案例指导制度在运行中还存在着案例遴选生成的行政化倾向较明显、案例检索和比对较为困难等问题。鉴于此，在人工智能技术快速发展并在我国司法领域各种应用场景中逐步落地的背景下，我们可以充分关注人工智能领域的前沿技术，并尽力将其引入案例指导领域，使之为案例指导制度的运行提供强有力的技术支撑。譬如，利用人工智能进行指导性案例的遴选，筛选出真正具有法律价值的案例素材；通过人工智能的辅助，实现类案的高效检索、推送、比对识别等。像上述这样立足现实，积极思考，不懈探索，终将会觅得促进案例指导

---

① 孙光宁：《指导性案例参照适用中的案件事实相似性判断》，《国家检察官学院学报》2022年第3期。

制度不断优化完善的最佳路径和方法。

上述有关案例指导制度优化完善之道的探索、研究工作，显然非一人一时之力所能尽善，需要更多的学人参与进来，共襄其事，即所谓"治之者愈众而研之愈精"。本书在案例指导制度的优化和完善问题上作了一些粗浅的探索和研讨，提出了一些不太成熟的建议和意见，如果能对案例指导制度的优化和完善起到一点微小的作用，则有慰于愚者之千虑，亦幸之甚矣！

笔者认为，我国案例指导制度在运行中存在的一些问题和难题，是暂时的，是可以克服的，而且该制度的未来发展前景也是可以乐观预期的。这是因为，当今世界两大法系中已呈现出判例法与制定法相互借鉴、彼此渗透、交相融摄的发展趋势，域外一些大陆法系国家也逐渐重视判例的作用，允许判例在司法体制中占有一席之地，而我国作为大陆法系国家的一员，积极推行案例指导制度，注重发挥案例的作用，正顺应了当今世界法律发展的大趋势；再者，就我国案例指导的实践来看，案例可以弥补法律的漏洞和空白，在一定程度上克服了成文法的局限性；可以帮助法官更加准确地适用法律，作出公正裁判，使类似的案件获得类似的处理，的确有助于统一法律适用标准、提高审判质量、维护司法公正和提升司法公信力。所以，我们对案例指导制度的未来发展没有理由不充满信心！

参考文献

一 中文著作

卞建林、邓修明主编：《〈刑事诉讼法修正案（草案）〉重点问题研究》，中国人民公安大学出版社 2012 年版。

陈金钊、焦宝乾：《法律方法论研究综述》，载陈金钊、谢晖主编《法律方法》第 5 卷，山东人民出版社 2006 年版。

陈兴良主编：《中国案例指导制度研究》，北京大学出版社 2014 年版。

陈兴良编：《人民法院刑事指导案例裁判要旨集成》，北京大学出版社 2013 年版。

陈兴良：《判例刑法学》（第 2 版），中国人民大学出版社 2017 年版。

陈树森：《我国案例指导制度研究》，上海人民出版社 2017 年版。

陈锐：《法律推理论》，山东人民出版社 2006 年版。

崔亚东：《人工智能与司法现代化》，上海人民出版社 2019 年版。

董皞等：《判例解释之变迁与重构——中国判例解释发展与构建之路》，中国政法大学出版社 2015 年版。

董皞：《司法解释论》，中国政法大学出版社 2007 年版。

葛洪义主编：《法理学》，中国政法大学出版社 2007 年版。

耿宝建：《裁判的方法》，人民法院出版社 2016 年版。

胡云腾主编：《中国案例指导》（总第 1 辑），法律出版社 2015 年版。

胡国平：《美国判例：自由挑战风化》，中国政法大学出版社 2014 年版。

胡兴东：《中国古代判例法运作机制研究：以元朝和清朝为比较的考察》，北京大学出版社 2010 年版。

侯猛：《中国最高人民法院研究——以司法的影响力切入》，法律出版社 2007 年版。

黄卉、朱芒、解亘等：《中国案例指导制度：理论·实践——判例研读沙龙Ⅱ》，上海三联书店 2019 年版。

林莉红主编：《行政法治的理想与现实：〈行政诉讼法〉实施状况实证研究报告》，北京大学出版社 2014 年版。

刘风景：《判例的法理》，法律出版社 2009 年版。

刘风景：《裁判的法理》，人民出版社 2007 年版。

李瑜青等：《法律方法》，华东理工大学出版社 2017 年版。

梁慧星：《裁判的方法》，法律出版社 2017 年版。

武树臣：《寻找中国的判例法》，人民出版社 2018 年版。

武树臣主编：《判例制度研究》，人民法院出版社 2004 年版。

王名扬主编：《外国行政诉讼制度》，人民出版社 1991 年版。

汪习根主编：《司法权论——当代中国司法权运行的目标模式、方法与技巧》，武汉大学出版社 2006 年版。

薛刚凌主编：《外国及港澳台行政诉讼制度》，北京大学出版社 2006 年版。

钱卫清：《法官决策论：影响司法过程的力量》，北京大学出版社 2008 年版。

江必新、梁凤云：《最高人民法院新行政诉讼法司法解释理解与适用》，中国法制出版社 2015 年版。

沈宗灵：《比较法研究》，北京大学出版社 1998 年版。

宋冰编：《读本：美国与德国的司法制度及司法程序》，中国政法大学出版社 1998 年版。

孙光宁等：《指导性案例如何参照：历史经验与现实应用》，知识产权出版社 2020 年版。

孙光宁：《案例指导制度的实践经验与发展完善》，法律出版社 2023 年版。

唐震、李鹏飞：《基层法官谈案例援引》，葛洪义主编《法律方法与法律思维》第 7 辑，法律出版社 2011 年版。

汪世荣：《中国古代判例研究》，中国政法大学出版社 1997 年版。

徐景和编著：《中国判例制度研究》，中国检察出版社 2006 年版。

薛波主编：《元照英美法词典》，法律出版社 2003 年版。

杨知文：《指导性案例编撰的法理与方法研究》，商务印书馆 2022 年版。

姚小林：《法律的逻辑与方法研究》，中国政法大学出版社 2015 年版。

于同志：《案例指导研究：理论与应用》，法律出版社 2018 年版。

最高人民法院案例指导与参考丛书编选组编：《最高人民法院行政案例指导与参考》，人民法院出版社 2018 年版。

《最高人民法院专家法官阐释疑难问题与案例指导》编写组编：《最高人民法院专家法官阐释疑难问题与案例指导》，中国法制出版社 2018 年版。

张华：《指导性案例的生成技术优化——基于指导性案例司法应用的实证分析》，载陈金钊、谢晖主编《法律方法》第 25 卷，中国法制出版社 2018 年版。

张妮、蒲亦非：《计算法学导论》，四川大学出版社 2015 年版。

张妮、杨遂全、蒲亦非：《国外人工智能与法律研究进展述评》，载陈金钊、谢晖主编《法律方法》第 16 卷，山东人民出版社 2014 年版。

张骐等：《中国司法先例与案例指导制度研究》，北京大学出版社 2016

年版。

张生：《民国时期的判例制度及其借鉴意义》，王继军主编《三晋法学》，中国法制出版社2017年版。

赵玉增、郑金虎、侯学勇：《法律方法：基础理论研究》，山东人民出版社2010年版。

赵建喆、谭振华：《大数据背景下不确定性人工智能中的知识表达、知识获取及推理》，东北大学出版社2016年版。

左卫民、陈明国主编：《中国特色案例指导制度研究》，北京大学出版社2014年版。

二　中文译著

［日］大木雅夫：《比较法》，范愉译，法律出版社1999年版。

［日］高桥宏志：《民事诉讼法：制度与理论的深层分析》，林剑锋译，法律出版社2003年版。

［日］棚濑孝雄：《纠纷的解决与审判制度》，王亚新译，中国政法大学出版社1994年版。

［日］山口厚：《从新判例看刑法》（第2版），付立庆、刘隽译，中国人民大学出版社2009年版。

［日］小岛武司：《诉讼制度改革的法理与实证》，陈刚、郭美松等译，法律出版社2001年版。

［日］中村宗雄、中村英郎：《诉讼法学方法论——中村民事诉讼理论精要》，陈刚、段文波译，中国法制出版社2009年版。

［美］本杰明·卡多佐：《司法过程的性质》，苏力译，商务印书馆1998年版。

［美］戴维·克雷因、［美］格里高利·米切尔编著：《司法决策的心理学》，陈林林、张晓笑译，法律出版社2016年版。

［美］理查德·A. 波斯纳：《正义/司法的经济学》，苏力译，中国政法大学出版社 2002 年版。

［美］理查德·A. 波斯纳：《超越法律》，苏力译，中国政法大学出版社 2001 年版。

［美］E. 博登海默：《法理学：法律哲学与法律方法》，邓正来译，中国政法大学出版社 2004 年版。

［美］约翰·罗尔斯：《正义论》，何怀宏、何包钢、廖申白译，中国社会科学出版社 1988 年版。

［德］亚图·考夫曼：《类推与"事物本质"——兼论类型理论》，吴从周译，（台北）学林事业文化有限公司 1999 年版。

［德］阿图尔·考夫曼：《法律哲学》，刘幸义等译，法律出版社 2004 年版。

［德］罗伯特·阿列克西：《法律论证理论——作为法律证立理论的理性论辩理论》，舒国滢译，中国法制出版社 2002 年版。

［德］卡尔·拉伦茨：《法学方法论》，陈爱娥译，商务印书馆 2003 年版。

［德］K. 茨威格特、H. 克茨：《比较法总论》，潘汉典、米健、高鸿钧等译，法律出版社 2003 年版。

［英］丹宁勋爵：《法律的训诫》，杨百揆、刘庸安、丁健译，法律出版社 1999 年版。

［荷］亨利·帕肯：《建模法律论证的逻辑工具：法律可废止推理研究》，熊明辉译，中国政法大学出版社 2015 年版。

［比］R. C. 范·卡内冈：《英国普通法的诞生》，李红梅译，中国政法大学出版社 2003 年版。

三 外文著作

Mirjan R. Damaška. The faces of justice and state authority: a comparative approach to the legal process, New Haven: Yale University Press, 1986.

Eva Steiner. French law: a comparative approach, Second Edition. Oxford, United Kingdom: Oxford University Press, 2018.

Franz Bydlinski. Juristische Methodenlehre und Rechtsbegriff, Wien, New York: Springer, 1982.

Ian McLeod. Legal Method, London: Palgrave Macmillan, 2011.

William Eskridge Jr. Interpreting law: a primer on how to read statutes and the Constitution, Foundation Press, 2016.

Laurence Goldstein. Precedent in law, Oxford: Clarendon Press, 1987.

María José Falcóní Tella. Justice and law, Leiden; Boston: Brill Nijhoff, 2014.

Martin Kriele. Theorie der Rechtsgewinnung: entwickelt am Problem der Verfassungsinterpretation, Berlin: Duncker & Humblot, 1976.

Wolfgang Fikentscher. Methoden des Rechts in vergleichender Darstellung, Anglo – amerikanischer Rechtskreis. Tübingen: Mohr, 1975.

Michael Evan Hold. A primer on legal reasoning, New York: Cornell University Press, 2018.

Rudolf B. Schlesinger and others, Comparative Law, Sixth Edition, New York, Foundation Press, 1998.

Richard A. Posner. How judges think, Cambridge, MA: Harvard University Press, 2008.

四　中文报纸、期刊论文

北京市高级人民法院课题组：《关于完善案例指导制度的调研报告》，《人民司法》2007 年第 19 期。

曹奕阳：《人工智能时代司法裁判的机遇、挑战及应对》，《法治论坛》

2019 年第 3 期。

曹奕阳：《德国判例的效力及适用》，《人民法院报》2021 年 8 月 27 日第 8 版。

曹奕阳：《域外人工智能在司法领域的应用》，《人民法院报》2021 年 9 月 10 日第 8 版。

曹志勋：《论指导性案例的"参照"效力及其裁判技术——基于对已公布的 42 个民事指导性案例的实质分析》，《比较法研究》2016 年第 6 期。

陈灿平：《案例指导制度中操作性难点问题探讨》，《法学杂志》2006 年第 3 期。

陈大刚、魏群：《论判例法方法在我国法制建设中的借鉴作用》，《比较法研究》1988 年第 1 期。

陈华丽：《中国特色知识产权案例指导制度中的核心争议探讨》，《知识产权》2018 年第 8 期。

陈景辉：《规则的扩张：类比推理的结构与正当化》，《法哲学与法社会学论丛》2010 年第 15 卷。

四川省高级人民法院课题组：《指导性案例的应用障碍及克服——四川法院案例应用试点工作的初步分析》，《法律适用》2012 年第 5 期。

陈焘、刘宇琼：《"同案同判"的涵摄与超越——兼论区域法律统一适用与司法协同治理》，《山东社会科学》2020 年第 3 期。

程政举：《新资料和先秦及秦汉判例制度考论》，《华东政法大学学报》2009 年第 6 期。

董皞、贺晓翊：《指导性案例在统一法律适用中的技术探讨》，《法学》2008 年第 11 期。

杜文静、蔡会明：《法律论证的人工智能模型》，《上海政法学院学报》（法治论丛）2019 年第 1 期。

房文翠：《接近正义寻求和谐：案例指导制度的法哲学之维》，《法制与社会发展》2007 年第 3 期。

冯军：《论刑法判例的创制与适用》，《当代法学》1999 年第 1 期。

冯文生：《审判案例指导中的"参照"问题研究》，《清华法学》2011 年第 3 期。

付玉明、汪萨日乃：《刑事指导性案例的效力证成与司法适用——以最高人民法院的刑事指导性案例为分析进路》，《法学》2018 年第 9 期。

郜永昌、刘克毅：《论案例指导制度的法律定位》，《法律科学》（西北政法大学学报）2008 年第 4 期。

郭叶、孙妹：《最高人民法院指导性案例 2021 年度司法应用报告》，《中国应用法学》2022 年第 4 期。

郭叶、孙妹：《最高人民法院指导性案例 2022 年度司法应用报告》，《中国应用法学》2023 年第 4 期。

郭锋、吴光侠、李兵：《〈《关于案例指导工作的规定》实施细则〉的理解与适用》，《人民司法》2015 年第 17 期。

何帆：《论上下级法院的职权配置——以四级法院职能定位为视角》，《法律适用》2012 年第 8 期。

何家弘：《完善司法判例制度是法治国家建设的需要》，《法制与社会发展》2015 年第 1 期。

侯猛：《案件请示制度合理的一面——从最高人民法院角度展开的思考》，《法学》2010 年第 8 期。

胡云腾：《关于参照指导性案例的几个问题》，《人民法院报》2018 年 8 月 1 日第 5 版。

胡云腾、于同志：《案例指导制度若干重大疑难争议问题研究》，《法学研究》2008 年第 6 期。

胡云腾、吴光侠：《指导性案例的体例与编写》，《人民法院报》2012年4月11日第8版。

胡云腾：《加强案例法学研究 提高案例研究水平》，《法律适用》2020年第10期。

胡志光、王芳：《智慧法院建设的思维导图——以深圳法院"鹰眼查控网"建设为案例》，《中国应用法学》2018年第2期。

黄泽敏、张继成：《案例指导制度下的法律推理及其规则》，《法学研究》2013年第2期。

霍焰：《疑难案件移送上级法院管辖中的问题——以案件请示制度之诉讼化改造为背景》，《法律适用》2007年第8期。

贾章范：《司法人工智能的话语冲突、化解路径与规范适用》，《科技与法律》2019年第6期。

江勇、陈增宝：《指导性案例的效力问题探讨》，《法治研究》2008年第9期。

江勇、黄金富：《高级人民法院应当成为发布指导性案例的重要主体》，《法治研究》2009年第9期。

蒋悟真：《精神赡养权法治保障的困境及其出路》，《现代法学》2014年第4期。

匡爱民、严杨：《增列"以案例为指导"司法审判原则的思考》，《江西社会科学》2018年第6期。

郎贵梅：《中国案例指导制度的若干基本理论问题研究》，《上海交通大学学报》（哲学社会科学版）2009年第2期。

雷槟硕：《指导性案例适用的阿基米德支点——事实要点相似性判断研究》，《法制与社会发展》2018年第2期。

雷磊：《法律论证中的权威与正确性——兼论我国指导性案例的效力》，《法律科学》（西北政法大学学报）2014年第2期。

雷磊：《指导性案例法源地位再反思》，《中国法学》2015 年第 1 期。

李本：《美国司法实践中的人工智能：问题与挑战》，《中国法律评论》2018 年第 2 期。

李昌超、詹亮：《行政案例指导制度之困局及其破解——以最高法院公布的 11 个行政指导性案例为分析样本》，《理论月刊》2018 年第 7 期。

李拥军、周芳芳：《我国判决说理激励机制适用问题之探讨》，《法制与社会发展》2018 年第 3 期。

李友根：《指导性案例为何没有约束力——以无名氏因交通肇事致死案件中的原告资格为研究对象》，《法制与社会发展》2010 年第 4 期。

李友根：《论案例区别与先例推翻——美国最高法院 Janus 案的启示》，《南京大学法律评论》2018 年第 2 期。

李友根：《论指导性案例的约束力范围》，《苏州大学学报》（哲学社会科学版）2011 年第 4 期。

李振贤：《中国语境下的类案同判：意涵、机制与制度化》，《法学家》2023 年第 3 期。

林菲菲：《法律原则司法适用的时机——以〈最高人民法院公报〉案例为对象》，《南昌大学法律评论》2016 年第 1 辑。

林峰：《内地案例指导制度与香港判例制度》，《中国法律（中英文版)》2015 年第 4 期。

林维：《刑事案例指导制度：价值、困境与完善》，《中外法学》2013 年第 3 期。

刘风景：《"指导性案例"名称之辨正》，《环球法律评论》2009 年第 4 期。

刘加良：《民事案件同案同判的审级控制》，《当代法学》2012 年第 5 期。

刘克毅：《论人民法院指导性案例形成机制》，《法律科学》（西北政法大学学报）2018 年第 6 期。

刘克毅：《论指导性案例的效力及其体系化》，《法治现代化研究》2017年第 5 期。

刘树德：《最高人民法院司法规则的供给模式——兼论案例指导制度的完善》，《清华法学》2015 年第 4 期。

刘岩：《案例识别视野下的类案审判——以指导性案例 24 号的司法适用为切入点》，《南京大学法律评论》2018 年第 2 期。

刘艳红：《人工智能技术在智慧法院建设中实践运用与前景展望》，《比较法研究》2022 年第 1 期。

刘作翔：《我国为什么要实行案例指导制度》，《法律适用》2006 年第8 期。

刘作翔、徐景和：《案例指导制度中的案例适用问题》，《湘潭大学学报》（哲学社会科学版）2008 年第 2 期。

刘作翔：《中国案例指导制度的最新进展及其问题》，《东方法学》2015年第 3 期。

陆旭、王雪鹏：《案例指导制度的方法论审视》，《南华大学学报》（社会科学版）2016 年第 5 期。

罗丽、张莹：《环境公益诉讼案例指导制度的司法适用困境与完善》，《法律适用》2022 年第 12 期。

罗书臻：《以大数据战略助推智慧法院》，《人民法院报》2016 年 11 月18 日第 2 版。

骆旭旭：《建构"网络分权"模式的案例指导制度——以制度经济学为视角》，《华侨大学学报》（哲学社会科学版）2009 年第 4 期。

马长山：《司法人工智能的重塑效应及其限度》，《法学研究》2020 年第 4 期。

马超、于晓虹、何海波：《大数据分析：中国司法裁判文书上网公开报告》，《中国法律评论》2016 年第 4 期。

马俊彦：《论最高人民法院指导性案例的识别方法》，《财经法学》2018 年第 1 期。

马燕：《论我国一元多层级案例指导制度的构建——基于指导性案例司法应用困境的反思》，《法学》2019 年第 1 期。

孟祥磊、徐平：《论类比推理在案例指导制度中的适用》，《法律适用》2015 年第 8 期。

彭宁：《最高人民法院司法治理模式之反思》，《法商研究》2019 年第 1 期。

彭宁：《指导性案例的现实困境及其成因》，《天府新论》2018 年第 2 期。

潘庸鲁：《人工智能介入司法领域路径分析》，《东方法学》2018 年第 3 期。

泮伟江：《论指导性案例的效力》，《清华法学》2016 年第 1 期。

秦旺：《论我国案例指导制度的构建和适用方法——以〈最高人民法院公报〉为分析样本》，载葛洪义主编《法律方法与法律思维》第 4 辑，法律出版社 2007 年版。

秦宗文、严正华：《刑事案例指导运行实证研究》，《法制与社会发展》2015 年第 4 期。

邵六益：《从效力到效率：案例指导制度研究进路反思》，《东方法学》2015 年第 5 期。

邵新：《规范化案例指导制度的法理与技术——一个实践刑法学视野的回应》，《法治现代化研究》2019 年第 2 期。

邵新、李鲲：《刑事指导性案例制度的现实运行与未来重塑——以互联网时代产品思维为框架》，《法律适用》2019 年第 18 期。

石磊：《人民法院司法案例体系与类型》，《法律适用》（司法案例）2018 年第 6 期。

石磊：《指导性案例的选编标准与裁判要点类型分析》，《法律适用》2019 年第 18 期。

四川省高级人民法院、四川大学联合课题组：《中国特色案例指导制度的发展与完善》，《中国法学》2013 年第 3 期。

宋天一、陈光斌：《从"北雁云依案"看"姓名决定权"与社会公序的价值冲突——兼论公序良俗的规制》，《法律适用》2019 年第 6 期。

宋文宾、铁兴华、刘鹏：《智能信息检索应用技术研究》，《舰船电子工程》2015 年第 7 期。

宋晓：《判例生成与中国案例指导制度》，《法学研究》2011 年第 4 期。

孙春华：《指导性案例的隐性适用及其矫正——从指导案例 1 号的适用切入》，《山东法官培训学院学报》2019 年第 2 期。

孙光宁：《指导性案例裁判要旨概括方式之反思》，《法商研究》2016 年第 4 期。

孙光宁：《司法实践需要何种指导性案例——以指导性案例 24 号为分析对象》，《法律科学》（西北政法大学学报）2018 年第 4 期。

孙光宁：《法律解释方法在指导性案例中的运用及其完善》，《中国法学》2018 年第 1 期。

孙光宁：《正当程序：行政法指导性案例的基本指向》，《行政论坛》2018 年第 2 期。

孙光宁：《法理在指导性案例中的实践运用及其效果提升》，《法制与社会发展》2019 年第 1 期。

孙光宁：《区别技术在参照指导性案例之司法实践中的应用及其改进——以指导性案例第 24 号为分析对象》，《法学家》2019 年第 4 期。

孙光宁：《指导性案例参照适用中的案件事实相似性判断》，《国家检察官学院学报》2022 年第 3 期。

孙海波：《指导性案例的隐性适用及其矫正》，《环球法律评论》2018 年第 2 期。

孙海波：《指导性案例退出机制初探》，《中国法律评论》2019 年第 4 期。

孙海波：《"同案同判"：并非虚构的法治神话》，《法学家》2019 年第 5 期。

孙海波：《指导性案例的参照难点及克服》，《国家检察官学院学报》2022 年第 3 期。

孙海龙、吴雨亭：《指导案例的功能、效力及其制度实现》，《人民司法》2012 年第 13 期。

孙维飞：《隐名的指导案例——以"指导案例 1 号"为例的分析》，《清华法学》2016 年第 4 期。

孙跃：《案例指导制度的改革目标及路径——基于权威与共识的分析》，《法制与社会发展》2020 年第 6 期。

汤文平：《论指导性案例之文本剪辑——尤以指导案例 1 号为例》，《法制与社会发展》2013 年第 2 期。

王彬：《判例生成的理论范式与实践逻辑》，《兰州学刊》2016 年第 7 期。

王彬：《案例指导制度下的法律论证——以同案判断的证成为中心》，《法制与社会发展》2017 年第 3 期。

王彬：《指导性案例的效力困境及其解决》，《河南大学学报》（社会科学版）2017 年第 4 期。

王利明：《我国案例指导制度若干问题研究》，《法学》2012 年第 1 期。

王利明：《成文法传统中的创新》，《人民法院报》2012 年 2 月 20 日第 2 版。

王禄生：《司法大数据与人工智能开发的技术障碍》，《中国法律评论》
　　2018 年第 2 期。

王培光：《香港与内地判决书法律语言的比较研究》，《语言教学与研
　　究》2006 年第 2 期。

王洋：《重庆法院建立参考性案例指导制度》，《人民法院报》2011 年 9
　　月 30 日第 1 版。

吴建斌：《公司纠纷指导性案例的效力定位》，《法学》2015 年第 6 期。

吴建斌：《指导性案例裁判要点不能背离原案事实——对最高人民法院
　　指导案例 67 号的评论与展望》，《政治与法律》2017 年第 10 期。

吴英姿：《案例指导制度能走多远?》，《苏州大学学报》（哲学社会科
　　学版）2011 年第 4 期。

吴颖超：《论指导案例的编写》，《法律适用》（司法案例）2018 年第
　　14 期。

武静：《裁判说理——适用指导性案例的理论与实践皈依》，《河北法
　　学》2017 年第 1 期。

夏锦文、莫良元：《社会转型中案例指导制度的性质定位与价值维度》，
　　《法学》2009 年第 11 期。

夏引业：《论指导性案例发布权的合法性困境与出路》，《法商研究》
　　2015 年第 6 期。

谢春晖：《从"个案智慧"到"类案经验"：指导案例裁判规则的发现
　　及适用研究》，《中山大学法律评论》2018 年第 2 期。

谢晖：《"应当参照"否议》，《现代法学》2014 年第 2 期。

熊明辉：《法律人工智能的前世今生》，《中国社会科学报》2018 年 10
　　月 10 日第 5 版。

徐骏：《智慧法院的法理审思》，《法学》2017 年第 3 期。

杨会、何莉苹：《指导性案例供需关系的实证研究》，《法律适用》2014

年第 2 期。

杨力：《中国案例指导运作研究》，《法律科学》（西北政法大学学报）
2008 年第 6 期。

杨治：《困境与突破：刑事案例指导制度的实践运行样态及功能实现》，
《法律适用》（司法案例）2017 年第 6 期。

杨知文：《指导性案例中的案件事实陈述及其编撰》，《环球法律评论》
2020 年第 5 期。

杨知文：《非指导性案例的"指导性"与案例指导制度的发展》，《清
华法学》2021 年第 4 期。

余明永：《试论我国行政判例法的创制》，《法商研究》（中南政法学院
学报）1996 年第 1 期。

袁琴武：《我国案例指导制度适用的若干问题研究》，《法制与社会》
2017 年第 6 期。

袁秀挺：《我国案例指导制度的实践运作及其评析——以〈最高人民法
院公报〉中的知识产权案例为对象》，《法商研究》2009 年第 2 期。

张保生：《法律推理活动和学说的历史考察》，《烟台大学学报》（哲学
社会科学版）1999 年第 2 期。

张骐：《试论指导性案例的"指导性"》，《法制与社会发展》2007 年第
6 期。

张骐：《指导性案例中具有指导性部分的确定与适用》，《法学》2008
年第 10 期。

张骐：《再论指导性案例效力的性质与保证》，《法制与社会发展》2013
年第 1 期。

张骐：《再论类似案件的判断与指导性案例的使用——以当代中国法官
对指导性案例的使用经验为契口》，《法制与社会发展》2015 年第
5 期。

张骐：《论案例裁判规则的表达与运用》，《现代法学》2020 年第 5 期。

张榕：《通过有限判例制度实现正义——兼评我国案例指导制度的局限性》，《厦门大学学报》（哲学社会科学版）2009 年第 5 期。

张松：《论我国案件请示制度的存与废》，《学习与实践》2018 年第 8 期。

张骙、陈飞霞：《西方判例制度东移的必要性和可行性评析——案例指导制度构建的框架和对司法实践指导的方法》，《西南政法大学学报》2007 年第 4 期。

张卫平：《本土先例：观察与思考》，《人民法院报》2002 年 10 月 11 日第 3 版。

张志铭：《司法判例制度构建的法理基础》，《清华法学》2013 年第 6 期。

赵雯、刘培森：《关于建立判例制度的几点思考》，《山东法学》1999 年第 6 期。

周道鸾：《中国案例制度的历史发展》，《法律适用》2004 年第 5 期。

周少华：《刑事案件的差异化判决及其合理性》，《中国法学》2019 年第 4 期。

周溯：《对构建我国案例指导制度的多维思考》，《法制日报》2011 年 6 月 15 日第 12 版。

周伟：《通过案例解释法律：最高人民法院案例指导制度的发展》，《当代法学》2009 年第 2 期。

周兀、熊明辉：《如何进行法律论证逻辑建模》，《哲学动态》2015 年第 4 期。